国家示范性高等职业院校会计专业精品教材
职业教育财经类"十三五"规划教材

企业管理基础

主　编　任　娟　鲁　慧
副主编　黄玉锋　朱祚琳
　　　　刘冰锋　徐　翔
　　　　成　茜

中国·武汉

内 容 简 介

全书以"认识管理、决策管理、计划管理、组织管理、领导管理、激励管理、控制管理、管理创新"为主线,分为八个项目,每个项目由案例导入、教学做目标、师生教学做、学生独立做、相关知识和课外拓展组成。本书按照高职学生的认知特点选取知识点,依据高职教育教学要求,根据企业管理的实际,设计"教中做、做中教、学中做、做中学"的职业教育教学模式,做到知识够用,保持知识的先进性,并适当照顾其系统性与逻辑性。在体例设计上,采用引导文的形式引导学生一步一步完成项目。这种体例形式不仅新颖,而且有利于学生自主学习,有利于教、学、做合一。加入这些环节,旨在加深高职学生的学习和理解能力,拓宽知识面,调动学习兴趣,增强本书的可读性、可操作性、实用性,更重要的是让学生主动做,教师引导教。

图书在版编目(CIP)数据

企业管理基础/任娟,鲁慧主编. —武汉:华中科技大学出版社,2015.10(2024.1重印)
国家示范性高等职业院校会计专业精品教材
职业教育财经类"十三五"规划教材
ISBN 978-7-5680-1346-8

Ⅰ.①企⋯ Ⅱ.①任⋯ ②鲁⋯ Ⅲ.①企业管理-高等职业教育-教材 Ⅳ.①F270

中国版本图书馆 CIP 数据核字(2015)第 263303 号

企业管理基础
Qiye Guanli Jichu

任娟 鲁慧 主编

策划编辑:杨 铭	
责任编辑:倪 非	
封面设计:原色设计	
责任校对:刘 竣	
责任监印:徐 露	

出版发行:华中科技大学出版社(中国·武汉)　　电话:(027)81321913
　　　　　武汉市东湖新技术开发区华工科技园　　邮编:430223
录　　排:武汉正风天下文化发展有限公司
印　　刷:广东虎彩云印刷有限公司
开　　本:787mm×1092mm　1/16
印　　张:13.25
字　　数:341千字
版　　次:2024年1月第1版第6次印刷
定　　价:35.00元

本书若有印装质量问题,请向出版社营销中心调换
全国免费服务热线:400-6679-118　竭诚为您服务
版权所有　侵权必究

前言

高职教育有两条路径可走：一条是知而行之的教育之路；另一条是行而知之的教育之路。在两条路径之中择一而行，是高职教育的必然选择。多年来的高职教育实践证明，知而行之的教育之路不利于培养高素质、高技能人才，因而不是一条理想之路。行而知之的教育之路虽然是一条较为理想的教育之路，但却不是一条平坦之路，需要高职教育工作者在这条路上开拓创新，走出一条康庄大道。

教材是老师教和学生学的材料，一本好的教材必须既方便老师教，又方便学生学。基于这种认识，力求达到高职教育教学的要求，结合企业的管理实际来设计具体的工作任务，真正实现"教中做、做中教、学中做、做中学"的职业教育教学模式，我们开发了这本教材。通过在课堂上运用任务驱动、项目导向、理论实践一体化等行动导向的课程教学模式，激发学生自主学习的兴趣，提高学生学习的积极性。

我们组织教授管理实务课程的骨干教师开发、编写了本教材。本教材有如下特征。

（1）实现三个转变。教育专家主导转向技术专家主导，学科型为主体的课程体系转向任务引领型课程体系，知识体系为基础转向能力体系为基础。

（2）教、学、做一体。打破长期以来的理论与实践二元分离的局面，以工作任务为中心实现理论与实践的一体化教学，要求学生有独立计划工作的机会，在一定时间、范围内可以自行组织、安排自己的工作行为。

（3）内容实用，形式新颖，适用性强。本教材不仅仅围绕工作任务完成的需要来选择内容，保证内容有实用性和针对性，而且有利于学生自主学习，有利于教、学、做合一。

本书由武昌职业学院任娟、鲁慧担任主编，武昌职业学院黄玉锋、朱祚琳，景德镇陶瓷学院刘冰锋，中国地质大学（武汉）徐翔，武昌职业学院成茜担任副主编。其中，任娟提出全书框架并统稿，鲁慧编写项目一和项目八，朱祚琳编写项目二和项目四，刘冰锋编写项目三，黄玉锋编写项目五、项目六，徐翔、成茜编写项目七，最后由余浩教授审定。

本教材是集体智慧的结晶。在编写过程中，编者吸收了管理实务课程实践教学的最新研究成果，融合了多年的实践教学经验，同时也参阅和借鉴了部分同类教材和有关文献，在此，向这些作者表示衷心的感谢。本教材在编写的过程中得到了华中科技大学出版社各位同仁的大力帮助和支持，在此表示衷心的感谢。因编写时间仓促及水平有限，本教材难免存在许多不足之处，恳请广大读者批评指正，以便修订与完善，在此一并致以诚挚的谢意。

编　者
2015 年 11 月 30 日

目录

项目1 认识管理 ……………………………………………………………………… (1)
   子项目1.1 认识管理・工作任务・师生教学做 ……………………………… (2)
      任务1 …………………………………………………………………………… (2)
      任务2 …………………………………………………………………………… (3)
   子项目1.2 认识管理・工作任务・学生独立做 ……………………………… (3)
      任务1 …………………………………………………………………………… (4)
      任务2 …………………………………………………………………………… (5)
   子项目1.3 认识管理・相关知识 ……………………………………………… (5)
      任务1 熟悉管理概念 ………………………………………………………… (5)
      任务2 了解管理职能及思想 ………………………………………………… (7)
      任务3 运用管理方法及原理 ………………………………………………… (22)
      任务4 理解并塑造企业文化 ………………………………………………… (30)

项目2 决策管理 ……………………………………………………………………… (41)
   子项目2.1 决策管理・工作任务・师生教学做 ……………………………… (42)
      任务1 …………………………………………………………………………… (42)
      任务2 …………………………………………………………………………… (43)
   子项目2.2 决策管理・工作任务・学生独立做 ……………………………… (44)
      任务1 …………………………………………………………………………… (44)
      任务2 …………………………………………………………………………… (45)
   子项目2.3 决策管理・相关知识 ……………………………………………… (46)
      任务1 熟悉决策概念 ………………………………………………………… (46)
      任务2 了解决策分类 ………………………………………………………… (47)
      任务3 运用决策程序 ………………………………………………………… (49)
      任务4 理解决策方法 ………………………………………………………… (52)

项目3 计划管理 ……………………………………………………………………… (59)
   子项目3.1 计划管理・工作任务・师生教学做 ……………………………… (60)
      任务1 …………………………………………………………………………… (60)
      任务2 …………………………………………………………………………… (61)
   子项目3.2 计划管理・工作任务・学生独立做 ……………………………… (62)
      任务1 …………………………………………………………………………… (62)
      任务2 …………………………………………………………………………… (63)

子项目 3.3　计划管理·相关知识 …………………………………………… (66)
　　任务 1　熟悉计划概念 ……………………………………………………… (66)
　　任务 2　了解计划分类 ……………………………………………………… (68)
　　任务 3　运用计划技术 ……………………………………………………… (72)
　　任务 4　制订管理计划 ……………………………………………………… (73)

项目 4　组织管理

子项目 4.1　组织管理·工作任务·师生教学做 …………………………… (78)
　　任务 1 ………………………………………………………………………… (79)
　　任务 2 ………………………………………………………………………… (80)
子项目 4.2　组织管理·工作任务·学生独立做 …………………………… (81)
　　任务 1 ………………………………………………………………………… (81)
　　任务 2 ………………………………………………………………………… (83)
子项目 4.3　组织管理·相关知识 …………………………………………… (83)
　　任务 1　熟悉组织概念 ……………………………………………………… (83)
　　任务 2　了解组织分类 ……………………………………………………… (85)
　　任务 3　掌握组织文化 ……………………………………………………… (86)
　　任务 4　理解人员配置 ……………………………………………………… (92)

项目 5　领导管理

子项目 5.1　领导管理·工作任务·师生教学做 …………………………… (97)
　　任务 1 ………………………………………………………………………… (98)
　　任务 2 ………………………………………………………………………… (98)
子项目 5.2　领导管理·工作任务·学生独立做 …………………………… (99)
　　任务 1 ………………………………………………………………………… (99)
　　任务 2 ………………………………………………………………………… (100)
子项目 5.3　领导管理·相关知识 …………………………………………… (101)
　　任务 1　熟悉领导概念 ……………………………………………………… (101)
　　任务 2　了解领导分类 ……………………………………………………… (105)
　　任务 3　运用领导技术和艺术 ……………………………………………… (107)
　　任务 4　注重人际沟通 ……………………………………………………… (115)

项目 6　激励管理

子项目 6.1　激励管理·工作任务·师生教学做 …………………………… (122)
　　任务 1 ………………………………………………………………………… (122)
　　任务 2 ………………………………………………………………………… (123)
子项目 6.2　激励管理·工作任务·学生独立做 …………………………… (125)
　　任务 1 ………………………………………………………………………… (125)
　　任务 2 ………………………………………………………………………… (126)
子项目 6.3　激励管理·相关知识 …………………………………………… (128)
　　任务 1　熟悉激励概念 ……………………………………………………… (128)
　　任务 2　了解激励分类 ……………………………………………………… (130)

任务3　运用激励方法………………………………………………(133)
　　任务4　理解激励实务………………………………………………(138)
项目7　控制管理……………………………………………………………(142)
　子项目7.1　控制管理·工作任务·师生教学做…………………………(143)
　　任务1 ……………………………………………………………………(143)
　　任务2 ……………………………………………………………………(144)
　子项目7.2　控制管理·工作任务·学生独立做…………………………(145)
　　任务1 ……………………………………………………………………(146)
　　任务2 ……………………………………………………………………(146)
　子项目7.3　控制管理·相关知识…………………………………………(149)
　　任务1　熟悉控制概念………………………………………………(149)
　　任务2　了解控制类型………………………………………………(153)
　　任务3　运用控制技术………………………………………………(156)
　　任务4　理解控制系统………………………………………………(167)
项目8　管理创新……………………………………………………………(172)
　子项目8.1　管理创新·工作任务·师生教学做…………………………(173)
　　任务1 ……………………………………………………………………(173)
　　任务2 ……………………………………………………………………(174)
　子项目8.2　管理创新·工作任务·学生独立做…………………………(175)
　　任务1 ……………………………………………………………………(175)
　　任务2 ……………………………………………………………………(176)
　子项目8.3　管理创新·相关知识…………………………………………(177)
　　任务1　熟悉创新理论………………………………………………(177)
　　任务2　了解创新内容………………………………………………(182)
　　任务3　运用创新过程………………………………………………(188)
　　任务4　理解创新模式………………………………………………(193)
参考文献………………………………………………………………………(202)

项目 1 认识管理

 案例导入

企业家的天赋

两个工作不顺心的年轻人向师父请教:"师父,我们在办公室被欺负,太痛苦了,请您指示,我们是不是该辞掉工作?"

师父闭着眼睛,隔了半天,吐出五个字:"不过一碗饭"。就挥挥手,示意年轻人退下。两人回到公司,其中一个人立刻就递上辞呈,回家种田,另一个人什么也没做。转眼十年过去,回家种田的那个人以现代方法经营,加上品种改良,成为农业专家;另一个留在公司的人忍着气,努力学,渐渐受到器重,成为经理。

有一天两个人遇到了。"奇怪,师父给我们的同样是'不过一碗饭'这五个字,我一听就懂了。不过一碗饭嘛,日子有什么难过?何必硬待在公司?所以我就辞职了。"农业专家问另一个人:"你当时为何没听师父的话呢?"

"我听了啊!"那经理笑道;"师父说'不过一碗饭',多受气,多受累,我只要想着不过为了混碗饭吃,老板说什么是什么,少赌气、少计较就成了,师父不是这个意思吗?"

两个人又去拜望师父,师父已经很老了,仍然闭着眼睛,隔半天,答了五个字:"不过一念间"。然后挥挥手……

或者你听说过这个故事,可能你会把它当成一个笑话,因为类似的笑话或寓言太多了。但是,如果你再仔细品味一下"不过一念间"这五个字时,你会从中悟出很多……我们在日常生活中、在工作中、在商海搏击中,有许许多多的一念间,就在这些一念间,成就了许多不朽的传奇。

美国的管理模式侧重强调制度管理,也就是理性思维居多,对人情并不看重;而日本的管理模式侧重情感管理,感性思维偏多,制度管理是建立在充满人情味的情感管理基础之上的;成功的中国企业家必定知晓"水至清则无鱼"的道理,也必然知道"道生一,一生二,二生三,三生万物"的哲学深义。学管理是将正确观念印入脑海而成为工作及生活的一部分;不用刻意地运用管理技巧,而能在思考、行动及控制上流畅自如地运用管理理念;不断积累个人经验,不断适应外界改变,且领导组织内部改革,将管理的十八般武艺深入运用于生活中,才算真正了解管理。

教学做目标

通过本项目的教、学、做,需要完成的目标如下:
(1) 了解管理的概念和特征;
(2) 熟悉管理的性质与职能;
(3) 掌握管理的方法;
(4) 能够运用所学的管理概念和原理观察、分析现实管理问题。

子项目 1.1 认识管理·工作任务·师生教学做

以下有两项"认识管理"的工作任务,各项任务由教师和学生共同完成。

任务 1

教学拓展培训:成立 N 家"公司"与公司文化展示
★ 形式:集体参与
★ 时间:约 30 分钟
★ 材料:卡纸
★ 场地:教室
★ 应用:领导艺术、管理初认识

目的

◇ 通过文化建设,形成团队内部结构框架;通过文化展示,初步建立与外界的联系,产生最基本的团队意识,并且身临其境地开展企业管理工作。

程序

1. 选出公司首席执行官 CEO(管理、执行和责任)和秘书、人事总监 HRD(监督、考核)、技术总监 CTO(学习为主)及其他部门相关工作和人员。
2. 拟定公司名称、公司口号、公司歌曲以及团队雕塑,并设计公司 LOGO。
3. 公司展示环节。

任务 2

教学拓展训练:强调自我肯定
- ★ 形式:集体参与
- ★ 时间:约 10 分钟
- ★ 材料:无
- ★ 场地:不限
- ★ 应用:管理沟通

目的

◇ 打破人们强加于自己的不允许"喜欢自己"的障碍,通过交换想法和对个人品质的相互评论提高大家对自己的认识。

程序

要求每个人就如下建议的一个、两个或全部三个方面向他/她的同伴做出回答。
(1) 我喜欢的自己的两个身体特性。
(2) 我喜欢的自己的两个个性特点。
(3) 我喜欢的自己的一个才能或技能。

向大家解释一下,每个评论都必须是肯定的,不允许说否定的评论(因为大多数人没有过这样被肯定的经历,教师可能得在开始的时候稍微鼓励一下他们)!

讨论

1. 你们中有多少人在听到这个任务后,轻轻一笑,看着自己的同伴说"你先来"?
2. 你们是否觉得这是个难以开始的任务?
3. 你们现在的感觉如何?

总结与评估

大多数人从小就相信夸自己是"不对"的,而且就这个问题而言,夸别人也是不对的。这个训练试图通过两人一组,相互交换对对方人品的看法来改变这种态度。

子项目 1.2 认识管理·工作任务·学生独立做

以下有两项"认识管理"的工作任务,各项任务由学生独立完成。

任务 1

教学拓展训练:躲起来的正方形

★ 形式:集体参与

★ 时间:5 分钟

★ 材料:课堂资料"躲起来的正方形"

★ 场地:不限

★ 应用:创新思维培养,团队意识提升

目的

◇ 鼓励参与者对问题深入探究,并从不同的角度来看问题;不只看全貌,还要看各个部分的不同组合。

程序

给参与者一张画有大正方形的图,该正方形被分隔如下(见图1)。让他们迅速地数出所看到的正方形的数量,并报出这个数字。

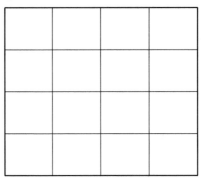

图 1　躲起来的正方形

答案:正确的数字是 30,其中:1 个大的正方形,16 个单格的正方形,9 个由 4 格组成的正方形和 4 个由 9 格组成的正方形。

讨论

1. 是什么原因使我们不容易得出正确答案?

可能的回答是:我们找到第一个答案就打住了,算得太快了。

2. 这个任务和我们经常面临的其他问题有哪些相似之处?

可能的回答是:整体是由许多部分组成的。

3. 我们从这个例子中可以学到什么可应用于其他问题的东西?

总结与评估

这个看起来似乎幼稚的游戏引申出来的问题才是我们所关注的重点,如:整体与部分、个人与个人、个人与集体、部门与部门、部门与整体之间的关系,等等,以及怎样处理好这种关系的更深层次的问题。

任务 2

请如实回答如下问题。
1. 什么是管理？它有哪些特征？
2. 简述管理的作用。
3. 简述管理的性质。
4. 管理有哪些职能？

子项目 1.3 认识管理·相关知识

任务 1 熟悉管理概念

管理可以分为很多种类,如行政管理、社会管理、工商企业管理、人力资源管理等,工商企业管理在现代市场经济中最为常见。每一种组织都需要对其事务、资产、人员、设备等资源进行管理,每一个人也同样需要管理,比如管理自己的起居饮食、时间、健康、情绪、学习、职业、财富、人际关系、社会活动、精神面貌(即穿着打扮)等。企业管理可以划为几个分支:人力资源管理、财务管理、生产管理、物控管理、营销管理、成本管理、研发管理等。在企业系统的管理上,又可分为企业战略、业务模式、业务流程、企业结构、企业制度、企业文化等的管理。

我国四大古典文学名著之一的《三国演义》虽然是以军事题材为表现形式,但因文中经常会出现系统的、科学的现代企业战略思想及体现现代企业管理学的知识,因而对现代企业具有现实的借鉴意义。

例如,刘备在没有得到诸葛亮辅佐之前,落魄不遇,屡遭挫折,不得已投奔刘表,后经司马微和徐庶的介绍,"三顾茅庐"邀请诸葛亮出山。诸葛亮在与刘备第一次见面时就精辟地分析了天下局势,指出:曹操已拥有百万之众,挟天子以令诸侯,此诚不可与争锋;孙权据有江东,已历三世,地险而民附,此可用为援而不可图也;接着,他简明分析了荆州和益洲的重要地位;最后告诉刘备,欲成霸业,应该北让曹操占天时,南让孙权占地利,将军可占人和,先取荆州为家,后取西川建基业,以成鼎足之势,然后可图中原。这便是古今称道的隆中决策。在这个著名的决策中,既有战略目标,又有战略措施,还有实现战略目标的几个阶段,比如:火烧新野、舌战群儒、草船借箭、赤壁之战、三气周瑜、巧赚荆州、计取成都、平定汉中。正是正确实施了这一决策,刘备集团才得以绝处逢生,立稳脚跟,日益发展,与先期建立的魏、吴政权鼎立天下,存在和延续了四十余年。回到现代也是同样的道理,如果一个企业的管理者做到了知人善用,那一定会给企业带来很大的利益。知人善用便是企业管理学中的重点。

管理存在于企业这样的组织之中。组织是由完成特定使命的人组成的一个有机整体。比如,一所大学是一个组织,一家企业是一个组织,一个班级是一个组织,一支足球队是一个组织,一个协会是一个组织,一个销售团队也是一个组织。

组织具有一些共同的特征:第一,组织都有明确的目的,这个目的一般是以一组关联的目标组成的;第二,组织是由人组成的,一群动物不是组织;第三,每一个组织都发育出一种系统性的结构,用以规范和限制成员的行为,成为成员的行为规则。例如,国家会通过某种规则选举总统,党派会选举出自己的领导人;建立规则和制度;选择某些成员成为总经理,赋予他们指挥和命令他人的职权;编写职位说明书,以使组织成员知道他们的行为规范。

组织,就是由一些人组成的、具有明确目的和行为准则的系统性结构体。

有学者说,管理是指同别人一起,或通过别人把工作做得更有效的过程。这里,过程是指管理者发挥的职能或从事的主要活动。这些职能一般被称为计划、组织、领导和控制。

效率是管理的极其重要的组成部分,描述输入与输出的关系。对给定的输入,如果你能获得较大的输出,你就提高了效率;类似的,对较少的输入,你能够获得同样的输出,你同样也提高了效率。管理者在经营中输入的资源是稀缺(资金、人员、设备等)资源,所以必须关心这些资源的有效利用。因此,管理就是要使资源成本最小化。但是,仅仅有效率还是远远不够的,管理还必须使组织的活动实现预定目标,即追求活动的效果。当管理者实现了组织的目标,我们就说他们的管理工作是有效果的。因此,效率涉及的是活动的方式,而效果涉及的是活动的结果。

效率和效果是有一定联系的,例如,如果某个人不顾效率,他很容易获到效果。一汽轿车集团如果不考虑人力和材料输入成本的话,它还能生产出质量性能更好、更吸引人的汽车吗?为什么一些政府机构经常受到公众的指责?按道理说他们也是有些效果的,但他们的效率太低,也就是说,他们的工作是做了,但成本太高。因此,管理不仅要使活动达到目标,而且要做得尽可能有效率。

管理是社会组织中,为了实现预期的目标,以人为中心进行的提高生产率的协调活动(见图1-1)。

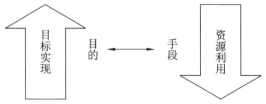

图1-1 管理活动示意图

(1)管理的对象是组织的各种资源。资源是一个组织实现目标的前提条件,管理是配置资源的社会活动。组织的资源包括人力、财力、物力、信息、时间、技术等。管理活动就是要对组织的资源进行合理配置,因而,有效的管理集中体现在组织资源的投入、产出的比较上。

项目 1
认识管理

（2）管理的目的是有效地实现组织目标。管理是一种有目的的社会活动，一切管理活动都是围绕着管理目标开展的，有效地实现组织目标是管理活动的出发点和归宿点。

（3）管理是由计划、组织、领导、控制等构成的活动过程。管理活动要落实到计划、组织、领导、控制等一系列管理职能上。管理职能活动是开展管理活动的手段和方法，也是管理活动区别于一般作业活动的主要标志。

（4）管理的载体是组织。管理总是存在于一定的组织之中，一切管理都是依托组织进行的。

（5）管理是在一定的环境条件下开展的。任何一个组织都存在于一定的环境和条件之下。环境为管理创造了一定的条件和机会，同时对管理形成一定的约束和威胁。管理活动必须适应特定的管理环境，采用不同的管理方法和手段，审时度势，灵活应变。

（6）管理就是制订、执行、检查和改进。制订就是制订计划（或规定、规范、标准、法规等）；执行就是按照计划去做，即实施；检查就是将执行的过程或结果与计划进行对比，总结出经验，找出差距；改进首先是推广，通过检查总结出的经验，将经验转变为长效机制或新的规定，其次是针对检查发现的问题进行纠正，制订纠正、预防措施。

管理活动自古即有，但什么是"管理"，从不同的角度出发，可以有不同的理解。从字面上看，管理有"管辖""处理""管人""理事"等意，即对一定范围的人员及事务进行安排和处理，但是这种字面的解释是不可能严格地表达出管理本身所具有的完整含义的。

关于管理的定义，至今仍未得到公认和统一。长期以来，许多中外学者从不同的研究角度出发，对管理做出了不同的解释，其中较有代表性的有：管理学家赫伯特·西蒙认为，管理就是决策；斯蒂芬·罗宾斯认为，管理是指同别人一起或通过别人使活动完成得更有效的过程。

当前，美国、日本以及欧洲各国的一些管理学著作或管理教科书中，也对管理有不同的定义，如："管理就是由一个或者更多的人来协调他人的活动，以便收到个人单独活动所不能收到的效果而进行的活动"；"管理就是计划、组织、控制等活动的过程"；"管理是筹划、组织和控制一个组织或一组人的工作"；"给管理下一个广义而又切实可行的定义，可把它看成是这样的一种活动，即它发挥某些职能，以便有效地获取、分配和利用人的努力和物质资源，来实现某个目标"；"管理就是通过其他人来完成工作"。上述定义可以说是从不同的角度揭示了管理的含义，或者是揭示管理某一方面的属性。

本书认为，管理是指在特定的环境条件下，以人为中心，对组织所拥有的资源进行有效的决策、计划、组织、领导、控制，以便达到既定的组织目标的过程。这一定义有四层含义：第一，管理是一个过程；第二，管理的核心是达到目标；第三，管理达到目标的手段是运用组织拥有的各种资源；第四，管理的本质是协调。

任务 2　了解管理职能及思想

一、管理职能

所谓管理职能，是管理过程中各项行为的内容的概括，是人们对管理工作应有的一般过程和基本内容所做的理论概括。

管理职能一般是根据管理过程的内在逻辑,划分为几个相对独立的部分。划分管理的职能,并不意味着这些管理职能是互不相关、截然不同的。划分管理职能的意义在于:管理职能把管理过程划分为几个相对独立的部分,在理论研究上能更清楚地描述管理活动的整个过程,有助于实际的管理工作和管理教学工作。划分管理职能,有助于管理者在实践中实现管理活动的专业化,使管理人员更容易从事管理工作。在管理领域中实现专业化,如同在生产中实现专业化一样,能大大提高效率。同时,管理者可以运用职能观点去建立或改革组织机构,根据管理职能规定出组织内部的职责和权力以及它们的内部结构,从而确定管理人员的数量、素质、学历、知识结构等。

确定管理职能对任何组织而言都是极其重要的,但作为合理组织活动的一般职能,究竟应该包括哪些管理职能呢?至今仍众说不一。如:亨利·法约尔的五大职能观点、行为科学的四大职能观点、中国 MBA 的提法等。

最早系统地提出管理职能的是法国的亨利·法约尔。他提出的管理职能包括计划、组织、指挥、协调、控制五个职能,其中计划职能为他所重点强调。他认为,组织一个企业,就是为企业的经营提供所有必要的原料、设备、资本、人员。指挥的任务要分配给企业的各种不同的领导人,每个领导人都承担各自的单位的任务和责任。协调就是指企业的一切工作都要和谐地配合,以便于企业经营的顺利进行,并且有利于企业取得成功。控制就是要证实一下是否各项工作都与制订的计划相符合,是否与下达的指示及既定原则相符合。

在亨利·法约尔之后,许多学者根据社会环境的新变化,对管理职能进行了进一步的探究,有了许多新的认识。但他们对管理职能的划分,大体上没有超出亨利·法约尔的范围。

卢瑟·古利克和林德尔·厄威克就管理职能的划分,提出了著名的管理七职能。他们认为,管理的职能是计划、组织、人事、指挥、协调、报告、预算。哈罗德·孔茨和西里尔·奥唐奈里奇把管理的职能划分为:计划、组织、人事、领导和控制。人事职能的包含意味着管理者应当重视利用人才,注重人才的发展以及协调组织成员的活动,这说明当时的管理学家已经注意到了人的管理在管理行为中的重要性。

20 世纪 60 年代以来,随着系统论、控制论和信息论的产生以及现代技术手段的发展,管理决策学派逐渐形成,使得决策问题在管理中的作用日益突出。赫伯特·西蒙等人在解释管理职能时,突出了决策职能,他认为组织活动的中心就是决策,制订计划、选择计划方案需要决策,设计组织结构、人事管理等也需要决策,选择控制手段还需要决策。他认为,决策贯穿于管理过程的各个方面,管理的核心是决策。

何道谊在《论管理的职能》中依据业务过程把管理分为目标、计划、实行、检馈、控制、调整六项基本职能,加上人力、组织、领导三项人的管理方面的职能,系统地将管理分为九大职能。

本书从管理的计划、组织、领导、控制、创新五大职能进行具体阐述。

1. 计划职能

广义的计划职能是指管理者制订计划、执行计划和检查计划执行情况的全过程。狭义的计划职能是指管理者事先对未来应采取的行动所做的谋划和安排。这一方面是指计划职能在时间顺序上是处于四大管理职能的始发位置或第一职能位置上的,另一方面是指计划职能对整个管理活动过程及其结果所产生的影响具有首要意义。

2. 组织职能

组织职能是指按计划对企业的活动及其生产要素进行分派和组合。组织职能对发挥集体力量、合理配置资源、提高劳动生产率具有重要的作用。任何组织都是在一定的环境下生存和发展的,组织与它的环境是相互作用的,组织依靠环境来获得资源以及某些必要的机会,环境给予组织活动某些限制并且决定是否接受组织的产出。组织环境的主要要素包括:人力、物质、资金、气候、市场、文化、政府政策和法律。它的主要结构包括直线职能结构、事业部职能结构(见图1-2)、模拟分权结构、矩阵结构、委员会组织结构。

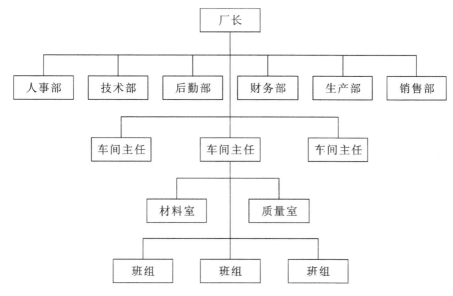

图1-2 事业部职能结构示意图

3. 领导职能

领导职能包括决策、选人用人、指挥协调、激励和思想政治工作等。领导职能的"职"代表职责,"能"代表能力。作为一个领导,其主要的责任是激发下属的潜能,让每一个下属的潜力发挥到百分之百、甚至是百分之二百。领导,是引领、指导的意思,不单纯是"管人"这么简单。

领导职能专指其在某一个职位上的能力。所谓在其位,则专其能;不在其位,不谋其政。在某一领导岗位上,拥有驾驭这个岗位的能力以及能够很好地执行相应的权责,对一个领导的个人能力以及其所领导的团队都有相当重要的意义。

4. 控制职能

控制职能是与计划职能紧密相关的,它包括制订各种控制标准;检查工作是否按计划进行,是否符合既定的标准;若工作发生偏差要及时发出信号,然后分析偏差产生的原因,纠正偏差或制订新的计划,以确保实现组织目标。

控制的目标体系是控制系统存在的前提,也是控制系统的依据。控制的目标体系和组织的目标体系是相辅相成的。组织中的控制主体是各级管理者及其职能部门,其作用是非常关键的。一般地说,中、低层管理者主要进行常规的、例行的、程序化的控制,而高层管理者则主要进行非常规的、例外的、非程序化的控制。组织中的控制客体是整个组织活动,包括组织中的资源(如人、财、物、时间、空间、信息),也包括组织活动的内容(如对各级组织机构、活动过程、生产过程)。值得注意的是,控制有两个共同特点:一是控制客体有多种发展的可能性,二是控制主体可以在这行可能性中进行选择。可见,控制是与事物发展的可能性密切相关的。

控制职能的基本方式包括:控制时间、控制数量、控制质量、控制安全。

5. 创新职能

组织职能、领导职能、控制职能是保证计划目标的实现所不可能缺少的,从某种角度说,它们是管理的"维持职能",其任务是保证系统按预定的方向和规则进行。但是,管理是在动态环境中生存的社会经济系统,仅维持是不够的,还必须不断地调整系统活动的内容和目标,以适应环境变化的要求,这就需要创新职能。

作为管理基本职能的创新职能,它首先是一种思想及在这种思想指导下的实践,是一种原则以及在这种原则指导下的具体活动,是管理的一种基本职能。任何组织系统的任何管理工作无不包含在"维持"或"创新"中,维持和创新是管理的本质内容,有效的管理在于适度的维持与适度的创新的组合。成功的创新总是要经历"寻找机会、提出构想、迅速行动、忍耐坚持"这样四个阶段。创新职能的内容包括:目标创新、技术创新、制度创新、组织机构和结构的创新、环境创新。

管理职能的变化和社会环境的变化有密切的关系。在亨利·法约尔时期,企业的外部环境变化不大,市场竞争并不激烈,管理者的主要工作是做好计划、组织和领导工人把产品生产出来。在行为科学出现之前,人们的管理活动往往侧重于对技术因素及物的因素的管理,管理工作中强调实行严密的计划、指挥和控制。但自霍桑试验之后,一些学者在划分管理职能时,对有关人的因素的管理开始重视起来,人事、信息沟通、激励职能开始被提出。这些职能的提出,体现了对管理职能的划分开始侧重于对人的行为激励方面,说明了人事管理被提到比较重要的地位上来。20世纪50年代以后,特别是60年代以来,由于现代科学技术的发展和诸多新兴学科的出现,管理学家又在管理职能中加进了创新职能和决策职能。决策理论学派的代表人物赫伯特·西蒙提出了决策职能,决策职能从计划职能中分化出来。他认为决策贯彻于管理的全过程,管理的核心是决策。管理的决策职能不仅各个层次的管理者都有,并且分布在各项管理活动中。创新职能源于20世纪70年代后的世界环境的剧变,创新职能的提出也恰恰反映了这一时代的历史背景。我们可以预见,随着科学技术的不断发展和社会生产力水平的不断提高,管理职能的内容和重点也会有新的变化。

实际上,管理的行为主体是组织,而组织是运动变化的,当组织要素(如组织环境、管理主体和管理客体三者)发生变化时,管理行为和管理职能应随之发生变化。在一般的管理中,组织目的通常不会发生太大的变化,一般以组织所有者的利益作为组织目的。但组织环境、管理主体、管理客体却因组织自身条件和外部条件的不同而具有很大的差异性,工厂管理与商店管理、大型跨国公司的管理与小作坊的管理、高素质人才的管理和简单劳动工人的管理等显然都具有很大的差异性,体现在管理方式和手段上也就有着很大的不同,这就要求对不同的组织环境、管理主体、管理客体有不同的管理手段和方式,对应的管理职能也有所不同。例如,对于军人,命令应当是最佳的职能;而对于现代高素质的人才,激励、鼓励也许是应当采用的职能。

从不同管理理论对管理职能的讨论中可以看出三点,总结如下。

(1) 管理职能应随着组织的不同而不同。管理职能总是与组织环境、管理主体、管理客体相联系的,实际上并没有特指的管理职能,任何优秀的管理职能和技巧总是相对于特定的组织环境、管理主体、管理客体而言的,有什么样的组织要素,就应有相应的管理职能。当组织环境、管理主体、管理客体发生变化时,管理职能就应相应地做出改变。管理职能的划分不可能存在一套如管理过程学派所说的"典型的"职能这一固定模式,可以到处运用,放之四海而皆准。管理职能的不确定性就要求我们在使用管理职能的时候必须要进行组织要素的分析。

(2) 管理学家对管理职能的划分认识不一。管理学家对管理职能的划分认识不一,并不仅仅因为有关管理学者因所处的时代、环境等条件不同而导致对管理职能的划分界定不同,还因为已划分的各管理职能由于彼此之间并无严格的次序和界限,它们往往互相关联或交叉表达,不同的关联或交叉产生了不同的职能划分。

(3) 管理职能并不能描述管理过程。在具体的管理过程中,各项职能往往很难划分得十分清楚。按理来说,一项管理工作总是要首先做决策,再制订计划,然后组织实施,最后协调控制整个进程。但实际上,管理人员常常并不是按顺序执行这些职能,而是同时执行这些职能。所划分的这些职能只是描述了管理活动的一般过程,对具体领域中具体的管理活动并不一定完全与该描述相一致,在管理中实施的职能可能多一项,也可能少一项,尤其是对特殊性质的管理问题而言,更是如此。

二、管理理论的萌芽及管理思想演变

亚当·斯密对古典经济学说做出了重大贡献,他于1776年发表的《国富论》对劳动分工以及其产生的巨大经济利益进行了精辟论述。所谓劳动分工,即将工作分解成一些单一的和重复性的作业。亚当·斯密得出结论是:劳动分工之所以能够提高生产率,是因为它提高了每个工人的技巧和熟练程度,节约了由于变换工作而浪费的时间,并有利于机器的发明和应用。今天广泛普及的工作专业化(如服务业中的教学、医疗和汽车厂的装配线),无疑是得益于他在200多年前就提出的劳动分工所产生的经济效益。

法国经济学家让·巴蒂斯特·萨伊将政治经济学体系划分为生产、分配和消费三个部分,是第一个明确将管理作为独立的生产要素同土地、劳动、资本相并列的人。

20世纪前对管理最深远的影响来自于产业革命,产业革命起始于18世纪的英国。产业革命的结果是机器动力代替部分人力——机器大生产和工厂制度普遍出现。随着产业革命以及工厂制度的发展,工厂和公司的管理越来越突出:这些工厂需要预测需求,保证有足够的原料供应;向工人分派任务,指挥每天的生产活动;协调各种活动,保证机器正常运转和保证产品质量;为产品寻找市场等。特别地,人们在家庭手工业中很少关心效率,而在大生产条件下,面临按期支付工人工资的压力,如何使工人满负荷工作就变得非常重要了。于是,计划、组织、领导和控制就必不可少的了。

始于英国的产业革命随后扩散到欧美其他国家,例如工业革命到达美国后,孕育了纺织工业。1808年,美国已经出现了15家纺织厂,一些企业还对早先的英国管理方式进行改进,雇用了专业管理人员,并使用了蒸汽机。不过在内战(1861—1865年)前,美国绝大部分企业都是家庭所有,这些企业的特点是家庭管理、规模小、技术不发达。这是与其时代特征相适应的,因为它们以少量的资本投资,服务于有限的市场。随着铁路、轮船以及通信技术(如电报)的出现,市场逐渐扩大,对先进机器和大规模生产的需求也随之增加。在先进机器和大规模生产条件下,提高效率就成为一个中心问题,因为昂贵的设备(如炼钢用的大型鼓风炉)只有发挥最大的生产效率,才能降低成本,从而降低价格,扩大市场。

另外,机械生产力的使用、大批量生产、欧美国家迅速扩展的铁路系统所带来的运输成本的降低等,也促进了大公司的发展,如约翰·洛克菲勒建立了垄断性的标准石油公司,安德鲁·卡内基控制了钢铁工业的2/3。这些企业需要正规化的管理,因此对规范的管理理论的需求也应运而生。然而,直到20世纪初,建立正式管理理论的尝试才迈出决定性的第一步。

(一)古典管理理论

19世纪末20世纪初产生的古典管理理论,使管理活动从经验管理跃升到一个崭新的阶段。对古典管理理论的产生和发展做出突出贡献的人物主要有美国的拉尔夫·泰勒、法国的亨利·法约尔和德国的马克斯·韦伯。他们三个人分别反映了那个时代管理理论发展的三个重要方面,即科学管理理论、一般管理理论和古典组织理论。

1. 科学管理理论

科学管理关心的是那些能够最大限度提高工人劳动生产率的手段,它代表了20世纪以来一直在使用的工作(作业)设计模式。在一个典型的制造性企业里,你将看到科学管理的思想和技术正在车间使用着,而在办公区域则使用着行政管理思想。

1)科学管理理论的基本假设、原则和研究方法

拉尔夫·泰勒力图寻求在工人和管理当局双方掀起一场思想革命,并寻求提高生产率的指导方针。在这里,理解科学管理理论的基本假设是很重要的,虽然有些假设是隐含的。

(1)造成劳资矛盾的主要原因是社会资源没有得到充分利用。拉尔夫·泰勒认识到了劳资矛盾的存在,但他认为如果能通过科学管理将社会资源充分利用,并使劳资双方都能得到利益,那么劳资矛盾就可以得到解决。

(2)经济人假设,即人是以追求物质利益为目的的,都希望以尽可能少的付出获得最大限度的收获,并为此而不择手段。因此,只要能使工人得到经济利益,他们愿意配合管理者挖掘出他们自身最大的潜能。

(3)单个人是可以取得最大效率的,但集体的行为反而导致效率下降(这一假设决定了拉尔夫·泰勒对工会的反对态度)。科学管理是使单个人发挥最大效率的有效方法。

以上三个假设都存在缺陷,但在当时已是相当客观了。例如,经济人假设就超越了将人当作"会说话的工具"的传统的"受雇人"假设。在受雇人假设下,工人作为受雇人全是些好吃懒做、游手好闲、好逸恶劳、推一推动一动、没有一点责任心的恶习人。基于这一假设,资本家采用残酷的手段来管束工人,增加劳动强度,不改善工作环境,任意延长劳动时间,尽量少给工资,实施严厉的惩罚手段。而在经济人假设下,工人为获取最大的工资收入而劳动,并假设如果给予工人一定的工资激励,会引导他们努力工作、服从指挥、接受管理。正如拉尔夫·泰勒所言,科学管理并不驱赶工人工作,科学管理不能靠给工人不能长期承担的工作来发财。显然,这一假设较前者更符合人的特征。

基于上述假设,科学管理理论强调如下内容。

① 效率至上。管理的中心问题是提高劳动生产率。

② 为谋求最高的工作效率可以采取任何必要的方法。在各项工作中要挑选第一流的工人,在作业过程中要求工人掌握标准化的操作方法,使用标准化的工具、机器和材料,保证作业环境

也是标准化的,不用考虑人性的特点。

③ 劳资双方应该共同协作。为追求效率,最高管理人员和工人都要实行最大的精神革命,在工作中要互相协作,共同努力(当然是站在资方立场上的)。

2)科学管理的主要内容

上述基本假设、基本原则和研究方法奠定了科学管理的基础。概括起来,科学管理的具体内容可划分为三个方面,即作业管理、组织管理和管理哲学。

(1) 作业管理。

作业管理是科学管理最具特色的部分和主要内容,它由一系列的科学方法组成。

工作定额原理建立在动作-工时研究的基础之上,目的是为工人制订"合理的日工作量"。这一原理为开发出科学方法,代替老的经验方法奠定了基础。

标准化原理,即制订并使工人掌握标准化的、科学的操作方法,包括标准化的工具、机器和材料以及标准化的作业环境。拉尔夫·泰勒认为,工人提高劳动生产率的潜力是巨大的。挖掘潜力的方法应该是把工人多年积累的经验和技巧归纳整理并结合起来,通过分析比较找出其中具有共性和规律性的东西,并将其标准化(亨利·福特 1914 年发明的流水线生产)。用这一方法对工人的工作方法、使用工具、劳动和休息时间等进行合理搭配,同时对机器安排、环境因素等进行改进,消除种种不合理因素,把最好的因素结合起来,这就得到了提高生产率的根本保证。拉尔夫·泰勒将其视为管理当局的首要职责。

制订培训工人的科学方法。拉尔夫·泰勒认为,为了挖掘人的最大潜力,必须做到人尽其才,或者说,对某一项工作必须找到最适宜干这项工作的人,同时还要最大限度地挖掘最适宜干这个工作的人的最大潜力——这就有可能达到最高效率。因此,任何一项工作都必须要挑选"第一流的工人"——即适合于其作业而又愿意努力干活的人。拉尔夫·泰勒认为,培训工人成为"第一流的工人"是领导层的职责。企业管理当局的责任,在于为员工安排最合适的作业,培训他们成为第一流的工人,使其能力与作业相配合。至于"高的日作业定额",拉尔夫·泰勒是以第一流工人"能在不损害其健康的情况下,维持很长年限的速度,能使他更加愉快而健壮的速度"为标准的。所谓"第一流速度",不是以突击活动或持续紧张为基础,而是以工人能长期维持的正常速度为基础。

刺激性工资制度。拉尔夫·泰勒于 1895 年提出了其刺激性工资制度,这一制度包含两个要点:一是通过工时研究和分析,制订一个作业的定额或标准,这样就把定额的制订从以估计和经验为依据改变为以科学为依据;二是采用"差别计件制"。后来,在亨利·甘特的影响下,拉尔夫·泰勒才缓和了其在工资问题上的严格立场。

(2) 组织管理。

职能化原理包括把计划职能与执行职能分开,变经验工作法为科学工作法;实行职能工长制;例外原则。

把计划职能与执行职能分开,变经验工作法为科学工作法。所谓的经验工作法,是指每个工人用什么方法操作及使用什么工具,都根据他自己(或师傅等人)的经验来决定。拉尔夫·泰勒则主张明确划分计划职能与执行职能,由专门计划部门指定标准化的操作方法、工具和定额,拟订计划并发布指示和命令,并进行有效的控制。至于现场工人,则从事执行职能,按照计划部门制订的操作方法和指示,使用标准工具完成实际作业,不得自行改变计划。

职能工长制是一种"职能管理",即将管理的工作予以细分,使所有管理者只承担一种管理职能。拉尔夫·泰勒认为职能工长制具有三个优点：其一，对管理者的培训较少；其二，管理者责任明确，因而可以提高效率；其三，由于计划部门的作用，车间现场的职能工长只需进行指挥监督，因此非熟练技术工人也可以从事较复杂的工作，从而可以降低整个企业的生产费用。这一思想当时并没有得到推广，但却为职能部门的建立和管理的专业化提供了参考依据。

例外原则，即高级管理人员应把例行的一般日常事务授权给下级管理人员去做，自己只保留对例外事项的决定权和监督权。这种管理控制原理后来发展成为管理上的分权化原则和实行事业部制（1920年，小斯隆对通用汽车公司进行改组，采用了集中政策控制下的分权制——事业部制，成为大型企业普遍采用的典型的组织结构模式）的管理体制。

（3）管理哲学。

与其说科学管理是一些原理和原则组成的管理理论，不如说科学管理是一种改变人们对管理实践重新审视的管理哲学。拉尔夫·泰勒在美国听证会上声明，科学管理不是计件工作制，不是工时研究，不是职能工长制，不是人们谈到科学管理时一般人所想到的任何方法，它们都不是科学管理，它们是科学管理的有益的辅助手段。拉尔夫·泰勒进一步宣称："科学管理在实质上包含着要求在任何一个工人进行一场全面的心理革命——要求他们在对待工作、同伴和雇主的义务上进行一种全面的心理革命。此外，科学管理也要求工长、监工、企业所有人、董事会进行一场全面的心理革命，要求他们在对管理部门的同事、对他们的工人和所有日常问题的责任上进行一场全面的心理革命。没有双方的这种心理革命，科学管理就不能存在"，"他们会看到，当他们双方不再相互敌视，而是肩并肩地向同一方向迈进时，通过他们的共同努力所创造出的剩余额将多得简直令人目瞪口呆，以致工人工资有大大增加的充分余地，制造商的利润也会大大增加。这就是伟大的心理革命的开始，是实现科学管理的第一步"，"科学管理的常规特征是协调而不是不和"。但是，"科学管理中没有任何一点慈善的内容，任何一种管理措施如果含有慈善因素，则一定失败——慈善因素在任何管理措施中都没有地位"。

2．一般管理理论

一般管理理论是由亨利·法约尔提出来的，亨利·法约尔在法国一家大型矿业冶金公司度过他的职业生涯，并在该公司担任总经理达30年（1888—1918年）之久。他接受任务时，该企业正处于破产的边缘，而这家企业的财务状况在他退休时已无懈可击。因其具有长期从事高层管理工作的背景，所以他对全面管理工作（所有管理者的活动）有着深刻的体会和了解。人们一般认为他是第一个概括和阐述一般管理理论的管理学家，被尊为"管理过程之父"，其管理思想主要凝结于《工业管理与一般管理》这部经典性著作中。

亨利·法约尔认为，经营与管理是两个不同的概念。经营是引导一个组织趋向于一个目标，包含六种活动：技术活动（生产）、商业活动（交换活动）、财务活动（资金的筹集、控制和使用）、安全活动（财务与人身的安全）、会计活动（计账，成本核算和统计）、管理活动（行政管理）。

亨利·法约尔指出，人们对前五种活动了解较多，但对管理活动知之甚少。管理活动是有别于以上五种职能的一种职能。在以上六种活动中，前五种活动都不负责制订企业的总经营计划，不负责建立社会组织、协调各方面的力量和行动，而这些重要职能属于管理的范畴。管理活动处于以上活动的核心地位，即企业本身需要管理，同样地，其他五项活动也需要管理。而且，管理职能是具有一般性的，是适用于工商企业、政府、甚至家庭中所有涉及人的管理的一种共同的活动。他还认为，管理具有可概念化、可理论化、可传授化的特点，应该大力发展管理教育。

亨利·法约尔的主要贡献在于提出了关于管理的五大要素或五大职能，即计划（探索未来，制订行动计划)、组织(建立企业物质和社会的双重结构)、指挥(使人发挥作用)、协调(连接、联合、调动所有的活动及力量)和控制(注意是否一切都已按已制订的规章和下达的命令进行)的思想,这一思想已成为认识管理职能和管理过程的一般性框架。

亨利·法约尔还提出了十四条管理原则,这些原则至今仍有重要的实践指导意义。但他强调,这些原则全部是尺度问题,是灵活的而不是死板的、绝对的,管理的实质在于懂得如何运用它们。管理是一门艺术,必须考虑各种可变因素的影响,需要智慧、经验、判断,需要注意尺度。

亨利·法约尔在企业组织理论方面的重要观点包括以下三个方面的内容。

(1) 组织应完成的管理任务与职责。他认为组织一个企业就是为企业经营提供必要的原料、设备、资本和人员,具体而言包括物质的组织和建立组织机构、制订规章制度、招募与配备训练员工等。管理部门的责任,就是设法使人员和物质的组织符合企业的目标、资源条件和有关要求。

(2) 金字塔型的等级系列。组织从最高管理层到最低管理层的直线权力形成了一个等级系列。其中,每一级向上级报告并接受其命令,向下一级发布命令并接受报告。为加强信息传递,及时处理问题,他还设计了一种后人称之为"法约尔桥"的信息传递渠道。

(3) 设置参谋机构。他主张设置参谋机构来协助直线领导人员,但参谋机构只接受总经理的命令,只对领导负责,不能向下级发布命令。参谋机构不去处理日常事务,他们的主要任务是探索更好的工作方法,发现企业条件的变化,以及关心企业的长期发展问题。这是一种与拉尔夫·泰勒的职能制不同的直线-参谋型组织结构。

3. 古典组织理论

古典组织理论由马克斯·韦伯提出,马克斯·韦伯被称为"组织管理之父",他是德国社会学家和哲学家,也是享誉世界的思想家。20世纪早期,他发展了一种权威结构理论,并依据权威关系来描述组织活动。他描述了一种他称之为"官僚行政组织"的理想组织模式,这是一种体现劳动分工原则、有着明确定义的等级和详细的规则与制度,以及非个人关系的组织模式。马克斯·韦伯认为,尽管这种"理想的官僚主义行政组织"在现实中是不存在的,但它代表了一种可供选择的现实世界的重构模式(理论模式)。他把这种模式作为推理的基础,用来推论在一个大的团体中应当有哪些工作和应当如何从事这些工作。这一理论对工业化以来各种不同类型组织产生了广泛而深远的影响,成为现代大型组织采用的一种组织管理模式。马克斯·韦伯的组织理论又被称为"官僚制"(在德语中无贬义色彩)或"科层制",其理论的核心内容如下。

1) 权威的类型与基础

马克斯·韦伯认为,任何组织都必须以某种形式的权威(权力)作为基础,才能变混乱为有秩序,进而实现其目标。他从历史的角度,考察了不同类型的权力,认为存在三种纯粹形态的合法权力(或被社会接受的权力)。

(1) 超凡权力,基于对发命令的人超凡的神圣(如耶稣)或非凡的个性特征(如英雄主义或模范品质的崇拜),并表现为一种先知——信徒关系。

(2) 传统权力,要求服从命令,其依据是对古老传统的不可侵犯性和按传统执行权力的人的正统性的信念,主要表现为一种君主-臣民关系。权力的所有者可以通过让人得到恩惠或失去宠幸以及对臣民进行保护而实施管理,臣民对权力拥有者保持服从和尊敬。

(3) 法定权力,这是一种对法律确定的职位或地位的权力的服从。法定权力要求服从命令,是因为人们都知道发命令的人是按法律原则和条款办事的。这一类型主要依靠外在于个人的、科学合理的理性权力实现管理。

在这三种纯粹形态的权力中,传统权力的效率最差,因为其领导人不是按能力挑选的,其管理单纯是为保存过去的传统而行事。超凡权力则过于带感情色彩,并非是理性的,依据的不是规章制度而是神秘的、神圣的启示。所以,这两种权力都不宜作为"理想的行政组织"的基础,只有第三种权力才能作为这种行政组织的基础。

2) 官僚制的特征

(1) 劳动分工:工作应当分解为简单的、例行的、明确的任务。

(2) 职权等级:职位应按等级来组织,每个下级应接受上级的控制和监督。换言之,按照不同职位权力的大小,确定组织成员在组织中的地位,形成有序的等级系统。

(3) 正式选拔:所有组织成员都是依据经过培训、教育或正式考核所取得的技术资格选拔的,即根据技术资格挑选组织成员。

(4) 正式的规则制度:为确保一贯性和全体雇员的活动,管理者必须倚重正式的组织规则。换言之,管理人员根据法律制度赋予的权力处于拥有权力的地位,原则上所有的人都服从制度规定,而不是服从于某个人。

(5) 非人格化:规定和控制的实施具有一致性,避免掺杂个性和雇员的个人偏好。换言之,管理人员在实施管理时,每个管理人员负责特定的工作,拥有执行自己职能所必要的权力,权力要受到严格限制,服从有关部门章程和制度的规定。

(6) 职业定向:管理者是职业化的官员而不是他所管理单位的所有者,他们领取固定工资并在组织中追求他们职业生涯上的成就。换言之,管理者的职务就是他的职业,他有固定报酬,有按才干晋升的机会。

3) 官僚制的优越性

(1) 合理性与效率性。担任职务的人员是按照他完成任务的能力挑选出来的,因而其能力与职务之间具有合理性,并能够提供组织运行效率。

(2) 管理具有行使权力的法律依据和手段。官僚制存在一套具有连续性的规章制度网,涉及组织管理过程中的许多主要方面,它给每项工作确立了清楚的、全面的、明确的职权和责任,从而使组织的运转和个人行为尽可能少地依赖个人。

以上特点使官僚组织摆脱了传统组织的随机、易变、主观、偏见的特点的影响,具有比传统组织优越得多的精确性、连续性、可靠性和稳定性。可以说,官僚制是一种完全的、理性设计的组织,理性人扮演着特定的角色,执行着特定的行动。这种组织设计适合了工业化以来大型企业组织的需要,因为大型组织规模大、分工细、层次多,因而需要高度统一、准确、连续、稳定的秩序保证。

(二) 人际关系学说

1. 霍桑试验

原籍澳大利亚的美国行为科学家乔治·梅奥是人际关系理论的创始人,也是美国艺术与科学院院士,他在美国西方电器公司霍桑工厂进行的霍桑试验,真正地揭开了作为组织中的人的行为研究的序幕。

霍桑工厂是一家生产电话机的工厂,设备先进,福利优越,具有良好的娱乐设施、医疗制度和养老金制度。但工人仍愤愤不平,生产效率不甚理想。为了探明原因,乔治·梅奥于1924—

1932年期间,先后进行了四个阶段的实验。

(1) 照明试验(1924—1927年)。该试验是选择一批工人分为两组:试验组(让工人在不同照明强度下工作)和控制组(让工人在照明强度始终不变的条件下工作),试图得出照明度对生产率的影响。试验结果表明:不论照明条件如何,两组的产量都提高了。而且,即使在不充分照明、甚至照明度降低到近于月光的程度的条件下,工人们仍维持着效率,产量依然在增加。直到1927年4月,照明试验被放弃。

(2) 继电器装配试验室(1927—1928年)。旨在试验各种工作条件的变动对小组生产率的影响,以便能够更有效地控制影响工作效果的因素。研究小组通过材料供应、工作方法、工作时间、劳动条件、工资、管理作风与方式等各个因素对工作效率影响的试验,发现无论各个因素如何变化,产量都是增加的。其他因素对生产率也没有特别的影响,而似乎是由于督导方法的改变,使工人工作态度有所变化,因而产量增加。

(3) 访谈计划(1928—1931年)。在试验的第三阶段,研究小组在上述试验的基础上,对两万多名员工进行访谈。访谈目的是了解工人对工作、工作环境、监工、公司和使他们烦恼的任何问题的看法及这些看法如何影响生产效率。访谈最重要的发现是,影响生产效率的最重要因素是工作中发展起来的人际关系,而不是待遇及工作环境。研究小组还了解到,每个工人工作效率的高低,不仅取决于他们自身的情况,而且还与他所在小组中的其他同事有关,任何一个人的工作效率都要受到他的同事们的影响。

(4) 绕线板接线工作试验(1931—1932年)。研究人员选择了接线板小组做观察,以研究员工在工作中的群体行为。在观察相当一段时间后,调查人员认识到有许多行为准则会影响工人的行动。这些准则包括:①谁也不能干得过多或过少,以免影响大家;②谁也不能向管理当局告密,做有害于同伴的事;③任何人都不能远离大家,孤芳自赏,也不能打官腔、找麻烦,即使你是一个检查员也不能像一个检查员;④任何人不得在大家中间自吹自擂,自以为是,一心想领导大家。这些规范是通过挖苦、嘲笑以及排斥于社会活动之外等一些社会制裁方法来维护的。

霍桑试验的研究结果否定了传统管理理论对人的假设,表明了工人不是被动的、孤立的个体,他们的生产效率受工资的刺激,且最重要的影响因素不是待遇和工作条件而是工作中的人际关系。据此,乔治·梅奥提出了人际关系学说。

2. 人际关系学说

根据霍桑试验,乔治·梅奥于1933年出版了《工业文明中人的问题》一书,提出了人际关系学说,其观点主要归纳为以下几个方面。

(1) 工人是"社会人"而不是"经济人"。

乔治·梅奥认为,人们的行为并不单纯地出自追求金钱的动机,还有社会方面和心理方面的需要,即追求人与人之间的友情、安全感、归属感和相互尊敬等,而后者更为重要。因此,不能单纯地从技术和物质条件着眼,而必须首先从社会心理方面考虑合理的组织与管理。

(2) 企业中存在着非正式组织。

企业中除了存在着古典管理理论所研究的为实现企业目标而明确规定各成员相互关系和职责范围的正式组织之外,还存在着非正式组织。这种非正式组织的作用在于维护其成员的共同利益,使之免受其内部个别成员的疏忽或外部人员的干涉所造成的损失。为此,非正式组织中有自己的核心人物和领袖,有大家共同遵循的观念、价值标准、行为准则和道德规范等。

乔治·梅奥指出，非正式组织与正式组织有很大差别。在正式组织中，以效率逻辑为其行为规范；而在非正式组织中，则以感情逻辑为其行为规范。如果管理人员只是根据效率逻辑来管理，而忽略工人的感情逻辑，必然会引起冲突，影响企业生产率的提高和目标的实现。因此，管理人员必须重视非正式组织的作用，注意在正式组织的效率逻辑与非正式组织的感情逻辑之间保持平衡，以使管理人员与工人之间能够充分协作。

(3) 新的领导能力在于提高工人的满意度。

在决定劳动生产率的诸多因素中，置于首位的因素是工人的满意度，而生产条件、工资报酬只是第二位的。工人的满意度越高，其士气就越高，从而产生效率就越高。高的满意度来源于工人个人需求的有效满足，个人需求不仅包括物质需求，还包括精神需求。

霍桑试验之后，大批的研究者和实践者继续从心理学、社会学、人类学和管理学的角度对人际关系进行综合研究，使得人际关系理论为行为科学的发展奠定了基础。甚至可以说，人际关系理论就是早期的行为科学。

经过 30 年的大量研究工作，1947 年在美国芝加哥召开的一次跨学科的会议上，行为科学这一名称首次被提出，由此进一步形成和完善了行为科学理论。行为科学是专门研究人的行为的产生、发展和变化规律的一门科学，以达到预测、控制和引导人的行为、发挥人的作用、调动人的积极性的目的。20 世纪 60 年代，为避免同广义的行为科学相混淆，出现了"组织行为学"这一名称，专指管理学中的行为科学。组织行为学的实质就是包括人际关系学说在内的狭义的行为科学。

目前，从组织行为学研究的对象和所涉及的范围来看，可分成三个层次，即个体行为、团体行为、组织行为。

(1) 个体行为主要是研究人的需要、动机、激励等问题。这一方面的理论主要有：亚伯拉罕·马斯洛的需求层次论、弗雷德里克·赫茨伯格的双因素理论、维克托·弗鲁姆的期望-效价理论、道格拉斯·麦克雷戈的 X-Y 理论、大卫·麦克莱兰的成就需要理论等。

(2) 团体行为介于个体行为和组织行为之间。比较有代表意义的是库尔特·卢因的团体动力学，主要包括以下四点：第一，这里所讲的团体是一个和正式组织一样包含活动、相互影响、情绪三个要素并有自己行动规范的非正式组织；第二，团体是处于均衡状态的各种力的场中，这些力是相互作用的，处于一个相对的均衡状态之中，他们涉及团体活动的环境、每个成员的个性以及每个人的生活习惯和相互之间的看法；第三，团体有着不同于正式组织的组织目标、组织结构和领导方式；第四，这种团体的规模不大，有利于交流各种信息和感情。管理者可采取恰当的措施，使团体的目标与企业的目标密切配合，提高管理效率。

(3) 组织行为主要包括有关领导理论及组织变革和发展理论。有关领导理论又包括三大类，即有关领导性格理论、有关领导行为理论和有关领导权变理论。

行为科学理论在其产生和发展的过程中，对古典管理理论提出了不甚激烈的批评，但后来出现将二者调和起来的倾向。这反映了行为科学理论可以弥补古典管理理论的不足，但不能加以全盘否定，而且它本身并不能解决一切管理问题。

3. 现代管理理论

第二次世界大战之后，西方资本主义的政治、经济格局发生重大调整，企业的经营环境发生重大变化。如生产力和科学技术的高度发展，生产社会化程度的不断提高，国家干预经济范围的不断扩大，自然科学的不断渗透以及人们受教育程度的提高等都促进了管理思想的发展，形成了各系列不同的现代管理理论。

（三）决策理论

决策理论是以切斯特·巴纳德等人的社会系统理论为基础,吸收行为科学和系统理论的观点,运用电子计算机技术和运筹学的方法而发展起来的一种理论,这一理论的代表人物是赫伯特·西蒙。

赫伯特·西蒙在管理上的核心观点是：决策是管理的中心问题,贯穿了组织的各个方面、各个阶层和管理活动的全过程。所以,管理就是决策。

赫伯特·西蒙认为,绝大多数的人类决策,不管是个人的决策还是组织机构的决策,都是属于寻找和选择合乎要求的措施的过程,这是因为寻找最大化措施的过程比寻找前一个过程要复杂得多。后者的首要条件是存在完全的理性,而现实中的人或组织都只是具有有限度的理性。赫伯特·西蒙的管理理论所关注的焦点是人的社会行为的理性与非理性方面的界线。他的管理理论是关于意向理性和有限理性的一种独特理论,是关于那些因缺乏寻求最优的才智而转向寻求满意的人类行为的理论。

作为管理决策者的经理,其决策制订包括四个主要阶段：①情报活动,找出制订决策的理由（即探寻环境）,寻求要求决策的条件；②设计活动,找到可能的行动方案,即创造、制订和分析可能采取的行动方案；③抉择活动,在各种行动方案中进行抉择；④审查活动,对已进行的抉择进行评价。

决策可以区分为性质相反的两种决策：一种是程序化决策,即结构良好的决策；另一种是非程序化决策,即结构不良的决策。区分它们的主要依据是这两种决策所采用的技术是不同的。制订常规性程序化决策的传统方式由于运筹学和电子数据处理等新的数字技术的研制和广泛的应用而发生了革命,而制订非程序化决策的传统方式包括大量的人工判断、洞察和直觉观察还未经历过任何较大的革命,但在某些基础研究方面正在形成某种革命,如探索式解决问题、人类思维的模拟等。自动化方面的进步和人类决策方面的进步会把组织中人的部分和电子的部分结合起来构成一种先进的人-机系统。

（四）学习型组织理论

企业组织的管理模式问题一直是管理理论研究的核心问题之一,而对未来企业组织模式的探索研究,又是当今世界管理理论发展的一个前沿问题。以美国麻省理工学院教授彼得·圣吉为代表的西方学者,吸收东西方管理文化的精髓,提出了以"五项修炼"为基础的学习型组织理论。

学习型组织理论认为,在新的经济背景下,企业要持续发展,必须增强企业的整体能力,提高整体素质。也就是说,企业的发展不能再只靠像亨利·福特、阿尔弗雷德·斯隆、托马斯·沃森那样伟大的领导者一夫当关、运筹帷幄、指挥全局,未来真正出色的企业将是能够设法使各阶层人员全心投入并有能力不断学习的组织——学习型组织。

所谓学习型组织,是指通过培养弥漫于整个组织的学习气氛,充分发挥员工的创造性思维能力而建立起来的一种有机的、高度柔性的、扁平的、符合人性的、能持续发展的组织。这种组织具有持续学习的能力,具有高于个人绩效总和的综合绩效。学习型组织具有下面的几个特征。

（1）组织成员拥有一个共同的愿景。组织的共同愿景来源于员工个人的愿景，而又高于个人的愿景。它是组织中所有员工共同愿望的景象，是他们的共同理想。它能使不同个性的人凝聚在一起，朝着组织共同的目标前进。

（2）组织由多个创造性个体组成。在学习型组织中，团体是最基本的学习单位，团体本身应理解为彼此需要他人配合的一群人。组织的所有目标都是直接或间接地通过团体的努力来达到的。

（3）善于不断学习。这是学习型组织的本质特征。所谓善于不断学习，主要有以下四点含义。

① 强调终身学习，即组织中的成员均应养成终身学习的习惯，这样才能形成良好的学习气氛，促使组织成员在工作中不断学习。

② 强调全员学习，即企业组织的决策层、管理层、操作层都要全心投入学习，尤其是经营管理决策层，他们是决定企业发展方向和命运的重要阶层，因而更需要学习。

③ 强调全过程学习，即学习必须贯彻于组织系统运行的整个过程之中。约翰·瑞定提出了一种被称为"第四种模型"的学习型组织理论。他认为，任何企业的运行都包括准备、计划、推行三个阶段，而学习型企业不应该是先学习然后进行准备、计划、推行，不应该把学习与工作分割开，应强调边学习边准备、边学习边计划、边学习边推行。

④ 强调团体学习，即不但重视个人学习和个人智力的开发，更强调组织成员的合作学习和群体智力（组织智力）的开发。

学习型组织通过保持学习的能力，及时铲除发展道路上的障碍，不断突破组织成长的极限，从而保持持续发展的态势。

（五）企业再造理论

企业再造是以工作流程为中心，重新设计企业的经营、管理及运作方式，是1993年开始在美国出现的关于企业经营管理方式的一种新的理论和方法。按照该理论的创始人原美国麻省理工学院教授迈克尔·哈默与詹姆斯·钱皮的定义，是指"为了飞越性地改善成本、质量、服务、速度等重大的现代企业的运营基准，对工作流程进行根本性地重新思考并彻底改革"，也就是说，"从头改变，重新设计"。为了能够适应新的世界竞争环境，企业必须摒弃已成惯例的运营模式和工作方法，以工作流程为中心，重新设计企业的经营、管理及运营方式。

1. 企业"再造工程"产生的背景

企业再造理论的产生有深刻的时代背景。20世纪六七十年代以来，信息技术革命使企业的经营环境和运作方式发生了很大的变化，而西方国家经济的长期低增长又使得市场竞争日益激烈，企业面临着严峻挑战。有些管理专家用3C理论阐述了这种全新的挑战。

（1）顾客——买卖双方关系中的主导权转到了顾客一方。竞争使顾客对商品有了更大的选择余地；随着生活水平的不断提高，顾客对各种产品和服务也有了更高的要求。

（2）竞争——技术进步使竞争的方式和手段不断发展，发生了根本性的变化。越来越多的跨国公司越出国界，在逐渐走向一体化的全球市场上展开各种形式的竞争，美国企业面临日本、欧洲企业的竞争威胁。

（3）变化——市场需求日趋多变，产品寿命周期的单位已由"年"趋于"月"，技术进步使企业的生产、服务系统经常变化，这种变化已经成为持续不断的事情。因此，在大量生产、大量消费的环境下发展起来的企业经营管理模式已无法适应快速变化的市场。

面对这些挑战,企业只有在更高水平上进行一场根本性的改革与创新,才能在低速增长时期增强自身的竞争力。

在这种背景下,结合美国企业为挑战来自日本、欧洲企业的威胁而展开的实际探索,迈克尔·哈默和詹姆斯·钱皮于1993年出版了《再造企业》一书,书中写道:"20年来,没有一个管理思潮能将美国的竞争力倒转过来,如目标管理、多样化、Z理论、零基础预算、价值分析、分权、质量圈、追求卓越、结构重整、文件管理、走动管理、矩阵管理、内部创新及一分钟决策等"。迈克尔·哈默与詹姆斯·钱皮提出应在新的企业运行空间条件下,改造原来的工作流程,以使企业更适应未来的生存发展空间。这一全新的思想震动了管理学界,"企业再造""流程再造"一时间成为大家谈论的热门话题,迈克尔·哈默和詹姆斯·钱皮的著作以极快的速度被大量翻译、传播。与此有关的各种刊物、演讲会也盛行一时,该理论在很短的时间内便成为全世界企业以及学术界研究的热点。IBM信用公司通过流程改造,实行一个通才信贷员代替过去多位专才,并减少了九成作业时间的故事更是广为流传。

2. 企业"再造工程"的主要程序

企业"再造工程"就是重新设计和安排企业的整个生产、服务和经营过程,使之合理化。通过对企业原来生产经营过程的各个方面、各个环节进行全面的调查研究和细致分析,对其中不合理、不必要的环节进行彻底的变革。在具体实施过程中,可以按以下程序进行。

(1) 对原有流程进行全面的功能和效率分析,发现其存在问题。根据企业现行的作业程序,绘制细致、明了的作业流程图。一般地说,原来的作业程序是与过去的市场需求、技术条件相适应的,并由一定的组织结构、作业规范作为其保证的。当市场需求、技术条件发生的变化使现有作业程序难以适应时,作业效率或组织结构的效能就会降低。因此,必须从以下方面分析现行作业流程的问题:①功能障碍。随着技术的发展,技术上具有不可分性的团队工作(TNE)、个人可完成的工作额度就会发生变化,这就会使原来的作业流程或者支离破碎增加管理成本,或者核算单位人人造成权责利脱节,并会造成组织机构设计不合理,形成企业发展的瓶颈。②重要性。不同的作业流程环节对企业的影响是不同的。随着市场的发展,顾客对产品、服务的需求发生变化,作业流程中的关键环节以及各环节的重要性也在发生变化。③可行性。根据市场、技术变化的特点及企业的现实情况,分清问题的轻重缓急,找出流程再造的切入点。为了使对上述问题的认识更具有针对性,还必须深入现场,具体观测、分析现存作业流程的功能、制约因素以及表现的关键问题。

(2) 设计新的流程改进方案,并进行评估。为设计更加科学、合理的作业流程,必须群策群力、集思广益、鼓励创新。在设计新的流程改进方案时,可以考虑:①将现在的数项业务或工作组合,合并为一;②工作流程的各个步骤按其自然顺序进行;③给予员工参与决策的权力;④为同一种工作流程设置若干种进行方式;⑤工作应当超越组织的界限,在最适当的场所进行;⑥尽量减少检查、控制、调整等管理工作;⑦设置项目负责人。对提出的多个流程改进方案,还要从成本、效益、技术条件和风险程度等方面进行评估,选取可行性强的方案。

(3) 制订与流程改进方案相配套的组织结构、人力资源配置和业务规范等方面的改进规划,形成系统的企业再造方案。企业业务流程的实施,是以相应组织结构、人力资源配置方式、业务规范、沟通渠道、甚至企业文化作为保证的,所以,只有以流程改进为核心形成系统的企业再造方案,才能达到预期的目的。

（4）组织实施与持续改善。实施企业再造方案，必然会触及原有的利益格局。因此，必须精心组织，谨慎推进。既要态度坚定、克服阻力，又要积极宣传、形成共识，以保证企业再造的顺利进行。企业再造方案的实施并不意味着企业再造的终结。在社会发展日益加快的时代背景下，企业总是不断面临新的挑战，这就需要对企业再造方案不断地进行改进，以适应新形势的需要。

3. 企业"再造工程"的效果与问题

"再造工程"在欧美的企业中受到了高度的重视，因而得到迅速推广，带来了显著的经济效益，涌现出大批成功的范例。1994年年初，由CSC index 国际管理咨询公司对北美和欧洲6 000家大公司中的621家进行了抽样问卷调查，调查的结果是：北美497家的69%、欧洲124家的75%已经进行了一个或多个再造项目，余下的公司有一半也在考虑这样的项目。美国信用卡公司通过再造，每年减少费用超过10亿美元。德州仪器公司的半导体部门通过再造，对集成电路的订货处理程序的周期时间减少了一半还多，改变了顾客的满意度，由最坏变为最好，并使企业获得了前所未有的收入。

在企业再造取得成功的同时，另一部分学者也在严肃地探讨其在企业实施中高失败率的原因。大家认为，企业再造理论在实施中易出现的问题在于：①流程再造未考虑企业的总体经营战略思想；②忽略作业流程之间的联结作用；③未考虑经营流程的设计与管理流程的相互关系。

总体来说，企业再造理论顺应了通过变革创造企业新活力的需要，也使越来越多的学者加入到流程再造的研究中来。有些管理学者通过大量研究流程重建的实例，针对再造工程的理论缺陷，发展出一种被称为"MTP"(manage through process)的新方法，即流程管理。其内容是以流程为基本的控制单元，按照企业经营战略的要求，对流程的规划、设计、构造、运转及调控等所有环节实行系统管理，全面考虑各种作业流程之间的相互配置关系，以及与管理流程的适应问题。可以说，"MTP"是再造工程的扩展和深化，它使企业经营活动的所有流程实行统一指挥、综合协调。因此，作为一个新的管理理论和方法，企业再造仍在继续发展。

任务 3 运用管理方法及原理

管理方法是在管理活动中为实现管理目标、保证管理活动顺利进行所采取的具体方案和措施，是管理理论、原理的自然延伸和具体化、实际化，是实现管理目标的途径和手段，它的作用是一切管理理论、原理本身所无法替代的。

一、管理方法特点及分类

（一）管理方法的特点

1. 管理数据化

现代化管理方法把传统管理方法中的定性描述发展到吸纳带管理的定量计算上，把定性分析和定量分析结合起来使管理"科学化"。实践证明,定性分析和定量分析是不可偏废的两个侧面。离开定性分析,定量分析就失去灵魂、迷失方向;而任何质量又表现为一定数量,没有数量就没有质量,没有准确的数字为依据就不能做出正确的判断。

2. 管理系统化

现代化管理方法广泛采用现代系统理论,把系统分析方法应用于管理,使复杂的问题系统化、简单化。现代化管理方法为管理人员全面地理解问题和解决问题提供了科学的数学模型,实现计划、方案、设计、办法的最优化选择。

3. 管理标准化

现代化管理方法的运用,可以实现管理标准化。管理工作的标准化,就是按照管理活动的规律,把管理工作中经常重复出现的内容,规定出标准数据、标准工作程序和标准工作方法,作为从事管理工作的原则。

4. 管理民主化

现代化管理中,不仅仅充分发展各级领导和专业管理人员的作用,而且更加重视调动与发挥全体员工的主动性、积极性和创造性,使全体员工在管理中发挥更大的作用。

(二) 管理方法的分类

管理方法可按管理方法的作用原理、适用程度、定量化程度三种标志分类。

1. 按管理方法的作用原理划分

按管理方法的作用原理,管理方法可分为经济方法、行政方法、制度方法和教育方法。

经济方法是指依靠利益驱动,利用经济手段,通过调节和影响被管理者物质需要而促进管理目标实现的方法。经济方法是运用奖金、津贴、福利、待遇等手段激励被管理人员的方法,由于这种方法与人们的物质利益紧密相连,对调动人员的积极性有较大的作用。行政方法是通过直接的行政系统,采用行政手段作用于管理客体的方法。与宏观经济管理不同,企业管理由于范围小、对象少,宜于采用行政方法进行管理,提高效率。制度方法又叫企业法律方法,是指用一定的规范约束管理客体的方法,它对保持管理的稳定性、连续性和标准性有很大的作用。教育方法是用不同的形式解决被管理人员思想问题的方法,人们常说的精神激励、思想政治工作、行为科学就属于教育方法。

2. 按管理方法的适用程度划分

按管理方法适用的普遍程度,管理方法可分为通过管理方法和专门管理方法。

通用管理方法(或称为根本方法)是以不同领域的管理活动都存在某些共同的属性为依据而总结出的管理方法。通用管理方法是人们对不同领域、不同部门、不同条件管理实践的理论进行概括和总结,揭示出这些共同属性,从而总结出的管理方法。比如,不论是政治活动还是经济活动,都需要做好决策和为协调各方面的活动而进行的组织和控制,以保证既定目标的实现。这种存在于各种管理活动中的共同性,决定了某些管理方法能够被通用。在管理的实践过程中,管理学家根据管理实际工作中的应用问题提出了许多通用的管理方法,其中有任务管理法、人本管理法、目标管理法、系统管理法等。这些通用管理方法对各种不同的管理活动都是适用的,是管理方法中主要和重要的组成部分。

专门管理方法是对某个资源要素、某一局部或某一时期实施管理所特有的专门方法,是为解决具体管理问题的管理方法。如计算机信息管理是以信息资源为主要管理对象的具体管理方法,激励管理方法是以人力资源为管理对象的具体管理方法。而生产管理、销售管理、库存管理、行政管理等,由于管理对象、目的不同而具备不同的管理特点,这就要求必须有适应这些特点的特殊的、专门的方法。即使是某一类型的管理,由于其具体的条件不同,也各有其不同的特点。例如,同样是企业的生产管理,但对每一个特定企业而言,由于工艺技术不同、所有制不同、生产规模不同、人员素质不同、社会环境不同,其管理都会具有各自的特点,需要有同它们的特点相适应的管理方法。总之,每一事物、每一过程的矛盾都各有其特殊性质,用不同的方法去解决不同的矛盾,是由各种不同的管理活动所具有的特殊规律决定的,管理者应该根据各种不同的具体条件发挥其创造性。每一种新的具体方法的产生,都是管理者的知识经验、组织能力、专业技能和创造性思维的集中表现。

通用管理方法和专门管理方法并非是绝对分立,而是相互影响、相互制约的。通用管理方法是专门管理方法的前提和基础,它为人们运用专门管理方法提供思想路线和基本原则,专门管理方法则是通用管理方法的具体表现。人们在把专门管理方法运用于实际工作的时候总是自觉不自觉地表现其通用管理方法;反过来说,通用管理方法又必定会支配和制约人们对专门管理方法的运用。

3. 按管理方法的定量化程度划分

按管理方法的定量化程度,管理方法可分为定性管理方法和定量管理方法。

任何事物都有质的规定性和量的规定性,原则上都可以从质和量这两个方面来把握。一般认为,确定事物内部和外部各种数量关系的方法,叫定量方法;确定事物及其运动状态的性质的方法,叫定性方法。

在管理实践中,管理者运用数理知识方法,对管理现象和其发展趋势以及与之相联系的各种因素进行计算、测量、推导等,属于定量分析方法。管理者对管理现象的基本情况进行判断,粗略统计和估计属于定性分析方法。定性是粗略的定量,定量是精确的定性。在现代管理中,定量管理已成为很重要的方法和手段,这标志着管理水平的提高。定量方法是重要的,但是它并不排斥定性方法,这不仅是由于定性是定量的基础,而且还在于:有许多事物和现象运用目前的手段还难以进行定量研究,导致定量方法的使用受到限制。定量方法和定性方法又是相互渗透的,许多问题的解决,常常需要二者相互补充。还有不少方法既可用来定性,又可用来定量。管理者在管理的过程中,要充分地利用这两种管理方法的特点为管理服务。

二、任务管理法

20世纪初,人们开始对管理方法做专门研究,最早提出科学管理方法的是美国管理学家弗雷德里克·泰罗。弗雷德里克·泰罗的科学管理理论中所倡导的科学管理方法其实质就是任务管理法,任务管理法是人们最早研究的一种科学管理方法。

弗雷德里克·泰罗所说的任务管理,也可以称为任务作业。任务管理法的基本内容,可以概括为通过时间动作研究确定标准作业任务,并将任务落实到工人。也就是说,工人的作业在于完成管理人员规定的任务,而这种任务又是管理人员经过仔细推敲后设计出来的。这样,组织中的工人都有明确的责任,按职责要求完成任务并被付与一定的报酬。任务管理法规定了组

项目 1 认识管理

织中的每个人在一定时限内完成任务的数额,但并不是只规定每个人的工作量,否则就是把任务管理法简单化了。规定工作量本身并不能说就是科学管理,这里的关键在于所规定的工作量的定额是怎样确定的。如果定额仍是依靠经验或习惯来确定,那就只是具有任务管理的形式,实质则仍然是经验管理。科学管理和经验管理的区别,不在于是否给组织的成员分配任务,而在于所分配的任务的质和量是否经过科学方法计算得来的。任务管理法最明显的作用在于提高工人的工作效率,而提高效率的关键又在于科学地进行时间动作的研究。弗雷德里克·泰罗提出的任务管理法的科学成分,也就在于他所倡导的时间动作研究方法。

弗雷德里克·泰罗所说的时间动作研究,大体包括以下步骤。

(1) 物色 10～15 个不同的工人,他们应特别善于做需要分析工作。

(2) 仔细研究工人在完成被调查的工作中所进行的基本操作或动作,包括每个工人所使用的工具。

(3) 用秒表研究工人做每一个基本动作所需要的时间,然后选择每一部分动作的最快工作方法。

(4) 淘汰所有不正确、缓慢和无效的动作。

(5) 淘汰所有不必要的动作以后,把最快、最好的动作以及最好的工具分别在一个序列中集中归类。

经过以上步骤,便可得出完成标准作业所需的标准时间。按照这种方法来规定一个岗位上的一个人在一定时间内的工作量,就有科学根据了。同样地,这种方法对每一个行业中使用的每一种工具也进行了研究。科学管理方法要求对在经验法则指导下产生的同一种工具进行仔细研究,再对这些改革了的工具中的每一种工具可能达到的速度进行时间研究,并把几种工具各自具有的优点融合在单独一种标准工具中,借以获得方便和提高速度,使工人工作更容易些、更快些。

这种时间动作研究本身并不复杂,但其对提高工人的工作效率来说,作用却是很大的。时间动作研究专家们发现,许多人凭经验和习惯天天重复操作的动作,普遍存在低效率的现象。比如,通过对砌砖工在标准情况下砌砖动作的细致研究,动作研究专家弗兰克·吉尔布雷思将砌每块砖的动作从 18 个减少至 5 个,有一个场合甚至减少到两个。只要对动作稍加改变,完成一项操作即可节省时间,不少工作由于要反反复复地操作,如果一次操作节省一点时间,长期积累起来,在一个单位时间内完成的工作量就可以大大增加,从而使效率比以前大为提高。

任务管理法的实质就是通过专门的人员对时间和动作进行研究,从而科学地设计工作任务,使工人满负荷工作,以达到提高企业生产效率的目的。但任务管理法只是从生产技术过程的角度研究作业管理的具体方法,涉及的范围基本上没有超出车间管理,而很少从企业经理人员的角度研究企业经营的全局问题。如果孤立地使用任务管理法,企业规模越大,其不适应性越突出。另外,实行任务管理,工人的一举一动都要合乎标准,一切工作安排都要听命于管理人员的指示和下达的计划。这就否定了工人在工作中的自主性、独立性,取消了工人对其工作任务的计划、组织与控制的自主权,忽略了人除了经济需求外还有更复杂的社会和心理方面的需求,忽视了人际关系对人的行为的影响。而人并不是只有经济需求的、孤立的"经济人",因此,在强调人性和个性的现代社会,任务管理法的不适应性也就越发地突出。

三、人本管理法

从管理学的发展来看,对组织采取以人为中心的管理方法是在任务管理后提出来的。20世纪30年代以后,管理学家们发现,提高人的积极性、发挥人的主动性和创造性对提高组织的效率更为重要。组织活动成果的大小是由领导方式与工作人员的情绪决定的,因此,管理学家将研究的重点转向了管理中的人本身,这就是以行为科学为主要内容的人际关系理论。人际关系学家主张采取行为管理的方法,即通过分析影响人的行为的各种心理因素,采取一定的措施改善人际关系,提高工作人员的情绪和士气,从而产出最大的成果,达到提高组织效率的目的。

在人际关系理论的推动下,对组织的管理和研究便从原来以"事"为中心发展到以"人"为中心,由原来对"纪律"的研究发展到对行为的分析,由原来的"监督"管理发展到"自主"管理,由原来的"独裁式"管理发展到"民主参与式"管理。管理者在管理中采取以工作人员为中心的领导方式(即实行民主领导),让员工参加决策会议,经常考虑下属的处境、想法、要求和希望,与下属采取合作态度,管理中的问题通过集体讨论,由集体来做出决定,监督也采取员工互相监督的方式,等等。这样,员工在情感上容易和组织融为一体,对上司不是恐惧疏远而是亲切信任,他们的工作情绪也就可以保持较高的状态,从而使组织活动取得更大的成果。这种以人为中心的管理理论和方法也包含着一系列更为具体的管理方法,常用的主要有参与管理、民主管理、工作扩大化、提案制度和走动管理等。

科学管理以金钱为诱饵,人际关系理论则主张管理必须重视人的心理上的满足。古典组织理论强调合理的劳动分工和对组织的有效控制,人际关系理论则强调对人际行为的激励。因此,人际关系理论的出现,给组织管理带来巨大的变化。从20世纪40年代开始,人际关系理论渐渐渗入组织管理实践中去,管理学家在这种管理思想中找到缓和劳资关系、提高工人的士气并借以提高生产效率的方法。人本管理法是作为对任务管理法的革新而提出的一种新的管理方法。这种管理法和任务管理法的重大区别在于:任务管理法要求工作人员的活动标准化,工作人员在工作中的自由度是很小的,但对完成组织规定的任务较有保证;而行为管理法则有较大的灵活性,工作人员在组织中有相当的自由度,较能发挥其自主性和创造性,但这样一来,组织内的变动也较大,组织规定的任务有时就无法完成。为吸取两种方法的长处并克服短处,一种新的管理方法被提出,这就是目标管理法。

四、目标管理方法

目标管理是美国著名管理学家彼得·德鲁克的首创,他于1954年出版的《管理实践》一书中提出"目标管理与自我控制"的主张,随后在《管理——任务、责任、实践》一书中对此做了进一步阐述。彼得·德鲁克认为,并不是有了工作才有目标,而是有了目标才能确定每个人的工作。所以"企业的使命和任务,必须转化为目标",如果一个领域没有目标,这个领域的工作必然被忽视。因此,管理者应该通过目标对下级进行管理,当组织高层管理者确定组织目标后,必须对其进行有效分解,转变成各部门以及各人的分目标,并根据分目标的完成情况对下级进行考核、评价和奖惩。彼得·德鲁克认为,如果一个领域没有特定的目标,这个领域必然会被忽视。如果

项目 1
认识管理

没有方向一致的分目标指示每个人的工作,则企业的规模越大、人员越多、专业分工越细,发生冲突和浪费的可能性就越大。企业每个管理人员和员工的分目标就是企业总目标对他的要求,同时也是员工对企业总目标的贡献。只有完成每一个分目标,企业总目标才有完成的希望,而分目标又是各级领导人员对下属人员进行考核的主要依据。彼得·德鲁克还认为,目标管理的最大优点在于它能使人们用自我控制的管理来代替受他人支配的管理,激发人们发挥最大的能力把事情做好。

目标管理是以相信人的积极性和能力为基础的,企业各级领导者对下属人员的领导,不是简单地依靠行政命令强迫他们去干,而是运用激励理论引导员工自己制定工作目标,自主进行自我控制,自觉采取措施完成目标,自动进行自我评价。

目标管理通过诱导启发员工自觉地去干,其最大特征是通过激发员工的生产潜能,提高员工的效率来促进企业总体目标的实现。它与传统管理方法相比有许多优点,概括起来主要有几个方面。

1. 权力责任明确

目标管理通过从上而下或自下而上层层制定目标,在企业内部建立起纵横联结的、完整的目标体系,把企业中各部门、各类人员都严密地组织在目标体系之中,明确职责、划清关系,使每个员工的工作直接或间接地同企业总目标联系起来,从而使员工看清个人目标和企业目标的关系,了解自己的工作价值,激发大家关心企业目标的热情。这样,就可以更有效地把全体员工的力量和才能集中起来,提高企业工作成果。

2. 强调员工参与

目标管理非常重视上下级之间的协商、共同讨论和意见交流。通过协商,加深对目标的了解,消除上下级之间的意见分歧,取得上下目标的统一。由于目标管理吸收了企业全体人员参与目标管理实施的全过程,尊重员工的个人意志和愿望,所以能充分发挥员工的自主性,实行自我控制,改变了由上而下摊派工作任务的传统做法,调动了员工的主动性、积极性和创造性。

3. 注重结果

目标管理所追求的目标,就是企业和每个员工在一定时期应该达到的工作成果。目标管理不以行动表现为满足,而以实际成果为目的。工作成果对目标管理来说,既是评定目标完成程度的根据,又是奖评和人事考核的主要依据。因此,目标管理又叫成果管理。离开工作成果的管理,就不称其为目标管理。

目标管理法既规定了工作任务,又规定了完成任务的方法,而且任务和方法都有标准,员工按标准化的要求进行培训,并按标准化的要求进行操作,他们的工作积极性和创造性受到严重的限制;而人本管理法又过于强调领导对员工的信任,放手让员工自主去工作,这又难于保证任务的完成。目标管理法将两者综合起来,即组织规定总目标,各部门依据总目标规定部门目标,把部门目标分解落实到人,至于如何达到目标则放手让员工自己做主。这样,既能保证完成组织的任务,又能充分发挥员工的主动性、积极性。因而,目标管理法与任务管理法和人本管理法相比,是更为优越的管理方法。目标管理这一概念提出以后,便在美国迅速流传。第二次世界大战后,各国经济由恢复转向迅速发展的时期,企业急需采用新的方法调动员工积极性以提高竞争能力,目标管理的出现可谓应运而生,于是被广泛应用,并很快为日本、西欧和其他国家的企业所仿效,在世界范围内大行其道。

目标管理可能看起来简单,但要把它付诸实施,管理者必须很好地领会和理解它。

首先，管理者必须知道什么是目标管理，为什么要实行目标管理。如果管理者本身不能很好地理解和掌握目标管理的原理，那么由其来组织实施目标管理也是一件不可能的事。

其次，管理者必须知道公司的目标是什么，以及他们自己的活动怎样适应这些目标。如果公司的一些目标含糊不清、不现实或不协调一致，那么管理者想同这些目标协调一致，实际上是不可能的。

再次，目标管理所设置的目标必须是正确的、合理的。所谓正确，是指目标的设定应符合企业的长远利益，和企业的目的相一致，且不能是短期的。合理是指设置目标的数量和标准应当是科学的，因为过于强调工作成果会给人的行为带来压力，导致不择手段的行为产生。为减少选择不道德手段去达到这些效果的可能性，管理者必须确定合理的目标，明确地提出对员工行为的期望，使得员工始终保持正常的"紧张"和"费力"程度。

最后，所设目标无论在数量或质量方面都具备可考核性，这是目标管理成功的关键。任何目标都应该在数量上或质量上具有可考核性。有些目标，如"时刻注意顾客的需求并很好地为他们服务"，或"使信用损失达到最小"，或"改进提高人事部门的效率"等，都没有多大意义，因为在将来某一特定时间没有人能准确地回答他们是否实现这些目标。如果目标管理不可考核，就无益于对管理工作或工作效果的评价。

正因为目标管理对管理者的要求相对较高，且在目标的设定中总是存在着这样或那样的问题，使得目标管理在付诸实践的过程中，往往流于形式，在实践过程中有很大的局限性。

五、系统管理方法

第二次世界大战之后，企业组织规模日益扩大，企业内部的组织结构也更加复杂，从而提出了一个重要的管理课题——如何解决复杂大企业的管理问题，而复杂大企业的效率问题促使了系统管理方法的产生。

系统管理方法属于一般科学方法论，它通过认识、研究和探讨结构复杂的客体确立必要的方法论原则。所谓系统管理方法，就是按照事物本身的系统性，把研究对象放在系统的形式中认识和考察的一种方法。具体地说，从系统的观点出发，始终着重从整体与部分（要素）之间、整体与外部环境之间、部分（要素）与部分（要素）之间的相互作用和相互制约的关系中考察对象，从而达到最佳地处理问题的效果的一种方法。

系统管理方法是一种满足整体、统筹全局、把整体与部分辩证地统一起来的科学方法，它将分析和综合有机地结合，并运用数学语言定量地、精确地描述研究对象的运动状态和规律。它为运用数理逻辑和电子计算机来解决复杂系统的问题开辟了道路，为认识、研究和探讨结构复杂的整体确立了必要的方法论原则。

在用系统管理方法考查研究对象时，一般应遵循整体性、最优化的原则，整体性是系统管理方法的基本出发点。所谓整体性原则，就是把研究对象看作由各个构成要素形成的有机整体，从整体与部分相互依赖、相互制约的关系中揭示对象的特征和运动规律，研究对象整体性质。整体性质不等于形成它的各要素性质的机械之和，对象的整体性是由形成它的各要素（或子系统）的相互作用决定。因此，它不要求人们事先把对象分成许多简单部分，分别地进行考察，然后再把它们机械地迭加起来，而要求把对象作为整体对待，从整体与要素的相互依赖、相互联系、相互制约的关系中指示系统的整体性质。如一个由人群、动植物、山川河流、树木花草、大气

项目 1
认识管理

环境等组成的系统的性能和活动规律,只存在于组成系统的各要素之间相互作用、相互依存的关系中,单独研究其中任一部分都不能揭示出系统的规律性。最优化原则是指从许多可供选择的方案中选择出一种最优的方案,以便使系统运行于最优状态,达到最优的效果。它可以根据需要和可能为系统确定最优目标,并运用最新技术手段和处理方法把整个系统分成不同的层次结构,在运动中协调整体与部分的关系,使部分的功能和目标服从系统总体的最优功效,从而达到整体最优的目的。系统管理方法的一般步骤如下。

(1) 确定问题,收集资料。在进行系统分析之前,必须首先明确地确定所要解决的问题的性质和范围,研究问题包含着哪些主要因素,分析系统的要素之间的相互关系,以及与外界环境之间的相互关系。只有这样划定问题的界限,确定的问题才会明白、切合实际。确定问题后就应该开始收集资料,调查、实验、观察、记录、各要素(子系统)的情况、环境情况等。这对建立模型,对各种模型方案进行可行性研究、比较,是必不可少的。

(2) 系统分析。对同一特定的目标,实施的途径是很多的,每种方法的投资和效益也会有差别。系统分析在于拟订出尽可能多的行动方案,并进行试验比较,以寻求费用最低而效果最好的方案。系统分析时,总是将复杂系统分解成若干较简单的子系统,再将分解的结果综合后进行整体分析。这样反复多次,才可能接近客观。

各种方案经过系统分析后,哪个好、哪个差、可行性如何就都有了可靠的依据。但这些方法是否可靠、引用的情报是否准确,还需要决策者再做判断。这是决策者运用智慧及经验的过程,各种数学和计量方法也无法取代决策者的智慧和经验。

(3) 方案决策。在一种或几种值得采用或进一步考虑的方案中选择方案,尽可能在待选方案中选择出满足系统要求的最佳方案。

(4) 实施计划。根据最后选定的方案,按计划进行具体实施。如果实施中比较顺利,或遇到困难不大,略加修改即可顺利进行,那么整个步骤即告一段落;如果问题较多,这就需要回到前面几个步骤中的一个,重新开始。

在管理实践中,系统管理方法存在的最大问题就是最优方案难以确定,因为任何方案都不可能从任何角度考虑都是最优的,对同一个方案,如果选定的影响因素不同,最优的结论往往也是不同的。方案的取舍缺乏一个明确的指标,这使得系统管理方法在实际操作过程中显得烦琐,组织最后实施的往往一定不是最优的方案。

管理方法是在管理活动中为实现管理目标、保证管理活动顺利进行所采取的工作方式。在管理实践中,要不断促进管理方法的建设与完善,使管理方法更加科学有效。其中,最重要的就是要加强管理方法的科学依据,要使其符合相关客观规律的要求,更好地体现管理机制的功能作用,要弄清管理方法的性质和特点,正确地运用管理方法。管理者若决定采用一种管理方法,必须弄清其作用的客观依据是什么,方法作用于被管理者的哪个方面,是否能产生明显的效果,以及方法本身的特点与局限,以便正确有效地加以运用。为此,管理者必须做到以下几点。

(1) 研究管理者与管理对象的性质与特点,提高针对性。管理方法是管理者作用管理对象的方式或手段,其最后效果不但取决于方法本身的因素,还取决于管理双方的性质与特点。既要研究管理对象,又要研究管理者自身,这样,才能使管理方法既适用于管理对象,又有利于管理者优势的发挥,从而使管理方法针对性强、成效大。

(2) 了解与掌握管理环境因素,采取适宜的管理方法。由于管理环境是影响管理成效的重要因素,因此,管理者在选择与运用管理方法时,一定要认真了解与掌握环境变量(包括时机的把握),使管理方法与所处环境相协调,从而更有效地发挥其作用。

(3)注意管理方法的综合运用。不同的管理方法,各有长处和局限,各自在不同领域发挥其优势,没有哪种方法是绝对适用于一切场合的,也没有哪种场合是只可以靠一种方法的。因此,要科学有效地运用管理方法,就必须根据目标和实际需要,灵活地选择多种方法,综合地、系统地运用各种管理方法,以求实现管理方法的整体功效。

任务 4 理解并塑造企业文化

企业文化是企业为解决生存和发展的问题而树立形成的,被组织成员认为有效而共享,并共同遵循的基本信念和认知。企业文化集中体现了企业经营管理的核心主张,以及由此产生的组织行为。企业文化,或称组织文化,是一个组织由其价值观、信念、仪式、符号、处事方式等组成的其特有的文化形象。

关于企业文化的概念,有许多不同的认识和表达。美国学者约翰·科特和詹姆斯·赫斯克特认为,企业文化是指一个企业中各个部门,至少是企业高层管理者们所共同拥有的那些企业价值观念和经营实践,是指企业中一个分部的各个职能部门或地处不同地理环境的部门所拥有的那种共同的文化现象;特雷斯·迪尔和阿伦·肯尼迪认为,企业文化是价值观、英雄人物、习俗仪式、文化网络、企业环境;威廉·大内认为,企业文化是进取、守势、灵活性,即确定活动、意见和行为模式的价值观。

20世纪80年代初,美国哈佛大学教育研究院的教授泰伦斯·迪尔和麦肯锡咨询公司顾问艾伦·肯尼迪在长期的企业管理研究中积累了丰富的资料。他们在6个月的时间里,集中对80家企业进行了详尽的调查,写成了《企业文化——企业生存的习俗和礼仪》一书。该书在1981年7月出版后,就成为最畅销的管理学著作,后又被评为20世纪80年代最有影响的10本管理学专著之一,成为论述企业文化的经典之作。该书用丰富的例证指出:杰出而成功的企业都有强有力的企业文化,即为企业全体员工共同遵守,但往往是约定俗成的而非书面的行为规范,并有各种各样用来宣传、强化这些价值观念的仪式和习俗。正是企业文化——这一非技术、非经济的因素,导致了这些决策的产生、企业中的人事任免,小至员工们的行为举止、衣着爱好、生活习惯。在两个其他条件都相差无几的企业中,由于其文化的强弱,对企业发展所产生的后果就完全不同。

如今,企业文化是一种新的现代企业管理理论,企业要真正步入市场,走出一条发展较快、效益较好、整体素质不断提高、经济协调发展的道路,就必须普及企业文化、深化企业文化建设。

企业文化是在一定的社会历史条件下,企业生产经营和管理活动中所创造的具有该企业特色的精神财富和物质形态。它包括文化观念、价值观念、企业精神、道德规范、行为准则、历史传统、企业制度、文化环境、企业产品等。其中,价值观念是企业文化的核心。

一、各国企业文化的特点

文化是与民族分不开的,一定的文化总是一定民族的文化。企业文化是一个国家的微观组织文化,它是这个国家民族文化的组成部分,一个国家企业文化的特点实际就代表这个国家民族文化的特点。下面我们仅对能代表东西方民族文化特点的几个国家和地区的企业文化和管理特点做一些简要介绍。

美国是一个多民族的移民国家,这决定了美国民族文化的个人主义特点。美国的企业文化以个人主义为核心,但这种个人主义不是一般概念上的自私,而是强调个人的独立性、能动性、个性和个人成就。在这种个人主义思想的支配下,美国的企业管理以个人的能动主义为基础,鼓励个人奋斗,实行个人负责、个人决策。因此,个人英雄主义在美国企业中比较突出,许多企业常常把企业的创业者或对企业做出巨大贡献的个人推崇为英雄,企业对员工的评价也是基于能力主义原则,加薪和提职也只看能力和工作业绩,不考虑年龄、资历和学历等因素。以个人主义为特点的企业文化缺乏共同的价值观念,企业的价值目标和个人的价值目标是不一致的,企业以严密的组织结构、严格的规章制度来管理员工,以追求企业目标的实现,而员工仅把企业看成是实现个人目标和自我价值的场所和手段。

欧洲文化是受基督教影响的,基督教信仰上帝,认为上帝是仁慈的,上帝要求人与人之间应该互爱。受这一观念的影响,欧洲文化崇尚个人的价值观,强调个人高层次的需求。欧洲人还注重理性和科学,强调逻辑推理和理性的分析。虽然欧洲企业文化的精神基础是相同的,但由于各个国家的民族文化不同,欧洲各个国家的企业文化也存在着差别。

由于文化背景的原因,英国人的世袭观念强,一直把地主贵族视为社会的上层,企业经营者处于较低的社会等级。英国企业家的价值观念比较讲究社会地位和等级差异,他们不是用优异的管理业绩来证明自己的社会价值,而是千方百计地使自己加入上层社会,因此,他们在企业经营中墨守成规,缺乏冒险精神。

法国人最突出的特点是民族主义,即傲慢、势利和优越感,因此,法国人的企业管理表现出封闭守旧的特点。

意大利人崇尚自由,以自我为中心。所以,他们在企业管理上显得组织纪律差,企业组织的结构化程度低。但由于意大利的绝大多数企业属于中小企业,组织松散对企业生机影响并不突出。

德国人的官僚意识比较浓,组织纪律性强,而且勤奋刻苦。因此,德国的企业管理中,决策机构庞大、决策集体化,保证工人参加管理,往往要花较多的时间论证,但决策质量高。企业执行层划分严格,各部门只有一个主管负责,不设副职。员工参与企业管理广泛而正规,许多法律都保障了员工参与企业管理的权力。员工参与企业管理主要是通过参加企业监事会和董事会来实现。按照德国《职工参与管理法》规定,20 000人以上的企业,监事会成员20人,劳资代表各占一半,劳方的10名代表中,企业内推举7人,企业外推举3人;10 000~20 000人的企业,监事会成员16人,劳方代表8人,其中企业内推举6人,企业外推举2人;10 000人以下的企业,监事会成员中的劳资代表各占一半。

二、企业文化的特性

企业文化具有独特性、继承性、相融性、人本性、整体性、创新性六个特性。

1. 独特性

企业文化具有鲜明的个性和特色,具有相对独立性,每个企业都有其独特的文化积淀,这是由企业的生产经营管理特色、企业传统、企业目标、企业员工素质以及内外环境不同所决定的。

2. 继承性

企业在一定的时空条件下产生、生存和发展,企业文化是历史的产物。企业文化的继承性体现在三个方面:一是继承优秀的民族文化精华;二是继承企业的文化传统;三是继承外来的企业文化实践和研究成果。

3. 相融性

企业文化的相融性体现在它与企业环境的协调性和适应性方面。企业文化反映了时代精神,它必然要与企业的经济环境、政治环境、文化环境以及社区环境相融合。

4. 人本性

企业文化是一种以人为本的文化,最本质的内容就是强调人的理想、道德、价值观、行为规范在企业管理中的核心作用,强调要在企业管理中理解人、尊重人、关心人,用愿景鼓舞人,用精神凝聚人,用机制激励人,用环境培育人。

5. 整体性

企业文化是一个有机的统一整体,人的发展和企业的发展密不可分,管理者要引导企业员工把个人奋斗目标融于企业整体目标之中,追求企业的整体优势和整体意志的实现。

6. 创新性

创新既是时代的呼唤,又是企业文化自身的内在要求。优秀的企业文化往往在继承中创新,随着企业环境和国内外市场的变化而改革发展,引导大家追求卓越、追求成效、追求创新。

三、企业文化的类型

(一) 按照企业任务和经营方式划分

按照企业任务和经营方式,企业文化分为四种类型:硬汉型文化,努力工作、尽情享受型文化,赌注型文化,过程型文化。

硬汉型文化。这种文化鼓励内部竞争和创新,鼓励冒险,是竞争性较强、产品更新快的企业文化特点。

努力工作、尽情享受文化。这种文化把工作与娱乐并重,鼓励员工完成风险较小的工作,是竞争性不强、产品比较稳定的企业文化特点。

赌注型文化。它具有在周密分析基础上孤注一掷的特点。一般是投资大、见效慢的企业文化特点。

过程型文化。这种文化着眼于如何做,基本没有工作的反馈,员工难以衡量他们所做的工作,是机关性较强、按部就班就可以完成任务的企业文化特点

(二) 按照企业的状态和作风划分

按照企业的状态和作风,企业文化可分为活力型、停滞型、官僚型。

活力型。特点是:重组织、追求革新,有明确的目标,面向外部,上下左右沟通良好,责任心强。

停滞型。特点是：急功近利，无远大目标，带有利己倾向，自我保全，面向内部，行动迟缓，不负责任。

官僚型。特点是：例行公事，官样文章。

（三）按照企业的性质和规模划分

按照企业的性质和规模，企业文化可分为温室型、拾穗者型、菜园型、大型种植物型。

温室型。这是传统国有企业所特有的企业文化，表现为：对外部环境不感兴趣，缺乏冒险精神，缺乏激励和约束。

拾穗者型。中小型企业特有的企业文化，表现为：战略随环境变动而转移，其组织结构缺乏秩序，职能比较分散。价值体系的基础是尊重领导人。

菜园型。这种企业文化表现为：力图维护在传统市场的统治地位，家长式经营，工作人员的激励处于较低水平。

大型种植物型。大企业特有的企业文化。其特点是，不断适应环境变化，工作人员的主动性、积极性受到激励。

四、塑造企业文化

企业文化关系到企业的公众形象、公众态度、公众舆论和品牌美誉度。企业文化不仅在企业内部发挥作用，对企业员工产生影响，同时也能通过传播媒体、公共关系活动等各种渠道对社会产生影响。企业文化的传播对企业在公众中树立形象有很大帮助，优秀的企业文化对社会文化的发展有很大的影响。

企业文化建设的内容主要包括物质层、行为层、制度层和精神层四个层次的文化。学习型组织的塑造是企业文化建设的宗旨和追求的目标，从而构成企业文化建设的重要内容。

（一）物质层文化

物质层文化是产品和各种物质设施等构成的器物文化，是一种以物质形态形式表现的表层文化。企业生产的产品和提供的服务是企业生产经营的成果，是物质文化的首要内容。其次，企业的生产环境、企业容貌、企业建筑、企业广告、产品包装与设计等也构成企业物质文化的重要内容。

（二）行为层文化

行为层文化是指员工在生产经营及学习娱乐活动中产生的活动文化，指企业经营、教育宣传、人际关系活动、文娱体育活动中产生的文化现象，包括企业行为的规范、企业人际关系的规范和公共关系的规范。企业行为包括企业与企业之间、企业与顾客之间、企业与政府之间、企业与社会之间的行为。

（1）企业行为的规范是指围绕企业自身目标、企业的社会责任、保护消费者的利益等方面所形成的基本行为规范。企业行为的规范从人员结构上划分为企业家的行为、企业模范人物行为和员工行为等。

(2)企业人际关系分为对内关系与对外关系两部分。对外关系主要指企业经营面对不同的社会阶层、市场环境、国家机关、文化传播机构、主管部门、消费者、经销者、股东、金融机构、同行竞争者等方面所形成的关系。

(3)企业公关策划及其规范。

(4)服务行为规范是指企业在为顾客提供服务过程中形成的行为规范,是企业服务工作质量的重要保证。

(三)制度层文化

制度层文化主要包括企业领导体制、企业组织机构和企业管理制度三个方面。企业制度文化是企业为实现自身目标对员工的行为给予一定限制的文化,它具有共性和强有力的行为规范的要求,并规范着企业的每一个人。企业工艺操作流程、厂纪厂规、经济责任制、考核奖惩等都是企业制度文化的内容。

(1)企业领导体制是企业领导方式、领导结构、领导制度的总称。

(2)企业组织结构是企业为有效实现企业目标而筹划建立的企业内部各组成部分及其关系。

(3)管理制度是企业为求得最大利益,在生产管理实践活动中制订的各种带有强制性义务并能保障一定权利的各项规定或条例,包括企业的人事制度、生产管理制度、民主管理制度等规章制度。

(四)核心层的精神文化

核心层的精神文化是指企业生产经营过程中,长期受一定的社会文化背景、意识形态影响而形成的一种精神成果和文化观念。它包括企业精神、企业经营哲学、企业道德、企业价值观念、企业风貌等内容,是企业意识形态的总和。

企业文化塑造的一般步骤如下:第一步,企业内部要组建企业文化战略委员会等相关部门,由专人负责(最好是企业最高领导),并与专业咨询机构合作组建企业文化执行小组;第二步,调查分析企业现状、行业态势、竞争状况、企业最终目标等,得出企业存在的必要性及企业发展的要求;第三步,科学、艺术地归纳总结企业远景、企业使命、企业精神、企业理念、企业战略、企业口号等;第四步,依据已提炼出的理念层和企业实际需求,设计企业行为规范,包括员工行为规范、服务规范、生产规范、危机处理规范、典礼、仪式等;第五步,进行企业形象系统规划,一般要请专业设计机构进行,以确保设计符合艺术性、国际化、高识别性等行业要求。

企业在以上部分设计规划完成后,应该首先实施企业视觉形象系统的应用,通过视觉形象系统的实施,可以使企业形象在极短的时间内发生巨大的变化,无疑会在社会中、行业中、该企业员工心理上产生很大反响,使员工对新的形象、新的理念、新的战略目标产生兴趣,油然而生自豪感。在这个时候,贯彻企业精神,企业理念、企业规章制度的施行就会事半功倍。辅之以长期的培训、文化活动,表彰优秀代表人物,倡导英雄事迹,企业风气、企业环境气氛将会焕然一新,员工个人目标必然会与企业战略目标走向一致,企业文化也逐步走向强势文化。同时,还要求企业有一支勇于变革的领导团队,能够不断地更新和改变企业文化(即企业文化的再定位),塑造尊重人才的高素质职业经理人,为人才创造良好的工作环境,使企业文化在企业战略执行、核心能力营造中始终发挥积极的作用。

项目 1 认识管理

从企业文化建设宏观的角度来分析,企业文化建设大致可以分为以下四个相互影响与提升的螺旋阶段。

第一个阶段,不自觉的(无意识的)文化创造。企业在创立和发展过程中逐渐形成一套行之有效、组织内部广泛认可的一些组织运营的理念或者思想。这一阶段的基本特点就是具有鲜活的个性特征,是零散的而非系统的,在组织内部可能是"未经正式发布的或声明的规则"。在这一个过程中,企业关注的是发展进程中那些难忘的、重大的事件或者案例背后所体现出的文化气质与精神价值。这些事件或者案例的背后往往是在组织面临着巨大的利益冲突和矛盾的情境下发生的,这种冲突和矛盾下的企业选择正是企业价值观的具体体现。

第二阶段,自觉的文化提炼与总结。企业经过一段时间的发展,在取得一定的市场进步或者成功的时候,就需要及时的总结和提炼企业市场成功的核心要素。这些成功要素是组织在一定时期内的成功工具和方法,具有可参考或者复制的一般性意义。更加重要的是,企业往往在取得市场成功的同时,吸引了更大范围、更多数量的成员加盟。各种管理理念与工作方法交汇冲突时,企业如果缺乏共同的价值共识,往往会产生内部离散效应。对企业而言,这一阶段最重要的就是亟待自觉地进行一次文化的梳理与总结,通过集体的系统思考来发掘与讨论价值观,并在共同的使命和愿景的引领下确定共同的价值共识。

第三阶段,文化落地执行与冲突管理。日益庞大的组织规模和多元化的员工结构,为文化的传播和价值理念的共享提出了新的挑战,前期总结和提炼的价值理念体系如何得到更大范围内组织成员的认同就成为这一阶段最为重要的事情。文化落地与传播的手段和工具不计其数,从实践来看,企业在文化落地阶段应该遵循"从易到难、由内而外、循序渐进"的原则开展文化落地建设。

(1)文化传播平台和渠道的建设。企业首先要建设一个打通内外、联系上下的传播平台。打通内外就是要发挥好文化对内凝聚人心、对外传播形象的作用,既要在内部传播,更要重视对外的展示。所谓联系上下,就是要建立一套高层与员工能够平等互动的文化沟通渠道。从实践来看,这样几个要素是必不可少的:信息交流与沟通平台,文化案例与杰出人物代表,日常活动建设以及专题活动建设等。

(2)价值观的识别与管理。组织在确立自我价值体系之后,要能有效地识别和管理组织内部的价值观,最重要的就是做好人才输入时的价值观甄选、组织内部日常的价值观检测以及员工的价值观培养与矫正三项工作。首先,价值观测评是一个对人才进行有效甄选的工具和方法,保证进入的员工在价值观与理念方面与企业具有较强的一致性或较高的匹配度;其次,岗位素质模型也是落实文化理念与价值规范的良好载体。

第四阶段,文化的再造与重塑。文化建设对企业而言是一个没有终极答案的建设过程,是关乎企业生存与发展的核心命题。这对企业的领导者而言是一个需要不断思考、不断总结、不断否定与肯定的过程,任何一个阶段性的总结和提炼并不代表着企业的经营者们掌握了全部真相或绝对真理。因此,一个健康的组织一定是有一个"活的"文化体系与之相伴相生,这就需要企业持续不断地进行系统思考,并根据组织内外的环境与组织发展的需要进行文化的更新、进化、甚至是再造。至于文化更新的频率,要有一个合适的时间。文化建设进程是企业主动进行的一次从实践到理论,再由理论指导实践的过程,文化落地阶段正是理论(总结提炼了的文化思想体系)指导实践的过程。只有牢牢把握价值观管理这个核心,企业文化的建设才不会出现大的偏差或者失误。

大学生创业优惠政策

为支持大学毕业生创业,国家和各级政府出台了许多优惠政策,涉及融资、开业、税收、创业培训、创业指导等诸多方面。对打算创业的大学生来说,了解这些政策,才能走好创业的第一步。

(1) 大学毕业生在毕业后五年内自主创业,到创业实体所在地的工商部门办理营业执照,允许零资本办理营业执照。

(2) 大学毕业生新办咨询业、信息业、技术服务业的企业或经营单位,经税务部门批准,免征企业所得税两年;新办从事运输、邮电通讯的企业或经营单位,经税务部门批准,第一年免征企业所得税,第二年减半征收企业所得税;新办从事公用事业、商业、物资业、对外贸易业、旅游业、物流业、仓储业、居民服务业、饮食业、教育文化事业、卫生事业的企业或经营单位,经税务部门批准,免征企业所得税一年。

(3) 各国有商业银行、股份制银行、城市商业银行和有条件的城市信用社要为自主创业的毕业生提供小额贷款,并简化程序,提供开户和结算便利,贷款额度在2万元左右。贷款期限最长为两年,到期确定需延长的,可申请延期一次。贷款利息按照中国人民银行公布的贷款利率确定,担保最高限额为担保基金的五倍,期限与贷款期限相同。

(4) 政府人事行政部门所属的人才中介服务机构,免费为自主创业毕业生保管人事档案(包括代办社保、职称、档案工资等有关手续)两年;提供免费查询人才、劳动力供求信息,免费发布招聘广告等服务;适当减免参加人才集市或人才劳务交流活动收费;优惠为创办企业的员工提供一次培训、测评服务。

(5) 鼓励创业风险投资优先投资大学生创业,国家对投资大学生创业的天使投资将给更多税收优惠。国家财政资本参股的青年创业引领计划公益扶持基金、中小微型企业扶持基金等,在选择投资对象时,应该把对大学生创业的投资放在首位。

编制创业计划书。

创业计划书

第一部分 摘 要

创业策划书摘要应该涵盖该策划书的所有要点,浓缩所有精华,并要求简洁、可信、一目了然。

第二部分 产品/服务

这里主要介绍拟投资的产品/服务背景、目前所处发展阶段、与同行业其他企业同类产品/

服务的比较以及本企业产品/服务的新颖性、先进性和独特性,如拥有的专门技术、版权、配方、品牌、销售网络、许可证、专营权、特许权经营等。

企业现有的和正在申请的知识产权(专利、商标、版权等)。

专利申请情况。

产品商标注册情况。

企业是否已签署了有关专利权及其他知识产权转让或授权许可的协议?如果有,请说明并附主要条款。

目标市场:这里对产品面向的用户种类要进行详细说明。

产品更新换代周期:更新换代周期的确定要有资料来源。

产品标准:详细地列出产品执行的标准。

详细描述本企业产品/服务的竞争优势(包括性能、价格、服务等方面)。

产品的售后服务网络和用户技术支持。

第三部分 行业及市场情况

1. 行业情况(行业发展历史及趋势,哪些行业的变化对产品利润、利润率影响较大,进入该行业的技术壁垒、贸易壁垒、政策限制等,行业市场前景分析与预测)

(1) 列表说明过去 3 年或 5 年各年全行业销售总额(必须注明资料来源)。

(2) 列表说明未来 3 年或 5 年各年全行业销售收入预测(必须注明资料来源)。

2. 目标市场情况

(1) 图表说明目标市场容量的发展趋势。

(2) 本企业与目标市场内五个主要竞争对手的比较(主要描述在主要销售市场中的竞争对手,可以列表说明,参见表1)。

表1 本企业与目标市场内五个竞争对手的比较

竞争对手	市场份额	竞争优势	竞争劣势
其他企业1			
其他企业2			
其他企业3			
其他企业4			
其他企业5			
本企业			

(3) 市场销售有无行业管制,企业产品进入市场的难度分析。

第四部分 组织与管理

1. 企业基本情况

拟定的企业名称。

预期成立时间。

预期注册资本:包括现金出资额及占股份的比例、无形资产出资额及占股份比例。

预期注册地点。

2. 企业主要股东情况

列表说明股东的名称及其出资情况(见表2)。

表2　股东的名称及其出资情况

股东名称	出资额	股份比例	出资形式	联系人	联系电话
甲方					
乙方					
丙方					
丁方					

3. 企业内部部门设置情况

以图形来表示本企业的组织结构,并说明每个部门的职责权利、部门与部门之间的关系等。

4. 企业员工的招聘与培训

5. 董事会成员名单(见表3)

表3　董事会成员名单

序号	职务	姓名	学历或职称	联系电话
1	董事长			
2	副董事长			
3	董事			
4	董事			
5	董事			

注:其他对企业发展负有重要责任的人员可自酌情附加。

第五部分　营销策略

(1) 产品销售成本的构成及销售价格制订的依据。

如果产品已经在市场上形成了竞争优势,请说明与哪些因素有关(如成本相同但销售价格低、成本低形成销售优势以及产品性能、品牌和销售渠道优于竞争对手产品等)。

(2) 在建立销售网络、销售渠道及设立代理商、分销商方面的策略与实施。

(3) 在广告促销方面的策略与实施。

(4) 在产品销售价格方面的策略与实施。

(5) 在建立良好销售队伍方面的策略与实施。

(6) 产品售后服务方面的策略与实施。

(7) 其他方面的策略与实施。

(8) 对销售队伍采取什么样的激励机制?

第六部分　产品制造

(1) 产品生产制造方式(企业自建厂生产产品,还是委托生产或其他方式,请说明原因)。

企业自建厂、购买厂房还是租用厂房?厂房面积是多少?生产面积是多少?厂房地点在哪里?交通、运输、通讯是否方便?

现有生产设备情况:专用设备还是通用设备?先进程度如何?价值是多少?是否投保?最大生产能力是多少?能否满足产品销售增长的要求?如果需要增加设备,采购计划、采购周期及安装调试周期是多少。

请说明,如果设备操作需要特殊技能的员工,如何解决这一问题?

(2) 简述产品的生产制造过程、工艺流程。

如何保证主要原材料、元器件、配件以及关键零部件等生产必需品的进货渠道的稳定性、可靠性、质量及进货周期,列出3家主要供应商名单及联系电话。

正常生产状态下,成品率、返修率、废品率控制在怎样的范围内,描述生产过程中产品的质量保证体系以及关键质量检测设备。

(3) 产品成本和生产成本如何控制,有怎样的具体措施。

(4) 产品批量销售价格的制订应考虑:产品毛利润率是多少?纯利润率是多少?

注:如果是非制造业,则不需要产品制造,可以制订相应的经营计划。

第七部分　融资说明

(1) 为保证项目实施,需要的资金是_____万元,需投资方投入_____万元,对外借贷_____万元。如果有对外借贷,担保措施是什么?

(2) 请说明投入资金的用途和使用计划。

(3) 拟向外来投资方出让多少权益?计算依据是什么?

(4) 预计未来3年或5年平均每年净资产收益率是少?

(5) 外来投资方可享有哪些监督和管理权力?

(6) 如果企业没有实现项目发展计划,企业与管理层需向投资方承担哪些责任?

(7) 外来投资方以何种方式收回投资,列出具体方式和执行时间。

(8) 在与企业业务有关的税收和税率方面,企业享受哪些政府提供的优惠政策及未来可能的情况(如市场准入、减免税等方面的优惠政策)?

(9) 需要对外来投资方说明的其他情况。

第八部分　财务计划

(1) 产品形成规模销售时,毛利润率为_____%,纯利润率为_____%。

(2) 请提供未来3～5年的项目盈亏平衡表、项目资产负债表、项目损益表、项目现金流量表、项目销售计划表、项目产品成本表。每一项财务数据要有依据,要进行财务数据说明。

第九部分　风险评估与防范

请详细说明该项目实施过程中可能遇到的风险及控制、防范手段,包括可能的政策风险、加入WTO的风险、技术开发风险、经营管理风险、市场开拓风险、生产风险、财务风险、汇率风险、投资风险、对企业关键人员依赖的风险等。每项风险要单独叙述控制和防范手段。

第十部分　项目实施进度

详细列明项目实施计划和进度(注明起止时间)。

第十一部分　其　　他

为补充本项目计划书内容,需要进一步说明的有关问题(如企业或企业主要管理人员和关键人员过去、现在是否卷入法律诉讼及仲裁事件中?对企业有何影响)。

注:(1)请将产品彩页、企业宣传介绍册、证书等作为附件附于此。

(2)此计划书为参考格式,非具体要求,各参赛团队可根据自己实际情况结合此样式做适当调整与修改。

项目 2 决策管理

 案例导入

文理科的选择

即将高三,小娟面临着文理科的选择。她喜欢文科,特别是诗歌、散文、小说,还有英语,她希望有一天自己的英语能说得像外国人那样流利。可能正因为如此,她文科科目的成绩总是在班里名列前茅,她的作文总被老师当作范文在全班朗读。她不喜欢理科,数学、物理、化学让她头疼,尽管如此,她理科的成绩也不错,因为她渴望考上理想的大学,所以她非常努力学习。可是她觉得学得非常辛苦,她要比那些擅长理科的人多花几倍的时间才有现在这样的成绩。但这些只有她自己知道,老师、同学、父母都不知道。老师找她谈话,鼓励她选理科,因为以她的成绩,考上第二批的本科绝对没问题,加把劲还能上第一批。而且,选了理科,以后可选择的大学和专业都比较多,就业面也比较广,工作容易找。此外,她所在的高中比较重视理科,配备的都是比较优秀的、有经验的教师。

父母更关心,他们打电话、拜访老师以及亲戚朋友,向他们咨询。结果是:大多数人都认为选理科好,以后比较有前途,因此,父母也劝她选理科。她的好朋友们大多数也要选理科,她们也劝她选理科,以后可以继续报考同一所大学。她动摇了,最终选择了理科。

那年高考分数出来后,命运和她开了个玩笑,她的语文和英语考得非常好,数学也不错,理科综合却出奇的低,总分才刚刚超过第二批录取线,这意味着她很可能只能上第三批的本科学校,且学费会很高。面对这样的结果,她非常难过,她知道父母心里的难受和失落,她也清楚家庭的经济情况是承担不起一年一万多的学费的。

最终,她选择去复读一年,这一年的生活是枯燥而充满压力的,最后分数虽然高了些,她也上了第二批的大学,但还是理科综合拖后腿,而她被录取的专业却是文科性质的。

案例分析:这是一个关于文理科选择的真实案例,其实也是一个决策问题,许多人都曾有过相似的经历。案例中的女孩绕了一大圈,还是回到了自己喜爱的文科上,如果她当时明确自己今后的职业规划或目标,对自己更了解、更坚信,她就不会为旁人的意见而动摇,做出正确的决策,就不会走许多弯路,就会有更好的结果。

企业管理基础

教 学 做 目 标

通过本项目的教、学、做,需要完成的目标如下:
(1) 了解决策的概念和特征;
(2) 熟悉决策的性质与职能;
(3) 掌握决策的方法;
(4) 能够运用所学决策概念和原理,观察、分析现实管理问题。

子项目 2.1 决策管理·工作任务·师生教学做

以下有两项"决策管理"的工作任务,各项任务由教师和学生共同完成。

任务 1

教学拓展训练:给自己选个老板/下属
　　★ 形式:集体参与
　　★ 时间:20 分钟(另加列表时间)
　　★ 材料:空白卡片
　　★ 场地:不限
　　★ 应用:决策技巧、领导艺术、团队建设

目的

◇ 揭示人们用来判断某个人是具有领导潜质还是只是追随者时所采用的相关及不相关的标准。

程序

通过一个或多个介绍练习,让大家相互了解在座其他人的一些最基本信息。然后,让每个人在卡片上指定一个他们认为可以称为最佳老板的人选。在另一张卡片上,让他们选一个他们认为可以成为最佳下属的人。接着,让他们将每张卡片翻转过来,列出他们是根据哪两种特点选出最佳老板和最佳下属的。

收回这些卡片,计算选票,宣布得票最多的老板(前3名)和得票最多的部下(前3名)。再用表列出(或通过讨论向大家了解)他们所依据的两种不同特点。

讨论

1. 当你被选为(或未被选为)老板或下属时,你是怎么想的?
2. 据以选择老板和下属的特点之间有无区别?区别在哪?
3. 用来选老板或下属的理由恰当吗?或者说这些理由根本不相干?我们怎样选出理想的老板或下属?

总结与评估

通过该活动,大家能在一定程度上了解老板或下属必须具备的素质及需要履行的义务,因此,该游戏对训练、培养具有领导能力的人才及高素质的员工有所启发。但要切忌将领导和员工理想化。

任务 2

【案例分析】

某城市繁华地段有一家食品厂,因经营不善造成长期亏损,该市政府领导拟将其改造成一个副食品批发市场,这样既可以解决企业破产后下岗员工的安置问题,又方便了附近居民。为此,市政府进行了一系列前期准备,包括项目审批、征地拆迁、建筑规划设计等。不曾想,外地一开发商已在离此地不远的地方率先投资兴建了一个综合市场,而综合市场中就有一个相当规模的副食品批发场区,足以满足附近居民和零售商的需求。

面对这种情况,市政府领导陷入两难境地:如果继续建设副食品批发市场,必然亏损;如果就此停建,则前期投入将全部泡汤。在这种情况下,该市政府领导盲目做出决定,将该食品厂厂房所在地建成一居民小区,由开发商进行开发,但对原食品厂员工没能做出有效的赔偿,使该厂员工陷入困境。该厂员工长期上访却不能解决赔偿问题,对该市的稳定造成了隐患。

该市政府领导本来是出于好心,既想解决企业生产不景气的问题,又想为城市居民解决购物问题,对该厂员工也有一个比较好的安排,但做出决策比较仓促,没能充分考虑清楚问题涉及的各种因素,在决策失误时又进一步地决策失误,造成非常被动的工作局面,也给企业员工造成不可挽回的损失。用领导科学来分析,该决策反映出以下几个问题:

(1)此案例反映了领导决策中信息原则的重要性。造成这种两难境地的主要原因是没有很好地坚持领导决策的信息优先原则。信息是决策的基础,充分、及时、全面、有效的信息是科学决策的前提。该区政府领导在决定建设副食品批发市场项目之前,显然缺乏全面细致的市场调查,不了解在建的综合市场特别是其内部的副食品批发场区,造成盲目决策、匆忙上马,最终陷入困境。

（2）此案例反映了追踪决策的重要性。当原有决策方案实施后,主客观情况发生重大变化,原有的决策目标无法实现时,要对原决策目标或方案进行根本性修订,这就是追踪决策。该市领导在客观情况发生重大变化时,没能认真分析,而是仓促做出新的决策,在追踪决策上存在失误。

（3）走出两难境地的方案,可以有不同的思路。比如,一种是迎接挑战,继续兴建,但要做好调查研究,对原决策方案进行修订和完善,使得所建批发市场在规模、设施、服务和管理等方面超过竞争对手,以期在市场竞争中获胜；另一种是及早决断,对原决策方案进行根本性修订,重新考察、确立和论证新的项目,实行转向经营。该市领导在没有确立和论证新项目的情况下,对该地进行房地产开发,带有很大的随意性。

（4）没能把人的问题放在首要地位。领导者做出决策,首先要解决的问题归根到底是人的问题,而处理好人的问题是领导决策得以实现的关键。如果仅从经济效益上考虑问题,而忽略人的问题的解决,全然不顾人的思想工作,那么引起的社会问题和社会矛盾等可能会让政府付出更大的代价。

子项目 2.2 决策管理·工作任务·学生独立做

以下有两项"决策管理"的工作任务,各项任务由学生独立完成。

任务 1

教学拓展训练:自我创新的"头脑风暴"
★ 形式:集体参与
★ 时间:约 10 分钟
★ 材料:回形针(供演示使用,每桌一枚)
★ 场地:不限
★ 应用:决策技巧,领导艺术

目的

◇ 使参与者有机会参加到创造性地解决问题的练习中来。

程序

1. 游戏介绍

头脑风暴这一讨论方法就是一个可以让参与者习惯于开启创造性思维之门的例子。集思广益的讨论的基本原则是:①不允许有批评性意见;②欢迎随心所欲的思考(即越疯狂的想法越好);③要求的是数量而不是质量;④寻求各种观点的结合和提高。

了解这四个基本原则后,将参与者分成小组。他们的任务是在十分钟内想到尽可能多的使用回形针的方法。每组派一个人专门记录想法的数量,但不一定要记录这些想法的内容。十分钟后,让每组首先汇报他们提出的想法的数量,然后举例子说明一些看似"疯狂"或"极端"的主意。提醒他们这些"愚蠢"的想法很有可能变成行之有效的想法。

2. 其他可供选择的方法

问题可以是:提出一些改进标准铅笔的方法。

讨论

1. 你对这个方法有什么保留意见?
2. 头脑风暴法适用于哪些问题?
3. 你认为集思广益在工作中有哪些可能的用途?

总结与评估

研究表明,可以用简单实用的练习来培养创造力,但创新思维的火花往往会被一些致命性的说法所熄灭,如"我们去年已经试过这种方法了","我们一直是那么做的"以及大量类似的评论。

任务 2

【案例分析】

某烟草公司是我国烟草行业利税名列前二十位的大型专业烟草公司。最近,该公司高层在公司未来是否实施多元化战略的问题上产生了明显的分歧。

该公司总经理认为公司必须走多元化发展道路,因为公司是省内最大的烟草公司,具有品牌、营销、资金和人才等诸多优势,现在是利用这些优势对外扩张的大好时机。事实上,公司已经与一家果汁饮料企业和一家医药企业洽谈过参股和控股事宜。

该公司总经理还以著名烟草公司——菲利浦·莫里斯公司多元化战略成功的例子来佐证他的观点。早在1969年,菲利浦·莫里斯公司就以1.3亿美元收购了国内市场份额排名第七的米勒啤酒公司53%的股份,第二年又购进了剩余股份,从而完全控制了米勒啤酒公司。随后,菲利浦·莫里斯公司挟重塑"万宝路"香烟品牌并使之名扬天下的余威,多方面全力打造新米勒啤酒,如1975年推出的一种低热量的啤酒"Miller Lite"就受到消费者热烈追捧。经过多年努力,米勒啤酒的市场份额在1979年大幅度上升至21%。此后,菲利浦·莫里斯公司又进行了一系列的收购兼并,发展成为一家拥有烟草分部、食品分部的大众消费品生产商,其食品销售额甚至高于烟草销售额。

该公司总经理还提出了另一个理由,国内烟草公司目前也已经纷纷实施多元化战略,如红塔集团就已经进入证券和医药领域。

该公司副总经理持相反的观点。他说,菲利浦·莫里斯公司在收购米勒啤酒后的一起收购中,是以失败而告终的。1978年,菲利浦·莫里斯公司收购了美国第三大饮料公司——当时被认为是其所在的柠檬汽水细分市场中的领先者的七喜饮料公司。菲利浦·莫里斯公司采用与之前改进米勒啤酒公司相类似的改进和打造措施,却回天乏术,最后不得不卖掉七喜饮料公司。俗话说,隔行如隔山,进入一个陌生的领域反而拖累原有产业的例子在国内比比皆是。只有发挥自身特长,在利润率较高的烟草行业精耕细作,收获才会更大。

分析讨论题:
1. 该烟草公司是否该实施多元化经营战略?说明你的理由。
2. 菲利浦·莫里斯公司实施多元化战略的成败得失对该烟草公司有何启示?
3. 烟草公司环境的不确定性程度如何?

子项目 2.3　决策管理·相关知识

在管理活动中,经常要求领导者出主意、想办法、提方案、做决定。正确决策是领导者的基本职责,是领导者的素养的集中表现,也是衡量领导者领导水平的主要标志。领导者要做出科学的决策,必须从客观情况出发,遵循科学的决策程序,在决策前做好充足的决策准备。对管理者来说,决策的确是最重要、最困难、最花费精力和最冒风险的事情,它是对管理者的经验、学识、判断力等各方面综合素质的考验。国外学者曾做过调查:"每天最花时间的是什么事情?每天最重要的事情是什么?在履行职责时感到最困难的是什么?"大多数管理人员的回答都是决策。也正因为如此,决策活动引起了管理学家、心理学家、社会学家、数学家和计算机科学家的极大关注,并且成为一门独立的研究领域——决策科学。本章将主要讲解决策的含义、类型、方法等。

任务 1　熟悉决策概念

决策是人们生活经验中的一个重要组成部分。在某些情况下,人们可以自动地做出决策或按程序做出决策,如人们从熟悉的地点到熟悉的目的地去,很少在可供选择的方案中进行有意识的比较,而代之以经验性决策,这是低级的决策形式。科学决策是在这种决策形式上发展起来的,科学决策是建立在严密的理论分析和科学计算的基础上,遵从严格的程序,运用科学的方法所做的决策。

对什么是决策,众说纷纭,不同的学者有着不同的看法,直到目前尚无一个公认的定义。杨洪兰认为,从两个以上的备选方案中选择其中一个方案的过程就是决策。周三多等则认为:"所谓决策,是指组织或个人为了实现某种目标而对未来一定时期内有关活动的方向、内容及方式的选择或调整过程。"而《美国现代经济辞典》则认为,决策是指公司或政府在其政策或选择实施现行政策的有效方法时所进行的一整套活动,其中包括收集必要的事实以对某一建议做出判断,以及分析可以达到预定目的的各种可选择的方法等活动。

决策就是为解决问题或实现目标,从若干备选的行动方案中进行抉择的分析、判断的过程。决策要在诸多行动方案中选出一个最恰当的方案,但这并不总是意味着取得最大的收益、最高的产量或者其他的最佳结果等。人们的决策除了追求某些最好的结果外,往往还会追求使损失最小、费用最低,它可能是召回一批产品、终止某个合同、撤出某一领域、解雇某些人员等。一般来说,要知道一项决策是否正确、是否有效,也许要花很长的时间,尤其是那些事关战略性的、重大的长期性问题的决策。

任务2 了解决策分类

根据不同的角度,可以对决策进行如下几种分类。

一、按决策问题所面临的条件分类

决策所面临的条件(自然状态)是各不相同的。决策者有时对决策相关的事实和环境条件了解得相当清楚,有时则只有支离破碎的印象,有时则是一无所知。一般可以把决策者所面临的条件归纳为三种情况,即确定的状况、存在风险的状况和不确定的状况,决策也相应地区分为三种类型。

1. 确定状况下的决策

如果决策者确切地知道存在着哪些备选方案以及与各方案相关的各种事实和条件,则认为此时的决策所面临的是一种确定的状况。例如,某航空公司需要购买五架新的大型客机,这时需要做的决策是选择卖主。该公司只能有两种选择,即美国的波音公司和欧洲的空中客车公司。两家公司的产品质量和性能难分伯仲,需要做出决策的是价格和交货期。在这种情况下,该航空公司所面临的决策状况可以说基本上是比较明确的,因此可以说这是一种确定状况下的决策。

即使确定型决策也未必就能凭经验和直觉做出选择。例如,著名的"货郎担"问题就是这样的。有一个"货郎担"要到10个村庄去巡回售货,那么选取哪条路线路会使所走路程最短?这里可供选择的路线有 3 628 822(即10!)条! 要从300多万个方案中进行抉择是不太容易的事,但线性规划法可以很方便地解决此类问题。

2. 风险状况下的决策

在这种情况下,存在着各种不完整的信息,各种方案实现的可能性、可能的收益和费用都可以用概率来估计。例如,某企业关于新产品的决策有三种可能的方案:建设一座大厂;建设一座小厂;先建小厂,如果销路不错再扩建。新产品的销路不能完全确定,有畅销、一般和滞销三种情况,三种情况出现的概率可以根据经验或统计资料大致确定。每种方案盈利和亏损的可能性也可以用概率来估计。显然,选择任何一种方案,其结果都存在可能亏损的风险,这种状况下的决策就称为风险型决策。决策树方法是这种状况下的一种常用分析工具。

3. 不确定状况下的决策

现代组织中相当多的决策是在不确定状况下进行的,决策者既不知道所有可能的备选方案,也不清楚各种方案可能具有的风险,对各种方案可能产生的后果也不甚了解。当今组织所面临的环境的复杂性和动态性是造成这种不确定性的主要原因。为了在不确定状况下进行有效的决策,决策者必须尽可能多地收集各种相关的资料,并尽量采用一种逻辑的、理性的方式去解决问题。决策者的经验、直觉和判断力在很大程度上影响着决策的效果。

二、按决策的范围和影响程度分类

根据决策的范围和影响程度的不同,可以将决策分为战略性决策与战术性决策。

1. 战略性决策

战略性决策是那些事关组织未来的生存与发展的大政方针方面的决策。战略性决策多是复杂的、不确定性的决策,常常依赖于决策者的直觉、经验和判断能力,如企业使命目标的确定、企业发展战略与竞争战略、收购与兼并、高层经理的人选确定、组织机构改革等都属于战略性决策的例子。

2. 战术性决策

管理决策和业务决策是与战略性决策相对应的战术性决策,均属于战略性决策过程中的具体决策。管理决策是对企业人、财、物等有限资源进行调动或改变其结构的决策,例如营销计划与营销策略组合、产品开发方案、员工招收与工资水平、机器设备的更新等。业务决策则主要是解决企业日常生产作业或业务活动问题的一种决策,如生产进度安排、库存控制、广告设计等。

三、按问题的重复程度和有无先例可循分类

按决策问题的重复程度和有无先例可循来分类,可以将决策分为程序化决策和非程序化决策。

1. 程序化决策

程序化决策是指那些例行的、按照一定频率或间隔重复进行的决策。程序化决策处理的主要是常规性、重复性的问题。处理这些问题的特点,就是要预先建立相应的制度、规则、程序等,当问题再次发生时,只需根据已有的规定加以处理即可。现实中有许多问题都是经常重复出现的,如员工请假、日常任务安排、常用物资的采购、"三包"产品质量的处理等,这些问题因为反复出现,人们就可以制订出一套例行程序来,每当这些问题出现时就可以依例处理。

2. 非程序化决策

非程序化决策是指那些非例行的、很少重复出现的决策。这类决策主要处理的是那些非常

规性的问题。例如,重大的投资、组织变革、开发新产品或打入新市场等。决策时往往缺乏信息资料,无先例可循,无固定模式,常常需要管理人员倾注全部精力,发挥创造性思维。一般来说,由组织的最高层所做的决策大多是非程序化的。这类决策问题无先例可循,只能依靠决策者的经验、直觉、判断以及将问题分解为若干具体小问题逐一解决的通用问题的解决过程进行处理。

现实中的决策大都是居于程序化决策和非程序化决策之间。正如赫伯特·西蒙曾经论述的:"它们并非真是截然不同的两类决策,而是像一个光谱一样的连续统一体,其一端为高度和谐化的决策,而另一端为高度非程序化的决策。我们沿着这个光谱式的统一体可以找到不同灰色梯度的各种决策,而我采用程序化和非程序化两个词也只是用来作光谱的黑色频段和白色频段的标志而已。"

对于决策的类型,还可以从其他各种角度加以划分。如按照决策者是个体还是群体分为个体决策和群体决策,按照决策者所处的层次分为高层决策、中层决策和基层决策,按照决策的覆盖面大小分为宏观决策和微观决策,按照决策影响的时间长短分为长期决策和短期决策,按照决策问题所在的专业领域分为生产决策、营销决策、财务决策和人事决策等。

显然,越是组织的上层主管人员,所做出的决策越倾向于非程序化的、战略的、科学的、非确定型的决策;越是组织的下层主管人员,所做出的决策越倾向于程序化的、战术的、经验的和确定型的决策。

任务 3 运用决策程序

一、决策的过程

决策程序也称决策流程,是指决策过程中所形成的各环节、步骤及其活动的总和。它作为一个动态的行为模式,是由前后相继的政策步骤、环节所构成的。在决策环境非常复杂的情况下,有秩序地做决策比随意性决策更有效率,能够避免许多不必要的浪费。

决策程序主要包括发现问题、确定目标、寻求可行方案、寻求相关或限制因素、分析评估备选方案和方案选择、检验和实施等步骤。

1. 发现问题

发现问题是决策过程的起点。及时发现问题的苗头,正确界定问题的性质和问题产生的根源是解决问题、提出改进措施的关键,这就要求企业各级管理人员具备正确发现问题的能力。问题是从调查中发现的,有时候问题很明显(如设备突然发生故障),但有时候问题又很难发现。作为管理者,不能坐等问题的出现,还应预见问题的到来。

2. 确定目标

这一阶段的目的在于澄清解决问题的最终目的,明确应达成的目标,并对目标的优先顺序进行排序,从而减少未来决策过程中不必要的麻烦。

决策目标是由上一阶段明确的有待解决的问题决定的。在确定目标的过程中,必须将要解决问题的性质、结构、症结及其原因分析清楚,才能有针对性地确定出合理的决策目标。

决策目标往往不止一个,而且多个目标之间有时还会有矛盾,这就给决策带来一定的困难。要处理好多目标的问题,可通过下面三种办法解决。

(1) 尽量减少目标数量,把要解决的问题尽可能地集中起来,减少目标数量。

(2) 把目标依重要程度的不同进行排序,把重要程度高的目标先行安排决策,减少目标间的矛盾。

(3) 进行目标的协调,即以总目标为基准进行协调。

3. 寻求可行方案

在诊断出问题的根由、理清解决此问题的真正方法之后,应寻求所有可能用来消除此问题的对策及有关的限制因素。这些可能的备选方案间,应互相具有替代作用。选用哪种方案,视其在各相关限制因素的优劣地位及成本效益而定。

通常来说,一个问题往往可以用一个以上的方法来解决,所以在选择之前,应先把所有可能的候选者及相关因素罗列出来,以便清楚地加以考查和评估。提出的可行方案应尽可能详尽无遗,方案的数量越多、质量越好,选择的余地就越大。

4. 寻求相关或限制因素

寻求相关因素与限制因素,即列出各种对策可能牵涉到的有利或不利的考虑因素。所谓备选方案的相关因素或限制因素,是指评价方案优劣应考虑的对象。如采购问题的决策考虑因素有价格(成本)、品质、交货时间、交货持续性、售后服务、互惠条件、累计折扣等。不同的决策问题将有不同的考虑因素,决策者必须针对特定问题,思考可能的相关因素,以免遗漏。

5. 分析评估备选方案

在制订出各种可行方案及确定相关因素与限制因素之后,接着就是进行评估,选择一个最有助于实现目标的方案。

首先,要建立各方案的数学模型,并要求得各模型的解,对其结果进行评估。评估时,要根据目标来考核各方案的费用和功效。

其次,采用现代化的分析、评估、预测方法,对各种比较方案进行综合评价。一是运用定性、定量的分析方法,评估各比较方案的效能价值,预测决策的后果以及来自各阶层、各领域的反应。二是在评估的基础上,权衡、对比各比较方案的利弊得失,并将各比较方案按优先顺序排列,提出取舍意见,送交最高决策机构。

6. 方案选择

选择方案是决策程序中最为关键的环节,由决策系统完成。

进行选择,就要比较可供选择方案的利弊,运用效能理论进行总体权衡、合理判断,然后选取其一,或综合成一,做出决策。

决策者在决策时必须研究某一项对策对其他各方面的影响,以及其他方面的事物对这项对策的影响,并估计其后果的严重性、影响力和可能发生的程度。在仔细估量并发现各种不良后果以后,决策者有时会选择原来目标中的次好对策,因为它比较安全、危险性小,是较好的决策。

在方案的评价和选择中,应注意以下问题。

(1) 确定评价的价值标准。评价的价值标准要根据决策目标而定。凡是能够定量化的都要规定出量化标准,如利润达到多少等;难于定量化的,可以做出详细的定性说明,如安全可靠性。

(2) 注意方案之间的可比性和差异性,即把不可比的因素转化为可比因素,对其差异着重比较与分析。

(3) 从正反两方面进行比较。目的在于考虑到方案可能带来的不良影响和潜在的问题,以权衡利弊得失,做出正确的决断。

7. 检验方案的可靠性

当决策者在几个备选方案中选定自己认为最优的方案后,科学决策分析过程并未结束。为确保决策能推动目标的达成,决策者还应该在执行前进行方案的可靠性检验,即进行局部试验,以验证其方案运行的可靠性。若成功的话,即可进入普遍实施阶段;若所有先前考虑到的后果都变成可能发生的问题,就需要进一步分析其原因所在,然后采取预防性措施以消除这些因素;若无法消除,还应该制订一些应急措施来对付可能发生的问题,或反馈回去进行"追踪检查"。

二、决策的影响因素

组织中的决策受到各种因素的影响,这些因素主要包括决策中的政治因素、人们的直觉和执着、人们对待风险的倾向、伦理观等。

1. 决策中的政治因素

组织中的政治行为是指通过获得、强化或使用权力以实现某种期望结果的活动。政治力量是影响管理者的决策行为的重要因素之一。组织的政治行为中的结盟行为,对决策的影响尤其不可忽略。结盟是指个人或群体之间为实现某种共同目的而形成的一种非正式的联合,例如企业的股东为了某种共同的目的而联合起来向董事会施压以做出对自己有利的决策。

组织中的结盟行为既有有利的一面,也有有害的一面。高明的管理者有时能够利用结盟行为以促进组织目标的实现,有时精心制订的战略和决策也会因结盟行为而毁于一旦。管理者必须懂得如何利用结盟,如何把握其影响以及如何避免其有害的一面。

2. 直觉和执着

直觉是人们不经有意识的考虑而形成的对某种事物的信念或认识。管理者有时会根据感觉或预感做出决策。很多情况下,这种感觉或预感并不是毫无道理的,而是以在类似环境下长期进行决策的经验和实践为依据的。直觉在某些情况下可能帮助管理者不必经过完整的理性决策的步骤而迅速做出决策,但是管理者在决策时绝对不应过度地引领自己的直觉,尤其是那些并不具备多少经验的管理者。习惯于用"我觉得如何"来代替理性和逻辑的思维,结局是不言而喻的。

执着则是指人们对自己的决策所选定方案的特别偏爱,甚至当实践已经证明这个方案不妥当或不正确时,仍然要坚持下去而不愿及时回头。这种执着感使得人们不能面对现实,感情压倒理智,往往是损失已经到了不可弥补的程度才醒悟过来。管理者应当了解这种现象,避免受其所害。

3. 对待风险的倾向

人们对风险的态度在很大程度上影响着决策。对风险的态度因人而异,有的人天生酷爱冒险,凡事喜欢赌一把;而有的人则生性小心翼翼,万事只求保平安。同一个人也会因为所面对的环境不同,在组织中位置的高低,所面临风险的大小以及其他一些因素而表现出不同的风险态度。

4. 伦理观

伦理观决定着人们的行为取向。伦理观是人们判断对错的尺度,也是人们做出选择的指南。正如上面所讨论的其他各种因素一样,伦理观也从各个不同的方面影响着人们的决策行为。

此外,组织所处的环境、组织的文化、组织过去所做出的决策以及时间对决策问题的重要程度等因素都不同程度地影响着管理者的决策。

任务 4 理解决策方法

科学决策具有客观必然性。决策自古有之,历史上许多著名的政治家、军事家因决策正确而成就一番业绩者,不乏其例。然而,由于历史的局限,这些决策大多是凭借领导者的个人阅历、知识和智慧进行的,属于"政治决策"。社会化大生产造成现代社会活动发生一系列根本变革,规模日益庞大,结构愈加复杂;节奏日益加快,竞争愈加激烈;形势日益多变,随机因素大量增多;联系日益广泛,整个社会愈加紧密地连在一起;影响日益深远,决策后果愈加重大。传统的经验决策已不能完全适应现代社会活动需要。现代决策不仅需要领导者个人的经验和才能,更需要集中不同层次的专家集团的智慧;不仅需要领导者个人的直觉,更需要依靠科学方法、程序、论证进行决策。

随着决策实践和理论的不断发展,许多科学可行的决策方法随之产生,但没有任何一种方法是万能的,问题在于如何根据具体决策问题的性质和特点灵活运用。一般来说,决策方法有两大类,即主观决策方法和计量决策方法。管理者应当根据决策过程的性质和决策过程各阶段的特点,灵活地应用各种方法,这样才能提高决策的科学化水平。

一、主观决策方法

所谓主观决策方法又叫定性决策方法,是指运用心理学、社会学的知识,采用有效的组织形式,在决策过程中,直接利用专家们(指那些在某些专业方面积累了丰富知识、经验和能力的人)的知识和经验,根据已掌握的情况和资料,提出决策目标以及实现目标的方法,并做出评价和选择。

主观决策方法的优点是方法灵活,通用性大,容易被一般主管人员接受,而且特别适用于非程序化的决策。但是主观决策法也有其局限性,因为它是建立在专家直觉思维的基础上,缺乏严格的论证,容易带有主观感情色彩。另外,参与决策的专家人选是由决策组织者挑选决定的,因此专家的意见容易受决策组织者个人倾向的影响。

主观决策方法有很多种,常用的有经理人员决策法、德尔菲法、头脑风暴法、专家会议法等,其中德尔菲法是最具代表性的方法。尤其在长远的战略决策中,存在许多不肯定性的条件,所以德尔菲法特别适用。

项目2
决策管理

1. 德尔菲法

德尔菲法是由美国兰德公司于20世纪50年代初发明的,最早用于预测,后来推广应用到决策中来。德尔菲是古希腊传说中的神谕之地,城中有座阿波罗神殿可以预卜未来,因而借用其名。

德尔菲法是专家会议法的一种发展,是一种由专家进行调查研究的专家集体判断。它是以匿名方式通过几轮函询征求专家们的意见,组织决策小组对每一轮的意见进行汇总整理,作为参照资料再发给每一位专家,供他们分析判断,提出新的意见。如此反复,专家的意见渐趋一致,做出最终结论。

德尔菲法的实施过程大致如下。

(1) 拟订决策提纲。先把决策的项目写成几个提问的问题,问题的含义必须提的十分明确,不论谁回答,其对问题的理解都不应两样,而且最好只能以具体明确的形式回答。

(2) 选定决策专家。所选择的专家一般是指有名望的或从事该项工作多年的专家,最好包括多领域的有关专家,选定人数一般以20~50人为宜,一些重大问题的决策可选择100人以上。

(3) 征询专家意见。向专家邮寄第一次征询表,要求每位专家提出自己的决策意见和依据,并说明是否需要补充资料。

(4) 修改决策意见。决策的组织者将第一次决策的结果及资料进行综合整理、归纳,使其条理化,发出第二次征询表,同时把汇总的情况一同寄去,让每一位专家看到全体专家的意见倾向,据此对所征询的问题提出修改意见或重新做一次评价。

(5) 确定决策结果。征询、修改以及汇总流程反复进行三四轮,专家的意见就逐步集中和收敛,从而确定出专家们趋于一致的决策结果。

德尔菲法也可以理解为组织集体思想交流的过程,具有如下特点。

(1) 匿名性。征询和回答是用书信的形式"背靠背"进行的,应答者彼此不知道具体是谁,这就可以避免相互的消极影响。

(2) 反馈性。征得的意见经过统计整理,重新反馈给参加应答者。每个人可以知道全体的意见倾向以及持与众不同意见者的理由;每一个应答者有机会修改自己的见解,而且无损自己的威信。

(3) 收敛性。征询意见过程经过几轮(一般为四轮)重复,参加应答者就能够达到大致、甚至比较协调一致的共识。也就是说,统计归纳的结果是收敛的,而不是发散的。

2. 专家会议法

专家会议法是指根据规定的原则选定一定数量的专家,按照一定的方式组织专家会议,发挥专家集体的智慧结构效应,对预测对象未来的发展趋势及状况,做出判断的方法。"头脑风暴法"就是专家会议预测法的具体运用。

专家会议有助于专家们交换意见,通过互相启发,可以弥补个人意见的不足;通过内外信息的交流与反馈,产生"思维共振",进而将产生的创造性思维活动集中于预测对象,在较短时间内得到富有成效的创造性成果,为决策提供预测依据。但是,专家会议也有不足之处,如专家们有时受心理因素影响较大,易屈服于权威或大多数人的意见,易受劝说性意见的影响,不愿意轻易改变自己已经发表过的意见,等等。

专家会议的人选应按下述三个原则选取:①如果参加者相互认识,要从同一职位(职称或级别)的人员中选取,领导人员不应参加,否则可能对参加者造成某种压力;②如果参加者互不认识,可从不同职位(职称或级别)的人员中选取,不论成员的职称或级别的高低,都应同等对待;③参加者的专业应力求与所论及的预测对象的方向一致。

运用专家会议法,必须确定专家会议的最佳人数和会议进行的时间。专家小组规模以10~15人为宜,会议时间一般以进行20~60分钟效果最佳。会议提出的设想由分析组进行系统化处理,以便在后续阶段对提出的所有设想进行评估。

二、计量决策方法

计量决策方法是指决策中的那些"硬技术",是建立在数学、统计学基础上的决策方法。它的核心就是将决策的变量与变量、变量与目标之间的关系用于决策过程中的任何一步,特别用于方案的比较和评价。由于决策所包含的变量多少不同,决策环境的不确定程度不同,以及所进行分析的静态和动态的区别,决策时要使用复杂程度不同的数学工具。

下面简要介绍几种简单的计量决策方法。

(一)风险决策

风险决策即风险状况下的决策,企业经营中有大量的决策问题都属于风险决策。例如,建设新工厂的投资决策、新产品开发决策、企业兼并决策等。风险决策的特点是:①决策目标一般是经济性的,可以用倾向来计量;②存在多个可行方案,每个方案的收益或损失(包括直接损失或机会损失)可以根据项目的生产能力和市场预测资料比较准确地进行估计;③未来环境可能出现多种自然状态;④各种自然状态发生的概率可以根据历史资料或经验进行判断;⑤决策标准是使期望净收益值达到最大或期望损失减至最小。

将决策过程各阶段之间的逻辑结构绘成一张箭线图,称为决策过程流程图,现状与目标间的差距便是需要决策的问题。根据问题的特性设计出几种可行方案,每种方案都对应一个最终的效果,而方案的实现具有一定的概率,决策者在权衡各方案时,除考虑到方案实现的平均收益外,有时还加入主观的倾向和偏好,最后的选择是在全面衡量各方面的利弊并参照目标要求的基础上做出的。最后,将这一过程加以抽象就可以得到决策树。

(二)决策树法

(1)决策树的含义:把各备选方案、自然状态、损益值等通过一种树形结构图形象地表现出来,并进行决策的方法。

(2)决策树的五要素:决策点、方案枝、状态结点、概率枝和损益值(见图2-1)。

(3)决策树决策的步骤:第一步,绘制决策树,从左到右层层展开;第二步,计算期望值,从右到左依次计算;第三步,剪枝决策,逐一比较各方案的期望值,将期望值小的方案剪掉,仅保留期望值最大的一个方案。

决策树是一个探索式决策过程的模型,实际

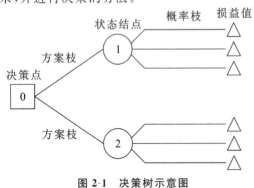

图2-1 决策树示意图

上它早已存在于人们的思维过程中,一直被决策者有意无意地使用着。下面通过一个简单的例子来说明决策树的原理和应用。

有一家企业欲开发新产品,需对 A、B、C 三种方案进行决策。三种方案的有效利用期均按 6 年计,所需投资如下:A 方案为 2 000 万元,B 方案为 1 600 万元,C 方案为 1 000 万元。据估计,该产品市场需求量最高的概率为 0.6,需求量一般的概率为 0.2,需求量低的概率为 0.2。各方案每年的损益值如表 2-1 所示。问题是:到底应选择哪个投资方案呢?

表 2-1　三种方案每年的损益值

方案	需求高 0.6	需求一般 0.2	需求低 0.2
A	1 000	500	120
B	800	300	80
C	500	200	50

我们来示范解决这个决策问题。

(1) 首先画出决策树(见图 2-2)。

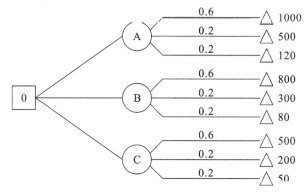

图 2-2　三种方案决策树示意图

(2) 计算各节点的期望值。

A、B、C 三个状态结点所对应的期望值的计算如下:

A:(1 000×0.6+500×0.2+120×0.2)×6＝4 344 万元

B:(800×0.6+300×0.2+80×0.2)×6＝3 336 万元

C:(500×0.6+200×0.2+50×0.2)×6＝2 100 万元

(3) 计算各方案的期望值。

方案 A 的期望值:

$$4\ 344-2\ 000=2\ 344\ 万元$$

方案 B 的期望值:

$$3\ 336-1\ 600=1\ 736\ 万元$$

方案 C 的期望值:

$$2\ 100-1\ 000=1\ 100\ 万元$$

因为方案 A 的期望值最大,所以方案 A 最合适。

(三) 现值分析法

现值分析法考虑资金的时间价值，也就是要考虑利息的影响。其基本原理是将不同时期内发生的收益或追加投资和经营费用，都折算为投资起点的现值，然后与期初的投资比较，净现值大于零的方案为可行方案，净现值最大的方案为最佳方案。利息一般分为单利和复利两种，在方案评价中多采用复利计算。

(四) 量本利分析法

企业组织有一种比较常用的决策方法，就是量本利分析法。

(1) 量、本、利的含义。

量——产量，X；本——成本，Z；利——利润，P。

(2) 量、本、利之间的关系。

$$\begin{aligned}\text{成本} &= \text{固定成本} + \text{变动成本} \\ Z &= C + V \cdot X\end{aligned}$$

其中，V 为单位变动成本。

$$\begin{aligned}\text{收入} &= \text{价格} \cdot \text{产量} \\ I &= S \cdot X\end{aligned}$$

其中，I 为收入，S 为价格。

$$\begin{aligned}\text{利润} &= \text{收入} - \text{成本} \\ P &= I - Z \\ &= S \cdot X - (C + V \cdot X) \\ &= (S - V) \cdot X - C\end{aligned}$$

(3) 盈亏平衡点计算。

盈亏平衡点：利润 $=0$，即 $P=0$，有：

$$(S-V) \cdot X_0 - C = 0$$

所以 $X_0 = C/(S-V)$，即：盈亏平衡点产量=固定成本/(价格－单位变动成本)。

盈亏平衡点的收入：$I_0 = S \cdot X = S \cdot C/(S-V) = C/(1-V/S)$，盈亏平衡图如图 2-3 所示。

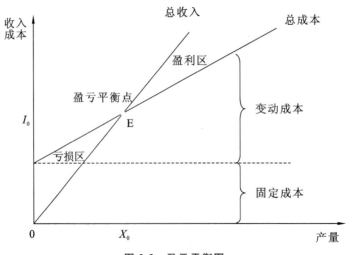

图 2-3 盈亏平衡图

项目2 决策管理

（五）线性规划法

线性规划法是解决多变量、最优决策的方法，是在各种相互关联的多变量的约束条件下，解决或规划一个对象的线性目标函数最优的问题，即给予一定数量的人力、物力、资源，如何应用而取得最大经济效益；或给予一定的任务，如何统筹安排，才能以最小的消耗去完成。其中目标函数是指决策者要求达到目标的数学表示式，用一个极大值或极小值表示。约束条件是指实现目标的能力资源和内部条件的限制因素，用一组等式或不等式表示。

诺基亚没落的启示：一个不创新而枯萎的案例

2013年9月，手机领域昔日全球老大、市值曾经位居全球上市公司之首的诺基亚仅以72亿美元出售了旗下最核心的手机业务，这一售价还不足公司辉煌时期上千亿市值的零头。

公司从2012年底卖掉芬兰总部大楼到2013年9月以"白菜价"贱卖核心业务，这位在困境中苦苦挣扎的昔日巨人真的快走到了尽头。辉煌了整整十几年的企业仅仅两三年就走向破落，诺基亚的沉沦给了我们三点启示。

第一，品牌不是万能的，单靠品牌的力量不可能让消费者"永远爱你没商量"。

诺基亚品牌不可谓不响亮。莫说如日中天时期，就是这些年江河日下，其品牌价值仍然在全球名列前茅。2011年，诺基亚品牌虽然跌出全球前十，但仍然保持在第十四位，品牌价值依旧高于宝马和路易威登，但品牌这一金字招牌并没有阻止诺基亚市场份额的快速下滑。品牌对一个公司固然重要，但如果没有有竞争力的产品作为支撑，品牌的力量也会苍白无力，不可能让消费者做到从一而终。

说到产品，许多人有一个误区，认为质量决定一切。其实，在需求日益多元的今天，产品质量绝非消费者选择产品的唯一标准。这是诺基亚给我们的第二点启示。

平心而论，诺基亚手机的稳定性和耐用性直到今天都仍然有口皆碑，返修率仍低于竞争对手，但质量稳定和经久耐用并没有让诺基亚守住市场份额。这说明，对于手机这类时尚性很强、介于快速消费品和耐用消费品之间的电子产品，单单靠产品质量过硬是无法守住天下的。

原因并不复杂，因为质量稳定只是消费者选择产品时考虑的因素之一而绝非全部。对于换代周期只有18个月的手机这种时尚电子产品，稳定性和耐用性这些质量要素甚至不能成为消费者考虑的首选要素，特别是对于更换手机最频繁的年轻用户，在他们的选择权重中，质量可能还比不上外观、功能和价格。因此，依靠质量稳定这一卖点，诺基亚没有吸引到市场上最有活力的年轻用户。

对于企业，选择怎样的发展战略至关重要。在发展战略上，是大胆创新还是简单重复，这其实已经为企业今后的命运走向埋下了伏笔。诺基亚给我们的第三点启示就是：创新肯定有风险，但守旧和重复只是死路一条。

说到重复，诺基亚此次出售核心业务其实就是再次重复过去的成功战略，即以"壮士断腕"的精神彻底甩掉传统业务，集中精力发展无线网络设备和地图等新业务，以图东山再起。这种大胆跨界、大开大合的做法在诺基亚百年历史上的确两次获得成功。比如，百年前依靠木材、橡胶起家的诺基亚,在20世纪中后期毅然卖掉传统业务,跳到电子领域生产电视机,并取得较好的业绩;20世纪八九十年代,诺基亚又卖掉已经做到欧洲第二的电视机业务,涉足全新的移动通信领域,并成功地做到全球最大。

但是,再一再二难再三,此次跨界重复的风险值远远大于前两次的风险值,它是否能让诺基亚东山再起或会加速其衰亡,目前还很难说。首先,诺基亚前两次转型是主动为之,此次则是被动选择,而主动和被动恰恰是企业转型成功与否非常关键的因素;其次,诺基亚前两次转型都是前瞻性地跨入了朝阳产业,而且是具有革命性市场的主流产业,而这次似乎并没有找到此类接续产业。更重要的是,前两次转型时期的诺基亚还是一家区域性公司,还有船小好调头的优势,而已经做到行业老大、成长为巨人企业的诺基亚,依旧狗熊掰棒子似地完全抛弃核心业务而重打鼓另开张,其风险可想而知。

案例分析:苹果公司CEO蒂姆·库克谈及诺基亚时说,不创新必然导致消亡。诺基亚就是一个不创新而枯萎的案例,尽管它曾经在全球市场份额中占有重要地位。这可能正是诺基亚对所有企业敲响的警钟。

项目 3 计划管理

 **案例导入**

高先生是一家电子公司的分公司制造经理,该公司的管理部门最近安装了一些新机器,试行了一种简化的工作系统,但令每一个人(包括高先生自己在内)感到惊讶的是:提高生产率的期望并未实现。实际上,生产率开始下降,且产品质量降低,离职的雇员数目增加。他认为这些机器没有任何故障,而且使用这些机器的其他公司的报告也坚定了他的想法。同时,生产厂家经检查后指出,机器运转正处于最高效率。高先生怀疑问题可能出在新的工作系统上,但他的直接下属并非都持有这种看法。这些直接下属分别是三个基层主管人,每人负责一个科组,还有一个是物资供应经理。他们对生产率下降的原因看法不同,认为是操作工训练差、缺乏适当的经济刺激体制和士气低落造成的。显然,对这一问题各人有各人的想法,下属中存在着分歧。这天早晨,分管该公司的经理得到了分公司近6个月的生产数字,打电话给高先生表示他对这件事情的关切。他指示说,应以高先生认为的最好方式解决这一问题,他很想在一周内知道高先生所采取的计划。高先生和基层负责人同样关心生产率的下降,问题在于采取什么计划扭转这种情况。

案例分析:高先生所做工作的出发点和归宿,是否有切实可行的工作目标?高先生在新机器的试用前是否分析界定过可能出现的问题?

 **教学做目标**

通过本项目的教、学、做,需要完成的目标如下:
(1)了解计划、目标的概念和特征;
(2)熟悉企业管理与计划的关系;
(3)掌握制订计划的基本过程;
(4)能够运用所学计划概念对现实生活中的管理问题制订计划。

子项目 3.1 计划管理·工作任务·师生教学做

以下有两项"认识管理"的工作任务,各项任务由教师和学生共同完成。

任务 1

教学拓展训练:左右脑思维切换

★ 形式:集体参与

★ 时间:20~40 分钟

★ 材料:白纸

★ 场地:不限

★ 应用:创造力培养

目的

◇ 为学生提供一次体验从左脑思维切换到右脑思维的机会。

程序

1. 告诉学生画画是一种比较简单的可以用来体验左右脑思维切换的方法。当你看着一幅正立的物体进行画画时,你所使用的是你的左半脑。

2. 让学生选出他们想要临摹的一幅简笔画。

3. 等他们都完成了他们的作品后,你可以说:现在请你们再拿出一张纸来,然后把那幅画颠倒过来,照此再临摹出一幅同样的画。

4. 给他们一些时间来完成他们的作品。当他们都完成时,问:两幅画对你来说有什么不同?

5. 在讨论中穿插以下几个要点:

(1) 当你们在画一幅正立的画像时,所有过程是由你们的左半脑区域支配掌握的。左半脑的处理方式可能是这样的:每一次都只处理一小部分,一步一步循规蹈矩地来(比如,先画整幅画的左半部,然后是右半部,接着是细节部分)。

(2) 当你们在画一幅上下颠倒的图像时,你们使用的是你们大脑的右半部区域。右半脑的处理方式可能是利用物体之间的空间关系、相互联系和对比关系在头脑中描绘出一幅完整的图像。

(3) 如果学生对右脑的使用感到有些不适时(可能是由于不习惯倒置的物体的缘故),这种现象可以解释为:学生正在试图使用他/她的左脑思维方式来解决需要通过右脑思维才能解决的问题。

项目3 计划管理

① 通常,第二幅画(利用你们的右脑思维画出的,看上去倒置的图像)比利用你们的左脑思维画出的(即第一幅画)要来得更好一些。

② 在临摹第二幅画时,你们应该会"感到"有一些不同。这是因为你们的认知感受从左半脑突然切换到右半脑——就好比你们从白日梦中醒来时恍若隔世一般。

总结与评估

我们常用来描述这两种思维方式的词具体如下。

(1) 右半脑思维:直觉本能的、形象直观的、亘古永存的、主观臆断的、自发天生的、带有情感色彩的。

(2) 左半脑思维:注重分析、缜密精确的、次序井然的、客观的、因果关系的、逻辑严密的。

任务 2

【案例分析】

进入12月份后,宏远实业的总经理顾军一直在想两件事:一是年终已到,应好好总结一年来的工作;二是好好谋划一下明年怎么干,更远的是该想想以后五年怎么干,以及以后十年怎么干。顾军上个月去省财经学院工商管理学院听了三次关于现代企业管理知识的讲座,教授精彩诙谐的演讲对他触动很大。公司成立至今,转眼已有十多个年头了。十多年来,公司取得了很大的成就,其中有运气、有机遇,当然也有自身的努力。仔细琢磨,公司的管理全靠经验,特别是顾军自己的经验,凡事都是由他拍板,从来没有通盘的目标和计划。可现在公司已发展到几千万资产,拥有300多名员工,再这样下去可不行了。顾军每想到这些,晚上都睡不着觉,到底该怎样制订公司的目标和计划呢?

宏远公司是一家民营企业,是改革开放的春风为宏远公司的建立和发展创造了条件。15年前,顾军三兄弟来到省里的工业重镇滨海市,借了一处棚户房落脚,每天出去找营生。在一年的时间里,他们收过废旧物资,贩卖过水果,打过短工。兄长顾军经过观察和请教,发现滨海市的建筑业发展很快,但建筑材料(如黄沙和水泥)的供应很紧缺。他想到,在老家镇边上,他表舅开了家小水泥厂,由于销路问题,不得不减少生产。三兄弟一商量,决定做水泥生意。他们在滨海市找需要水泥的建筑队,讲好价,然后到老家租船借车把水泥运出来,去掉成本,每袋水泥能赚几块钱。利虽然不厚,但积少成多,一年下来他们赚了几万元。三年后,他们从家乡组建工程队开进了城,当然水泥照样贩卖,算是两条腿走路了。

一晃十五年过去,顾军三兄弟成为拥有几千万资产的宏远公司老板。公司现有一家贸易公司、一家建筑装饰公司和一家房地产公司,有员工300多人。兄长顾军任公司总经理,两个弟弟任副经理,顾军妻子的叔叔任财务主管,表舅的儿子任销售主管,顾军具有绝对的权威。去年,顾军代表宏远公司拿出50万元捐给省里的贫困县建希望小学,这使其名声大振。不过,顾军心里明白,公司近几年的日子也不太好过,特别是今年,建筑公司业务情况还可以,但由于成本上升,只能勉强维持,略有盈余。贸易公司今年做了两笔大生意,挣了点钱,其余的生意均没有成功,而且仓库里的存货很多,无法出手,而且贸易公司的日子也不好过。房地产公司更是一年不如一年,生意越来越难做,留着的几十套房子把公司压得喘不过气来。

面对这些困难,顾军一直在想如何摆脱这种状况、如何发展。发展的机会也不是没有。上个月在省财经学院工商管理学院听讲座时,顾军认识了滨海市一家国有大公司的老总,得知这家公司正在寻找在非洲销售他们公司当家产品——小型柴油机的代理商,据说这种产品在非洲很有市场。这家公司老总很想与宏远公司合作,利用民营企业的优势去抢占非洲市场。顾军深感这是个机会,但该如何把握呢?10月1日,顾军与市建委的一位处长在一起吃饭,这位老乡告诉他,市里规划于明年启动拓宽江海路工程,江海路两边都是商店,许多大商店都想借这一机会扩建商厦,但苦于资金不够。这位处长问顾军,有没有兴趣进军江海路,如果想的话,他可牵线搭桥。宏远公司早就想进军江海路了,现在诱人的机会来了,但投入也不少,该怎么办?随着住房分配制度的变化,一段时间没有正常运作的房地产是不是该动了?这些问题一直盘旋在顾军的脑海中。

分析讨论题:
1. 宏远公司是否应该制订短期、中期、长期计划?
2. 你如何为顾军编制公司发展计划出谋划策?
3. 你如何看待顾军捐资修建希望小学这件事?

子项目 3.2 计划管理·工作任务·学生独立做

以下有两项"计划管理"的工作任务,各项任务由学生独立完成。

任务 1

教学拓展训练:高高飞翔

★ 形式:四个人一小组
★ 时间:30分钟
★ 材料:课堂资料、剪刀、画图用纸、胶水或胶带
★ 场地:不限
★ 应用:员工激励

目的

◇ 加强团队成员对不同的团队成员所做的独特的贡献的认识。
◇ 加强团队成员对他们为团队成就所做贡献的重要性的认识。
◇ 加强个人对团队任务成功完成的责任感。

程序

1. 将团队合理地分成四人以上一组的小组。
2. 给每组提供剪刀、几张画图用纸、速干胶水或胶带。
3. 给出下列指令:
(1) 每组的目标是做出最好的纸飞机;
(2) 你们将有15分钟制作和试飞你们的纸飞机;
(3) 15分钟时限过后,我们将测试每只纸飞机并与别的纸飞机做比较,看看哪只飞得最远。
4. 一旦宣布获胜组,便发放课堂资料。让各组思考每个团队成员对他们的飞机的设计、制作和测试所起的作用或所做的贡献。让他们准备好至少分享团队成员所做的一个贡献。此步骤所需时间由组的大小和讨论的深度决定。

讨论

1. 你从此活动中学到了什么?

通常的回答是我意识到:团队成员所做的贡献常常不被人们注意;看上去很小的贡献能产生很大的作用;每个成员给团队任务带来不同的力量。

2. 我们如何用学到的知识加强我们的团队?

通常的回答如下:分配任务时我们需要好好考虑成员的能力;我们要记得发掘团队成员的不太明显的技能。

如果讨论能引导人们对行动做出特定的承诺,则对承诺做出相应的更新并查看多数人的意见。

总结与评估

提高对成员带给团队的不同力量的认识,加强对开发团队成员的技能和才干的需要的认同,完善利用团队成员才能的措施。

任务 2

【案例分析】

马云和他的环保之战

马云又出发了。

北京时间2015年12月6日凌晨,阿里巴巴集团董事局主席马云受邀出席联合国气候变化巴黎大会并发表主题演讲。他表示,面对气候问题,政府、企业家、科学家要学会合作,应该讨论分享谁有更好的解决办法,而不是继续争论谁对谁错,或是谁应该承担更多责任。"如果地球病了,没有人会健康。"

作为在全球气候变化巴黎大会"行动日"当天唯一发表演讲的中国企业家,马云再一次公开地阐释了自己的环保理念,努力唤起大家对环境问题的关注。"我们现在面临'第三次世界大战'，我们要用我们的知识、我们的智慧，向贫困宣战，向疾病宣战，向气候变化宣战。如果我们输掉了这场'战争'，人类将没有赢家。"他强调。

近年来，马云在世界各地往来穿梭，参与环保行动、传播环保理念。也许，很多人会好奇——马云为什么这么热衷环保？早在2009年，马云即加入了大自然保护协会（TNC）中国理事会，是一个不折不扣的"资深环保粉丝"。2013年，他在亚布力中国企业家论坛第13届年会上表示："阿里巴巴和淘宝从来没有让我睡不着觉，让我睡不着觉的是我们的水不能喝了，我们的食品不能吃了，我们的孩子不能喝牛奶了……不管你挣多少钱，你享受不到沐浴阳光的时候，其实是很大的悲哀。"

今天我们都已经没有选择

马云去参加联合国气候变化巴黎大会，朋友们说他在"发疯"——有那么多事情不做，偏偏要跑到巴黎去谈气候。

不到一个月之前，在菲律宾举行的2015年APEC工商领导人峰会上，美国总统奥巴马也向马云发问："为什么你对气候保护充满热情？"

马云回答道："不是热情，而是深深的担忧促使我对环境和气候变化投入精力。12岁那年，我到一个湖里学游泳，差点淹死，因为那个湖比我想象的要深很多。5年前我故地重游，发现整个湖都干了。20年前，几乎没人听说过癌症，而今天，很多家庭以及我身边的很多朋友都在承受癌症带来的痛苦。"

环境恶化已经成为社会话题，马云提起了北京的雾霾，并告诉听众一个悲哀的事实：在中国的社交媒体上，人们最喜欢分享的图片是蓝天。他对奥巴马说："如果没有一个健康的环境，无论赚多少钱，都将面临环境变坏的灾难，这就是我们的忧虑。"

在巴黎，马云同样对来自190多个国家的代表讲述了这些真实的故事。"每当想到这些，我真希望自己真的是外星人，可以逃回我的星球。但是很可惜，人类只有一个地球。我们没有别的地方可去。"

环境问题已经不再是仅限于政治家讨论的问题，所有人都无法回避，最重要的是唤起公众的意识，企业家同样需要承担起责任。马云说："15年前，我们是小公司，现在我们变大了，是一家跟很多公司不一样的公司。但是我们认为，不管是一家什么样的公司，如果不关心环境、食品和水，那么不管你的企业是大还是小，都很难生存下来。"

机会永远在最麻烦、最让你忧虑的地方

创新也许有助于解决问题。

11月30日，马云联手比尔·盖茨、扎克伯格等27位全球知名企业家发起一项史无前例的清洁能源计划，该计划将投资数十亿美元用于清洁能源研发，集合政府与企业的力量，找到除了风能、太阳能以外更多零碳排放能源的可能，从技术上找到更多阻止全球变暖的方法。

比尔·盖茨表示："我们必须降低清洁能源的使用成本，我们必须实现清洁能源的革新，让清洁能源的成本低于化石能源的成本。"

鲜为人知的是，从6年前开始，阿里巴巴集团每年捐出收入的千分之三，用于鼓励、帮助年轻人找到解决环境问题的创新方式。

这是企业家思考问题的方式，马云试图吸引更多企业家和创业者投身环保事业。"机会永远在最麻烦、最让你忧虑的地方。你能够解决多大的麻烦，就能够产生多大的机会。如果昨天我们还把气候变化当成我们面临的困难，那么从今天起，我们应该把这一切当作机会。"

马云在联合国气候变化巴黎大会上的演讲中举了一个例子。10年前，阿里巴巴的年轻人算过一笔账，10笔电商交易要消耗的能源，可以煮熟四个鸡蛋，现在已经让这个能耗下降到了煮熟

一个鸡蛋。"他们做了很多创新,比如通过深层地下水的天然降温,节省了服务器60%的能耗。今天,这成了阿里巴巴通过技术创新的一种竞争能力。有人认为发展和保护地球是一对矛盾。我认为做正确的事,和正确地做事,不矛盾。"

技术革命令创新有了更多的可能性。

第一次技术革命,是对人类体能的释放,让人的力量更大;第二次技术革命,是对能源的利用,是对人类活动半径的释放,让人可以走得更远。从IT时代进入DT时代以后,数据新能源带来的计算能力,释放的是人类的大脑。

"IT时代是让自己强大,DT时代是让别人强大。DT时代是利他主义时代,应对气候变化问题,需要利他主义。DT时代是让别人成功,只有别人成功了,你才能成功。不要问你可以从中受益多少,而要问你可以为别人做什么。"

这看上去不像是技术,而更像是一种哲学,但其所代表的未来正在成为现实。过去两百年,知识+能源让人类对外部世界展开探索,不断满足自我。而在未来三十年,数据+新能源的时代带来的是共享、协作与共赢。

马云非常看好中小企业的创新能力,并承诺给予帮助。"中小企业永远最有创新力,大企业保持创新很难。当我们看到这样的企业时,我们激动,我们资助他们,我们用科技支持他们。如果他们是环境友好型的企业,在我们的平台上,我们会推广他们。"

企业家总是能找到办法

中国企业家们在环保方面已经开始了一系列的创新尝试。

马云在巴黎向听众介绍道:"我从美国的大自然保护协会学到很多。在中国,我们40多个企业家成立了桃花源基金会,我们在四川买了地,保护森林,帮助熊猫生存。我们告诉农民不要再砍树了,用别的办法。农民说我们得生活,不砍树怎么活下去?我们发现当地有一种蜜蜂,我们教他们生产蜂蜜在网上卖,用新的办法生存下去。"马云说:"企业家总是能找到办法,只要从我们的内心出发来做生意。"

桃花源生态保护基金会成立于2015年4月10日,马云和腾讯董事局主席马化腾出任该机构董事会联席主席,银泰集团创始人沈国军、华谊兄弟传媒股份有限公司董事长王中军等国内一批知名企业家及公益人士也积极参与其中。这些成员均参与生态环境保护实践多年,了解国内和海外公益机构的运作模式。马云表示,之所以取名"桃花源",是希望中国10年、甚至20年之后能拥有更纯净的水、空气和土地。

2009年,马云已经加入了大自然保护协会中国理事会,2010年4月16日又加入该协会全球董事会并成为该董事会的首位中国人。2013年5月,马云出任TNC中国理事会主席,并向旗下"中国全球保护基金"捐赠500万美元。此后在个人微博上,马云经常以"TNC全球董事会董事"的身份发表诸多生态保护的言论。

2015年上半年,马云在美国低调出资2 300万美元,购买了面积达113平方千米的布兰登公园的所有权。不过,他没有在这块地上开发房地产,而是将其委托给桃花源生态保护基金会进行保护。这种"买买买"也是国际上流行的一种环保模式,买主被称为"自然保护买家"。

在APEC峰会上同奥巴马对谈时,马云也提到了这次"买买买"。"我买这块土地的原因,不是为了买下森林,是想要买经验,看看美国人在20世纪是怎么解决自己的环境污染问题的。然后,我们会把这些技术和经验带回中国。"

20世纪30年代,纽约的雾霾和污染非常严重,杜邦等企业研究发现森林植被与河流受到破坏是其中很大的一个原因,对于布兰登公园保护的历史,也是美国人成功治理污染和雾霾的过程。美国在环保方面的某些成功经验,或许可以在中国得到复制。

很荣幸能够参与"第三次世界大战"

16年前的大年初五,阿里巴巴"十八罗汉"在湖畔花园开会,马云讲了整整两个小时。"我对我的同事做了一次演讲,关于我们的理想,关于互联网将会如何改变我们的社会。"

2013年5月10日淘宝十周年晚会上,马云正式卸下当了14年的阿里巴巴集团CEO职位,将更多的精力投入到公益、教育、环保等事业。

如今在巴黎,马云成为"环保布道者",他宣布:"我和我年轻的同事们,加上各位,很荣幸能够参与'第三次世界大战'。"

什么是马云说的"第三次世界大战"?他在APEC峰会的演讲中如是解释:"第一次技术革命,我们诞生了一种组织叫工厂,发生了'第一次世界大战';第二次技术革命,我们诞生了一种组织叫公司,发生了'第二次世界大战';所以,今天很多人担心互联网上有很多问题,不必担心,我们应该用互联网进行'第三次世界大战',对抗的对象是贫穷、是疾病、是气候变化。"

马云对巴黎的听众进一步阐释了这场"战争"的本质——这是一场关于人类战胜自身弱点的战争,"如果我们输掉了这场'战争',人类将没有赢家"。

面对不断严峻的问题,使用"第三次世界大战"这样的概念,马云试图唤起人们的紧迫感和责任感,他说:"政府、企业家、科学家都要学会合作。今天,我们不应该再争论谁对谁错,谁应该承担更多责任!我们应该讨论的是谁有更好的办法来分享。如果地球病了,没有人会健康。"

分析讨论题:

1. 这是一项史无前例的什么计划?全球有多少企业家参与这项计划?
2. 这一计划的目的是什么?
3. 你觉得这一计划可行吗?如果不可行,是为什么?如果可行,要从哪些方面入手?
4. 在这一计划中,我们的责任是什么?

子项目 3.3 计划管理·相关知识

任务 1 熟悉计划概念

一、计划的概念

计划是管理者对未来行动所做的预先的安排和谋划。除少数常规活动外,任何管理活动都需要计划。

计划有广义和狭义之分,广义的计划是指制订计划、执行计划和检查计划执行情况三个紧密衔接的工作过程。狭义的计划则是指制订计划。也就是说,计划是指根据实际情况,通过科学的预测,权衡客观的需要和主观的可能,将组织在一定时期内的目标和任务进行分解,提出在未来一定时期内要达到的目标以及实现目标的途径,从而保证组织工作有序进行和组织目标得以实现的过程。总之,计划是关于组织未来的蓝图,是对组织在未来一段时间内的目标和实现目标途径的策划与安排。

二、计划的特点

1. 目的性

管理者制订计划都是为了有效地达到某种目标。在计划工作过程的最初阶段,制订具体的、明确的目标是其首要任务,其后的所有工作都是围绕目标进行的。正如美国管理学家高茨所强调的:"管理的计划工作是针对所要实现的目标设法取得一种始终如一的、协调的经营结构。如果没有计划,行动必然成为纯粹的、杂乱无章的行动,只能产生混乱。"所以,组织是通过精心安排的合作去实现目标而得以生存和发展的。计划工作具有强烈的目的性,以行动为载体,导引着组织的经营运转。

2. 首位性

计划具有首位性的原因,在于计划需要在组织工作、人员配备、指导与领导工作、控制工作之前进行,这些工作都随着计划的改变而改变。管理的其他职能也都是为了支持、保证目标的实现。只有在确立目标和途径之后,人们才能确定要建立何种组织结构,需要何种人员,领导下属走向何方,以及何时需要纠偏。

3. 普遍性

计划工作的核心是决策,而各级主管人员的工作中始终存在着决策问题。尽管不同层次的管理者所从事的计划工作侧重点和内容有所不同,但组织中的每一位管理者都或多或少地拥有制订计划的部分权力和责任。因此,计划工作是各级主管人员的一个基本职能,具有普遍性。在管理科学研究中,人们发现影响基层管理者责任感的最重要因素,就是他们从事计划工作的能力。

4. 经济性

计划工作要讲究效率,要考虑投入与产出之间的比例。在众多方案中选择最优的资源配置方案,以求合理利用有限资源和提高效率,也就是既要"做正确的事",又要"正确地做事"。计划要追求效率,计划效率这个概念,不仅包括人们通常理解的按资金、工时或成本表示的投入与产出之间的比率,还包括组织成员个人或群体的满意程度。计划的效率,可以用计划对组织的目标的贡献来衡量。计划的效率不仅体现在有形物上(例如时间、金钱或者生产),还包括满意度这类无形的评价标准。

5. 创造性

由于任何人都不可能对未来的环境条件做出全面而准确的判断,因此,任何计划在执行过程中,都会受到环境条件变化的影响。计划工作总是针对需要解决的新问题和可能发生的新变化、新机会而做出决定的,它是对变化的未来管理活动的事先设计和安排,因而是一个创造性的管理活动。

总之,计划工作是一项指导性、预测性、科学性和创造性很强的管理活动,但同时又是一项复杂而困难的工作。

三、计划的作用

计划在管理活动中具有特殊的、重要的地位和作用,计划是其他管理职能的前提和基础,并且还渗透到其他管理职能之中,它是管理过程的中心环节。计划的作用在于给管理者一个导航灯,减少变化的冲击。其实,大到国事,小到家事,做事情都应先有个打算和安排。有了计划,工作就有了明确的目标和具体的步骤,就可以协调大家的行动,增强工作的主动性,减少工作的盲目性,使工作有条不紊地进行。同时,计划本身又是对工作进度和质量的考核标准,对后续的工作有较强的约束和督促作用。所以,计划对工作既有指导作用,又有推动作用。

1. 计划是管理者指导工作的依据

计划本身是一个协调过程,当组织成员目标明确时,就能协调工作、互相配合。我们正处于一个高速发展的年代,管理者抓住机遇的同时,也要加深对环境变化趋势和关键因素的了解,同时最大限度地减少风险。不管计划是由下至上、再由上而下批准的过程,还是与其他部门协调、互通信息、相互配合的过程,都是事先在组织内部共享信息、集思广益,形成良好的理解、配合关系的沟通过程。

2. 计划是组织协调、提高效益的方法

计划指导不同空间、不同时间、不同岗位上的人们围绕一个总目标,井然有序地去实现各自的分目标。在计划制订过程中可以发现存在的浪费冗余,通过科学运筹、精心设计,选择最优化的决策与实施方案,有利于合理分配资源,最大限度地发挥各种资源的效用,提高工作的有效性,避免浪费,提高效益。

3. 计划是控制的活动依据

计划确定了目标与标准,才能进行控制。计划为各种复杂的管理活动确定了数据、尺度和标准,它不仅为控制活动指明了方向,还为控制活动提供了依据。只有在计划中设立清晰的目标,控制过程中才能将实际的绩效与目标进行比较,发现偏差,以采取必要的纠偏行动。没有计划,就没有控制。经验告诉我们,未经计划的活动是无法控制的,也无所谓控制。因为控制本身是通过纠正偏离计划的偏差,使管理活动保持与目标的要求一致。如果没有计划作为参数,管理者就没有"罗盘"、没有"尺度",也就无所谓管理活动的偏差,那又何来控制活动呢?

任务 2 了解计划分类

由于目标以及实现目标的手段有不同的类型,因此也出现了各种原则来划分计划的种类。

一、根据计划期限长短划分

计划可根据计划期限长短划分为短期计划、中期计划和长期计划。长、短期计划只是一个相对的概念，没有严格的时间期限。

1. 短期计划

短期计划是对组织运作中的具体环节方面所做的短期安排，它是组织内部在最近的一段时间内（一般1年以内）所要完成的任务。以企业为例，短期计划包括利润、销售量、生产量、品种和质量等多种目标，此外还包括生产率提高幅度、成本降低率等具体的绩效目标。短期计划可以是综合性的，也可以是单一性的。短期计划由于对各种活动有非常详细的说明或规定，在执行当中选择的范围很小，因此有效地执行计划成为最重要的要求。此外，短期计划往往涉及的是环境的连续变化，各因素较为确定，容易预测，也容易评价。

2. 中期计划

介于长期计划与短期计划两者之间的计划可以称为中期计划，它是衔接长期计划和短期计划的桥梁，一般是1年以上、5年以下的计划。不过，中期计划有时候在组织内部表现得不是很明显。中期计划往往依照组织的各种职能进行制订，并注重各计划之间的综合平衡，使比较松散的长期计划有比较严密的内容，从而保证计划的连续性和稳定性。所以说，中期计划赋予长期计划具体内容，又为短期计划指明方向。

3. 长期计划

长期计划是组织对其发展方向和定位所做的长时间规划和设计，规定了组织在未来较长的一段时间内的蓝图，通常是5年以上的计划。长期计划主要回答两方面的问题：一是组织的长远目标和发展方向是什么；二是怎样去实现本组织的长远目标。以企业为例，长期计划是企业的长远经营目标、经营方针、经营策略等，它是企业长期发展的纲领性计划，一般包括企业产品的发展方向、企业的发展规模、工艺技术的发展趋势和将来要达到的水平、主要经济技术指标。此外，它还包括科学研究方向、员工培训和教育、生活福利、公共关系等。

长期计划已经被许多大组织所采用，而且正在引起普遍的重视。究其原因可以概括地归纳为两点。一是环境因素的变化驱使组织制订长期计划。环境的变化有连续变化和间断变化之分，在短期内连续变化占主导地位，这种变化容易预测；而在长时期内，环境变化不连续性增加，预测起来就很困难。二是计划技术的发展进步。一些类似于线性规划、计划评审技术等新的科学方法不断地出现，为解决计划中的复杂问题提供了有效的帮助。而统计资料的不断增加也使计划制订者逐渐从臆测中摆脱出来，计划准确性大大提高。另外，计算机的应用也为处理大量复杂的资料创造了有利的条件。

长期计划、中期计划和短期计划是相互关联的，长期计划要对中、短期计划具有指导作用；而中、短期计划的实施要有助于长期计划的实现。

二、根据计划制订的层次划分

根据计划制订的层次划分为战略计划和战术计划。

1. 战略计划

战略计划是由高层管理者负责制订的具有长远性、全局性的指导性计划，是应用于整个组织，为组织设立总体的、较为长期的目标，寻求组织在环境中的地位的计划。它描述了组织在未来一段时间内总的战略构想、总的发展目标以及实施的途径，决定了在相当长的时间内组织资源的运动方向，涉及组织的方方面面，并将在较长时间内发挥其指导作用。

其特点主要有：①计划所包含的时间跨度长，涉及范围广；②计划内容抽象、概括，不要求直接的可操作性；③不具有既定的目标框架作为计划的着眼点和依据，因而设定目标本身成为计划的一项主要任务；④计划方案往往是一次性的，很少能在将来得到重复的使用；⑤计划的前提条件多是不确定的，计划执行结果也往往带有高度的不确定性，因此，战略计划的制订者必须有较高的风险意识，能在不确定中选定企业未来的经营方向和行动目标。

2. 战术计划

战术计划是由中层管理者制订的，它将战略计划中具有广泛性的目标和政策，转变为确定的目标和政策，并且规定达到各种目标的确切时间。战术计划中的目标和政策比战略计划具体、详细，并具有相互协调的作用。此外，战略计划是以问题为中心的，而战术计划是以时间为中心的，是规定总体目标如何实现的细节计划。对企业来说，战术计划就是各项业务活动开展的作业计划。其特点主要有：①计划所涉及的时间跨度比较短，覆盖的范围也较窄；②计划内容具体、明确，并通常要求具有可操作性；③计划的任务主要是规定如何在已知条件下实现根据企业总体目标分解而提出的具体行动目标，这样，计划制订的依据就比较明确；④战术计划的风险程度比较低。

如果说战略计划侧重于确定企业要"做什么"事以及"为什么"要做这事，战术计划则是规定需由"何人"在"何时""何地"，通过"何种办法"，以及使用"多少资源"来做这事。简单地说，战略计划的目的是确保企业"做正确的事"，而战术计划则旨在追求"正确地做事"。

三、根据计划的明确性划分

根据计划的明确性划分为指导性计划和具体性计划。

1. 指导性计划

指导性计划是由上级主管部门下达的具有行政约束力的计划。指导性计划一经下达，各级计划执行单位必须遵照执行，而且要尽一切努力完成，没有讨价还价的余地。能否保质保量地完成指导性计划是衡量一个组织管理好坏的重要标准之一。例如，一家零售企业计划要在各方面不断地提升，争取在十年内做到本地区零售业的前三名，这就是一种指导性计划，它为该企业指明了方向，提供了宏观意义上的指导。至于具体如何去实践，就要在各阶段制订具体性的计划。

2. 具体性计划

具体性计划是要求必须有明确的、可衡量的目标以及一套可操作的行为方案。这是一种间接的计划方法，具有较大的灵活性。例如，管理者要在未来三个月内将本部门的生产成本降低10%，还要增加5%的收入，这就是一个具体性的计划。

组织通常根据所面临环境的不确定性和可预见性程度来选择所制订计划的类型。

四、根据计划的职能标准划分

根据计划的职能标准划分为业务计划、财务计划和人事计划等。

1. 业务计划

业务计划是组织的主要计划。长期业务计划主要涉及业务方面的调整或业务规模的发展，短期业务计划则主要涉及业务活动的具体安排。例如，企业业务计划包括产品开发、生产作业及销售促进等内容。

2. 财务计划

财务计划是研究如何从资金的提供和利用上促进业务活动的有效进行。例如，财务计划要决定，为了满足业务规模发展的需要，如何建立新的融资渠道或选择不同的融资方式，如何保证资金的供应，如何监督这些资金的利用效果。

3. 人事计划

人事计划是分析如何为业务规模的维持或扩展提供人力资源的保证。例如，人事计划要研究如何为保证组织的发展提高员工的素质，如何把具备不同素质特点的组织成员安排在不同的岗位上，使他们的能力和积极性得到充分的发挥。

五、根据计划对象划分

按计划对象划分分为综合计划、局部计划和项目计划。

顾名思义，综合计划所包括的内容是多方面的。局部计划只包括单个部门的业务，而项目计划则是为某种特定任务而制订的。

1. 综合计划

综合计划一般指具有多个目标和多方面内容的计划。就其涉及对象来说，它关联到整个组织或组织中的许多方面。它是与受指定范围限定的局部计划相对应的。人们习惯把预算年度的计划称为综合计划，在企业中则是指年度的生产经营计划。

2. 局部计划

局部计划限于指定范围的计划。它包括各种职能部门制订的职能计划，如技术改造计划、设备维修计划等；还包括执行计划的部门划分的部门计划。局部计划是在综合计划的基础上制订的，它的内容专一性强，是综合计划的一个子计划，是为达到整个组织的分目标而确立的。

3. 项目计划

项目计划是针对组织的特定项目做出的决策计划。例如某种产品开发计划、企业的扩展计划、与其他企业联合的计划、员工俱乐部建设计划等都是项目计划。项目计划在某些方面类似于综合计划，它的特殊性在于其目的是为了企业结构的变革，即针对企业所拥有的结构问题选择解决问题的目标和方法。项目计划的计划期限可能正好为一年，这时它就要包含在年度计划之内。当然，项目计划也可能需要几年才能完成。

任务 3　运用计划技术

计划是对未来事件的安排,每次活动的结果总是表现为各种具体的计划形式。计划的表现形式可分为宗旨、使命、目标、战略、政策、程序、规则、规划、预算。

1. 宗旨

宗旨反映一个组织存在的理由或价值,它是一种表明社会对组织的基本要求、组织的基本作用和根本任务的计划,它对组织的各项任务只做一般性描述,其核心是明确组织是干什么的、应该干什么和最终达到什么目的。宗旨是组织发展的基础。

2. 使命

确立组织的宗旨以后,为了实现它,组织就可以为自己选择一项使命。这项使命的内容就是组织选择的服务领域或事业。组织的宗旨有三类:一是寻求贡献于组织以外的自然、社会;二是寻求贡献于组织内部成员的生存和发展;三是前两者兼而有之。这三类宗旨是彼此相连、相辅相成的。例如一所学校和一家医院,同样服务于社会,前者的使命是教书育人,后者的使命是救死扶伤。这里应该强调的是,使命只是组织实现宗旨的手段,而不是组织存在的理由。组织为了自己的宗旨,可以选择这种事业,也可以选择那种事业。

3. 目标

目标是指组织各项活动的目的或结果,也是管理活动所要达到的目标。组织的目标包括组织在一定时期内的目标以及组织各个部门的具体目标两个方面的内容。对一家工商企业来说,一定时期的目标通常表现在两个方面,即企业对社会做出贡献的目标和自身价值实现的目标。通常情况下,人们可以把组织目标进一步细化,从而得出多方面的目标,形成一个互相联系的目标体系。美国学者对80家美国最大的公司的一次研究结果表明,每家公司设立的目标数量为5~18个,平均是5~6个。

4. 战略

清楚组织的宗旨、使命和目标之后,人们还是不能清晰地描绘出一个组织的形象。一个组织应该是非常实际和具体的,而上述内容都非常抽象,因此,还要为实现组织的目标去选择一个发展方向、行动方针以及各类资源分配方案的总纲。只有在战略制订和实施之后,组织才能由一个抽象的概念变成具体的形态。当然,战略还不是具体说明企业如何去实现目标的,它的重点是指明方向和资源配置的优先次序。目标指明要干什么,战略则集中解决为了实现目标应该怎样干。有的计划着重叙述实现目标的途径,指出工作重点、资源分配优先顺序等;有的计划则围绕目标,形成一个统一的框架式行动准则,用于指导各部门的工作。

5. 政策

政策是指导管理活动的一些纲领和方针,即处理各种问题的一般规定。政策可以以书面文字形式发布,也可能存在于管理人员管理行为的"暗示"之中,但无论是哪种形式,政策都对管理人员的工作起着重要作用。

6. 程序

程序也是一种计划,它规定了某些经常发生的问题的解决方法和解决步骤。程序直接指导行动本身,而不是对行动的思考。程序是一种经过优化的计划,是通过大量经验、事实的总结而形成的规范化的日常工作过程和方法,并以此来提高工作的效果和效率。程序往往还能较好地体现政策的内容。

7. 规则

规则是一种最简单的计划,它规定了某种情况下采取或不能采取某种具体行动。例如上班不允许迟到,销售人员规定范围外的费用开支需由副总经理核准,等等。规则和政策的最大区别在于:前者是一种没有回旋余地的规定,不允许有斟酌的自由,不再需要进行任何决策,而后者却正好相反。人们常把规则和程序相混淆,因为两者都是直接指导行动本身,都要抑制思考,都要限制自由处理的权利;但规则只是对具体情况下的单个行动的规定,而不涉及程序所包含的时间序列,甚至可以说程序实际上就是多个规则按照一定的时间序列的组合。

8. 规划

组织规划的作用是根据组织总目标或各部门目标来确定组织分阶段目标或组织各部门的分阶段目标,其重点在于划分总目标实现的进度。规划有大有小,为实现我国社会经济发展的大目标,国家制订了一个个五年规划,而一个大学校园里的小零售店为实现向小型超市发展的目标,也可以制订一个改变货架的规划。组织的规划不仅包含组织的分阶段目标,其内容还包括实现该目标所需的政策、程序、规则、任务委派、所采取的步骤、涉及的资源等。组织的规划是一份综合性的计划,但也是粗线条的、纲要性的计划。

9. 预算

把预期的结果用数字化的方式表示出来就形成了预算。一般来说,财务预算是组织最重要的一种预算,因为组织的各项经营活动几乎都可以用数字化、货币化的方式在财务预算表上体现出来。预算作为一种计划,勾勒出未来一段时期的现金流量、费用收入、资本支出等的具体安排。预算还是一种主要的控制手段,是计划和控制工作的衔接点——计划的数字化产生预算,而预算又将作为控制的衡量基准。

任务 4 制订管理计划

一、计划制订的程序

1. 确定目标或任务

由于计划是组织目标的实施方案和规划,在制订计划之前,必须首先确立目标。目标为管理的各项活动指明方向,也为衡量管理活动的绩效提供标准。当然,计划中的目标应该具体可衡量,并且简明扼要。

每一项计划最好只针对一个目标,因为一项计划如果设立的目标过多,行动时就可能会发生不知如何决定优先次序或不能协调达成各目标的情形。计划的内容应包括:根据自身的长处和短处确定自己所处的位置,了解自己拥有的机会,对未来可能出现的变化和预示的机会进行初步分析,形成判断,列举主要的不确定因素,分析发生问题的可能性和影响程度。

2. 明确与计划有关的各种条件

计划是为了指导行动,现实生活中各种不可能的条件不能作为计划的基础。前提条件是关于待实现计划的环境的假设条件,这些假设条件非常重要。因此,在明确目标以后,要积极与各方面沟通,收集各方面的信息,明确计划的前提或对该计划的各种限制条件。例如:未来的市场情况如何?销售量会有多大?价格水平和产品需求情况如何?需要哪些技术开发?成本和工资率如何?政治和社会经济环境怎么样?长期发展趋势怎么样?

3. 确定可供选择的方案

确定可供选择的方案时要全面考虑,特别是不放过那些不是特别吸引人的行动方案,常常一个不引人注目的方案,效果却可能是最佳的。并且,更加常见的问题不是搜寻可供选择的方案,而是减少可供选择方案的数量。

4. 评价各种可供选择的方案

根据前提条件和目标,对各种方案的优缺点、可行性等方面进行评估,以选择最为合适的方案。方案评估往往要综合考虑多个方面的因素,从多个指标进行评价,如预期收益、风险程度、需要的现金投入等。环境的不确定性也是无法忽略的一个因素。

5. 挑选方案

为保持计划的灵活性,往往可能会选择两个甚至两个以上方案,并且决定最终采取哪个方案,同时将其余的方案进行细化和完善,作为备选方案。

6. 落实人选,明确责任

在所要进行的各项工作任务明确以后,就要落实每项工作由谁负责、由谁执行、由谁协调、由谁检查。同时,要明确规定工作标准、检验标准,制订相应的奖惩措施和保障措施,使计划中的每一项工作落实到部门和个人。

7. 制订进度表

各项活动所需要的时间多少,取决于该项活动所需的客观持续时间、所涉及的资源的供应情况及其可以花费的资金的多少。活动的客观持续时间是指在正常情况下完成此项工作所需的最少时间。在一般情况下,工作计划时间不能少于客观持续时间。实际工作时间的多少还受工作所需资源的供应情况影响,如果所需资源能从市场上随时获得,则工作计划时间约为客观持续时间加上一个余量;如果所需资源的获得需要经过一段时间,则计划时间也要在客观持续时间上再加一个获得资源所需的时间。

另外,同样的工作,如不计成本,则可通过采用先进的技术、增加人力等缩短工作时间。资金不足,也会影响工作进展。在一定条件下,计划时间与工作成本成反比。

8. 分配资源

资源分配主要涉及需要哪些资源、各需要多少及何时需要等问题。

一项计划所需要的资源及资源多少可根据该项计划所涉及的工作要求确定,不同工作需要不同性质和数量的资源。根据各项工作对资源的需求、各项工作的轻重缓急和组织可供资源的多少就可以确定资源分配给哪些工作,以及各分配多少。每一项工作所需资源何时投入、各投入多少,则取决于该项工作的行动流程和进度表。

在配置资源时,计划工作人员要注意不能留有缺口,但要留有一定的余地,即必须保证工作所需的各项资源,并且要视环境的不确定程度留有一定的余量,以保证计划的顺利实施。

9. 制订应变措施

计划活动的最后一步就是要将计划方案转化为预算,使之数字化。制订计划时,最好事先备妥替代方案或制订2~3个计划。制订多个方案的目的,一是因为在一个组织中,计划必须经过各方面的审议才能获得批准,制订多个计划有助于早日获得各方面的认可;二是因为虽然在制订计划时是按未来最有可能发生的情境制订的,但未来的不确定性始终存在,为应对未来可能的其他变化,保证在任何情况下都不会失控,就有必要在按最有可能的情况制订正式计划的同时,按最坏情况制订应急计划。

上述计划制订程序的每一步都是制订完备的计划所不可缺少的,当然,在顺序上可以有所调整。

二、制订计划的方法

1. 滚动计划法

滚动计划法是指每次制订或调整计划时,均将计划期按时间顺序向前推进一个执行期,使之在计划管理过程中始终保持一定时期的完整计划的一种编制方法。滚动计划法就是一种连续、灵活、有弹性地根据一定时期计划执行情况,通过定期的调整,依次将计划时期顺延,再确定计划内容的编制方法。由于这种方法在每次编制和修订时,都要根据前期计划执行情况和客观条件的变化,将计划向前延伸一段时间,使计划不断向前滚动、延伸,故称滚动计划。

这种计划方法的特点是:①计划期分为若干个执行期,近期计划的内容详细、具体,是计划的具体实施部分,具有指令性,远期计划的内容较粗略、笼统,是计划的准备实施部分,具有指导性;②计划执行一段时期,就要根据实际情况和客观条件的变化对以后各期的计划内容进行适当地修改、调整,并向前延伸一个新的执行期。

滚动计划法适用于任务类型的计划,其优点是:①可以使制订出来的工作计划更加符合实际,由于滚动计划法相对缩短了计划时期,加大了对未来估计的准确性,从而提高了近期计划的质量;②使长期计划、中期计划与短期计划相互衔接,短期计划内部各阶段相互衔接,保证能根据环境的变化及时进行调整,并使各短期计划基本保持一致;③大大增加了计划的弹性,从而提高组织的应变能力。

2. 投入产出分析法

投入产出分析法是由美国经济学家华西里·列昂剔夫于20世纪40年代首先提出的,其基本原理是各部门经济活动的投入和产出之间的数量关系。投入指的是将人力、物力投入生产过程,在其中被消费;产出指的是生产出的一定数量和种类的产品。

投入产出分析法是对物质生产部门之间或产品之间的数量依存关系进行科学分析,并对再生产进行综合平衡的一种方法。它以最终产品为经济活动的目标,从整个经济系统出发确定达到平衡的条件。

这种方法的主要特点如下：①反映了各部门的技术经济结构，可合理安排各种比例关系，特别是进行综合平衡的一种有效手段；②在编制过程中，不仅能充分利用现有统计资料，还能建立各种统计指标之间的内在关系，使统计资料系统化，编制完成的投入产出表能比较全面地反映经济过程的数据，可以用来进行多种经济分析和预测；③通过表格形式反映经济现象，直观且易于理解，容易被计划工作者所接受。投入产出分析法的优点是：①通过分析，可确定整个国民经济或部门、企业经济发展中的各种比例关系，并为制定合理的价格服务；②这种分析可预测某项政策实施后所产生的效果；③可从整个系统的角度制订长期或中期计划，并且易于搞好综合平衡。

现代计划方法可以帮助确定各种复杂的经济关系，提高综合平衡的准确性，并能采用计算机辅助工作，加快计划工作的速度，已经为越来越多的计划工作者所采用。以上两种方法相对用得比较普遍，除此之外还有以下的一些编制方法。

（1）定额换算法，根据有关的技术经济定额来计算确定计划指标的方法。例如，根据各人、各岗位的工作定额求出部门应完成的工作量，再加上各部门的工作量得到整个组织的计划工作量。

（2）系数推导法，利用过去两个相关经济指标之间长期形成的稳定比率来推算计划期的有关指标的方法，也称比例法。

（3）经验平衡法，根据计划工作人员以往的经验，把组织的总目标和各项任务分解并分配到各个部门，并经过与各部门的讨价还价，最终确定各部门计划指标的方法。

快餐馆计划

约瑟夫·斯卡格斯先生在美国公共卫生局工作二十年后退休不干了。他把他的储蓄存款投资到五家快餐馆。这五家快餐馆是依照获得很大成就的肯塔基油煎鸡公司的情况经营的。以前的老板是一个小城市的银行家，他一度想创新肯塔基油煎鸡公司所取得的成就。当事实证明不能如愿以偿时，他把商店卖给了约瑟夫·斯卡格斯。

约瑟夫·斯卡格斯在投资前进行了研究，这使他深信，只要运用基本的管理原则和技术，这五家快餐馆的利润就能比以前增加。他认为以前的快餐馆所有者听任这五家快餐馆的经理各自经营，而没有给予集中的指导，这种做法是一个错误。他认为即使这些快餐馆遍及整个州，因而无法对他们进行日常监督，但是仍应设法做出努力。同时，他也不想用呆板的章程和程序约束快餐馆经理的手脚，从而打击他们的工作主动性。他认为，把"良好的管理"引进到这个系统的最好的办法是执行主要的管理职能——计划。

约瑟夫·斯卡格斯在同五家快餐馆的经理举行的一次会议上提出的计划概念是以他在公共卫生局的经验为基础的，对这个被称之为POAR的计划可做如下解释：POAR是由组成计划的四个要素——问题(problem)、目标(objectives)、活动(activities)和资源(resources)这四个词的第一个字母组成的。因此，计划人员（在这个实例中是五家快餐馆的经理）奉命为他们各自的快餐馆所确定的每一个问题制订年度行动计划，且此后分配资金以及报告进展情况都将以这些计划为依据。

快餐馆的经理同意约瑟夫·斯卡格斯的以下看法：对计划予以更多的强调，应该使人们更

项目3
计划管理

明白需要做些什么事情,使所有五家快餐馆获得更多的利润。他们也同意约瑟夫·斯卡格斯有权要求他们按他的指示办事,但是他们对POAR能否适用于企业的计划持怀疑态度。他们要求约瑟夫·斯卡格斯用例子来佐证他的主张。于是,他把他在公共卫生局工作时制订的关于家庭计划的规划拿出来给他们看。这个计划如下。

1. 问题的确定

(1) 预期的情况:向居住在该县的所有2 500名育龄妇女提供计划生育服务。

(2) 目前的情况:500名妇女在公立或私立医院,或医生事务所接受计划生育指导。

(3) 具体的问题:现在的问题是预期的情况和目前的情况有差距,因此,要解决的问题是向2 000名妇女提供计划生育的指导。

2. 目标

到本财政年度结束时,将有1 500名妇女在公立或私立医疗单位接受计划生育指导。

3. 活动

为实现上述目标,要求进行下列活动。

(1) 举办100次(每周一次)门诊,估计每次将有30人,总共将达3 000人次。

(2) 安排医生事务所为100个病人视诊。

(3) 为七年级到十二年级的老师举办10次计划生育讲座,参加的教员人数可达250名,培训的教员再培训学生,进而促使学生人数可达5 000名左右。

(4) 举办20次正式展览会,向社会和市民小组传播知识。

4. 资金来源

计划的预算开支将为每项活动开支的总和,其中:门诊费2 000美元,医生事务所视诊费用500美元,举办讲座费用100美元,传播知识所需费用200美元,总支出2 800美元。

在研究上述例子后,一位经理说,POAR可能适用于卫生事务的管理,但是他看不出与商业的管理有什么关联。

分析讨论题:

1. 你对这位经理关于POAR适用性的说法做何回答?

2. 你是否认为:在一家油煎鸡快餐馆,POAR作为计划的一种形式是适宜的?

3. 你是否同意约瑟夫·斯卡格斯应像他所做的那样来推行计划职能?

【分析说明】

制订计划是选择目标和设计实现目标的最好方案的过程。由于计划提供了方向、提供了整体框架、帮助识别机会与威胁、防止随意性和方便控制,制订计划对各种形式的组织均十分重要。

制订计划的过程是一个循环的过程,包括一些必要的步骤:建立目标,评估当前的环境和条件并预测未来的环境和条件,提出并评价各种可供选择的方案,执行计划并监督检验效果。

在一个企业中,计划常常按照层次结构安排,自上而下逐层细化,并具备系统性。

项目 4 组织管理

 案例导入

公元前230年,秦始皇麾下的百万秦军以排山倒海的气势杀向东方,花了不到10年的时间就荡平了东方六国,完成了统一天下的大业,使秦国由一个地不过千里的边陲小国一举变成了天下宗主,将秦国推到了她生命的顶峰。为了防御外敌入侵,秦国把以前的诸侯国修筑的长城连在一起,成为闻名于后世的伟大建筑。

史学家所著《中国通史简编》中认为,嬴政动用了三百万人力大兴土木,其中戍边的扶苏、蒙恬大军三十万,建长城五十万,骊山墓和阿房宫一百五十万,凿灵渠五十万,加上其他杂役二十万,劳工总数占全国总人口15%。汉初的晁错更认为:"今农夫五口之家,其服役者不下二人……"按比例推算,劳工占总人口40%。

两千多年前,秦始皇的官员们在这些巨大的工程和军事行动中,是如何使用这些人力的呢?使用的又是什么样的组织架构?

 教学做目标

通过本项目的教、学、做,需要完成的目标如下:
(1)了解组织职能的基本内容和组织结构的构成;
(2)熟悉组织结构的设计与组织变革方法;
(3)掌握组织文化建设的方法;
(4)能够运用所学的组织协调与变革技术分析现实组织管理问题。

 子项目 4.1 组织管理·工作任务·师生教学做

以下有两项"组织管理"的工作任务,各项任务由教师和学生共同完成。

项目4
组织管理

任务 1

教学拓展训练:三分钟测试
- ★ 形式:以个人形式完成
- ★ 时间:约 20 分钟
- ★ 材料:3 分钟测试题(见附录)
- ★ 场地:教室
- ★ 应用:沟通类技巧

操作程序

1. 告诉学生这是一个测试沟通能力的游戏。
2. 把《三分钟测试试题》发给人家(注意要将纸的背面朝上)。
3. 试题全部发完之后说:"现在开始!"这时,学生才能把试题翻过来开始做。
4. 手中拿着秒表,等秒表指示到了 3 分钟时,就说:"3 分钟时间到,现在停笔"。

目的

测试我们平时进行沟通的习惯,从而提高我们在环境受到限制的情况下,同样应该养成认真、仔细的好习惯。

讨论

1. 为什么有些人能在 3 分钟之内就完成全部试题?为什么有些人甚至更快?让这些学生说一下自己的习惯做法。
2. 那些能在 3 分钟之内完成的学生,你们的感受是什么?
3. 迅速、直接地进入任务本身,是否是最好的方法?
4. 能否体会到通过投资时间来节省时间?

附录

3 分钟测试题

1. 做事之前先通读全部资料。
2. 将你的名字写在资料的右上角。
3. 将第二句中的"名字"这个词圈起来。
4. 在本页的左上角画 5 个小方格。
5. 大声说出你自己的名字。
6. 在本页的第一个标题下再写一遍你的名字。
7. 在第一个标题后面写上:是、是、是。

8. 把第5个句子圈起来。
9. 在本页的左下角画个"×"。
10. 如果你喜欢这项测试就说:"是",不喜欢就说:"不"。
11. 如果在测试中,你的成绩达到这个点,就大声叫一下自己的姓名。
12. 在本页右边的空白处,写上一个66×7的算式。
13. 如果你认为自己已仔细地按要求做了,就大叫一声:"我做到了"。
14. 在本页左边的空白处写上69和98。
15. 用你正常讲话的声音从10数到1。
16. 站起来,转一圈,然后再坐下。
17. 大声说出:"我快干完了,我是按要求做的。"
18. 如果你是第一个做到这一题时,就说:"我是执行要求的优胜者"。
19. 既然你已按第一句要求,认真读完了全篇内容,那么你只需达到第三题的要求就算完成任务。
20. 完成任务后请不要出声,静候结束。

任务 2

【案例分析】

巴恩斯医院的领导关系

一大早,黛安娜就给医院的院长戴维斯博士打来了电话,要求他立即做出一项新的人事安排。从黛安娜的急切声音中,戴维斯能感觉得到发生了什么事。他告诉她马上过来见他。大约5分钟后,黛安娜走进了戴维斯的办公室,递给他一封辞职信。

"戴维斯博士,我再也干不下去了,"她开始抱怨:"我在产科当护士长已经四个月了,我简直干不下去了。我怎么能干得了这工作呢?我有两个上司,每个人都有不同的要求,都要求优先处理。要知道,我只是一个凡人。我已经尽最大的努力适应这种状态,但看来这是不可能适应的。让我举个例子吧。请相信我,这是一件平平常常的事,但像这样的事情,每天都在发生。"

昨天上午7:45,我来到办公室后就发现桌上留了张纸条,是达纳(医院的主任护士)给我的。她告诉我,她上午10:00需要一份床位使用情况报告,供她下午在向董事会做汇报时用。我知道,这样一份报告至少要花一个半小时才能写出来。30分钟以后,乔伊斯(黛安娜的直接主管,基层护士监督员)走进来问我,为什么我的两位护士不在班上。我告诉她,雷诺兹医生(外科主任)从我这要走了她们两位,说是急诊外科手术正缺人手,需要借用一下。我告诉她:"我也反对过,但雷诺兹坚持说只能这么办。"你猜,乔伊斯说什么?她叫我立即让这些护士回到产科部。她还说:"一个小时以后,她会回来检查我是否把这事办好了!"我跟你说:"戴维斯博士,这种事情每天都发生好几次的。一家医院就只能这样运作吗?"

分析讨论题:

1. 这家医院的正式指挥链是怎样的?

2. 有人越权行事了吗?

3. 戴维斯博士能做些什么改进现状。

4. "巴恩斯医院的组织结构并没有问题。问题在于,黛安娜不是一个有效的监管者。"对此,你是赞同还是不赞同? 阐述你的理由。

5. 黛安娜可以运用哪些权力来使自己更好地处理这些冲突?

子项目 4.2 组织管理·工作任务·学生独立做

以下有两项"组织管理"的工作任务,各项任务由学生独立完成。

任务 1

教学拓展训练:推销团队

★ 形式:集体参与
★ 时间:40分钟
★ 材料:彩色卡纸、作业纸"推销自己"(见附录)
★ 场地:教室
★ 应用:团队意识培养

目的

◇ 制订明确、标准、一致的服务蓝图。
◇ 帮助团队成员更好地向顾客宣传团队的服务内容。
◇ 增加团队荣誉感。
◇ 寻找乐趣。

程序

1. 明确团队的主要任务或存在理由。
2. 使用幻灯片阐明对象的特征和优点。
   ◇ 例如:待售房子。
      特征:四间卧室、安海角(麻省北部一半岛)地区、主要楼层为住宅。
      优点:占地面积大、靠近公共交通、高科技光热设施能提供很多方便、宽敞的休息室。

3. 用"头脑风暴法"讨论方式来明确团队所提供服务的特征及其优点。

4. 选择四种最重要的特征和利益。

5. 分发作业纸"推销自己"。

6. 让参与者在作业纸上方空处记录下服务和所选择的特征及优点。

7. 简要回顾作业纸上团队的任务分配。

8. 如果团队足够大,可以再细分到至少四个人一组的小组。如果允许的话,可以转到预先准备好的教室。准许教师花费25分钟来分配任务。

9. 邀请团队来展现他们的广告。

讨论

1. 尽管广告都不一样,但里面包含的一致信息是什么呢?你经常与你的顾客交流这些信息吗?

2. 如果答案是肯定的,请举出一些例子。如果答案是否定的,再问如下问题:有什么特别的方法来确认顾客是否感受到一个协调、积极的服务情景吗?重新分配行动,并检查协调性。

总结与评估

所有人都知道没有一个团队在那儿坐着就可以等到一个顾客,可以让供应商向他们提供资源。能够有效地推销自己的团队可以让自己感到骄傲,清楚地知道自己提供的服务以及从服务中所得的利益。这个游戏帮助团队包装自己,更好地推销自己以及培养自身形象。

附录

彩 色 卡 纸

特征就是一个问题的答案中涉及何时、何地、何人、何事以及何种方法中的特点。

利益就是服务如何来满足顾客需求,并从管理、改善、控制、回应等手段开始着手。

作业纸"推销自己"

一、参与者工作表单

1. 基本服务:_____。

2. 待阐明对象的特征和优点。

序号	特征	优点
1		
2		
3		

二、小组任务(指定时间:25分钟)

1. 假设你的服务可以打包,并用罐或小盒子储存。

2. 为你的服务做一个电视广告,必须体现出你的利益和特征。广告时长约为60秒。

3. 准备向其他团队介绍你的广告。

4. 寻找乐趣。

任务 2

【案例分析】

刘局长在某局工作近20年,他于三年前担任该局的第一把手之后,适逢上级要求该局进行机构改革。刘局长认为,过去的工作全靠同事们的支持,应该给他们安排、提拔,这样才能调动他们的积极性,同时也有利于化解局里的矛盾。于是,他多方努力,通过增设各种内设机构和助理职位,以求尽可能多地安排人员,缓解人事安排方面的压力。谁知事与愿违,由于机构臃肿、人浮于事,造成互相扯皮、效率低下现象发生,局里的工作也遭受挫折。上级领导批评刘局长:上有政策,下有对策。刘局长辩解说,他是依据管理的例外原则,根据本单位的实际情况进行的机构改革。

分析讨论题:

1. 刘局长违反了哪些组织设计的基本原则?
2. 应该怎样正确理解权力运用过程中的例外原则?

子项目 4.3 组织管理·相关知识

任务 1 熟悉组织概念

从广义上说,组织是指由两个或两个以上相互联系又相互影响的要素,按照一定方式组合起来的系统。从狭义上说,组织就是指人们为实现一定的目标,明确职责、互相协作、结合而成的集体或团体,如党团组织、工会组织、企业组织、军事组织等。在现代社会生活中,组织是人们按照一定的目的、任务和形式编制起来的社会集团,它不仅仅是社会的细胞、社会的基本单元,而且可以说是社会的基础。组织是为有效地配置内部有限资源的活动和机构,是为实现一定的共同目标而按照一定的规则、程序所构成的一种责权结构安排和人事安排,其目的在于确保以最高的效率使目标得以实现。

组织职能是管理的重要职能。其含义就是通过建立、维护并不断改进组织结构以实现有效的分工、合作的过程。

一、协作与管理

管理学家 J. D. 曼尼指出,当人们为了一定的目的集中其力量时,组织就因而产生。也就是说,不论是多么简单的工作,为了达到某个明确的目标,需要两人以上协作劳动时,就会产生组织问题。在这里,组织几乎成为协作与管理的代名词或同义词,因此,J. D. 曼尼给组织下的定义是:组织,就是为了达到共同目的的所有人员协力合作的形态。为了达到共同的目的,并协调各组织成员的活动,就有必要明确规定各成员的职责及其相互关系,这是组织的中心问题。

二、有效管理

管理学家 A. 布朗认为,组织就是为了推进组织内部各成员的活动,确定最好的、最有效果的经营目标,最后规定各成员所承担的任务及成员间的相互关系。他认为组织是达成有效管理的手段,是管理的一部分,管理是为了实现经营的目的,而组织是为了实现管理的目的。也就是说,组织是为了实现更有效的管理而规定各成员的职责及职责之间的相互关系。

根据 A. 布朗的解释,组织有两个问题:一是规定各成员的职责,二是规定职责与职责之间的相互关系。

三、分工与专业化

弗雷德里克·泰罗、亨利·法约尔的组织理论中所说的组织,主要是针对建立一个合理的组织结构而言的。为了使组织结构高效、合理,他们强调了分工与专业化,强调了管理职能的作用,强调了直线权力的完整与统一性,强调了规章制度与权力集中程度。他们把组织分为两个层面的形态:一是管理组织,二是作业组织。

所谓管理组织,主要是规定管理者的职责以及他们之间的相互关系,研究人与人之间的关系问题,其重点是研究合理的组织的社会结构问题,即主要研究人们在组织内部的分工协作及其相互关系。

四、协作群体

在现代组织理论中,切斯特·巴纳德认为,由于生理的、物质的、社会的限制,人们为了达到个人的和共同的目标,就必须合作,于是形成协作的群体(即组织)。这是一般意义上的组织概念,它的核心是协作群体,目的是为了实现个人及群体的目标。它的隐含意思是人们由于受到生理、物质及社会等各方面的限制而不得不共同合作。也就是说,如果人们没有受到任何限制,凭个人的力量也可以实现个人的目标,那就没有必要组织起来。从这个意义上来说,组织是一种从被迫到自愿的协作过程。

任务 2 了解组织分类

组织可以有不同的标准,管理者根据不同的标准,对组织进行不同地分类。划分组织类型的标准是:组织要求达到的目标及不同的人群。

一、根据组织要求达到的目标划分

在管理学中,彼得·布劳和沃尔特·斯科特首次提出组织分类的概念。根据组织划分的标准,他们把组织划分为四类:互益组织,例如宗教;工商组织,例如银行;服务组织,例如医院、学校;公益组织,例如政府。而根据组织要求达到的目标,可以把组织划分为公共组织和非公共组织。

公共组织是以实现公众利益为目标的组织。它一般拥有公共权力或者经过公共权力的授权,负有公共责任,以提供公共服务,包括以管理公共事务、供给公共产品为基本职能的组织,政府是典型的公共组织。

非公共组织的主要宗旨是向社会提供服务。它在向社会提供服务的过程中可能要收取一定的费用,但这些费用主要用于维持组织的生存。非公共组织一般不以公众利益为组织的目标。在市场经济条件下,作为市场主体的企业是典型的非公共组织,利润是这些企业的主要目标,以营利为目的的社会中介组织也属于非公共组织。

二、根据不同的人群划分

根据不同的人群,可以把组织划分为正式组织和非正式组织。

1. 正式组织

正式组织是为了有效实现组织目标,确定组织成员之间的责任关系,并经过一定的筹备和设计,并且具有明确而具体的规范、规则和制度的组织。一般来说,它带有管理者的明确的意图和价值取向。正式组织一般具有如下特点。

(1) 正式组织具有专业分工。正式组织根据设定的总目标明确地进行内部专业化分工,并按照这些分工设置相应的工作职位,并配置资源。

(2) 正式组织具有明确的层次。根据分工的要求,有层次的配置人员,由此形成组织成员之间的层次等级。

(3) 正式组织具有法定的权威。正式组织是经过法定的权力配置和职位授权的结构。组织的权威性对组织成员具有强制性的约束力。

(4) 正式组织具有制度统一规范性。正式组织具有统一的制度、规范和规则,保证组织的秩序,维持组织的正常运行,实现组织的目标和任务。

(5) 正式组织结构稳定。正式组织具有相对稳定的内部环境。

(6)正式组织的职位承担者可以替代。正式组织按照工作要求设置职位,例如末位淘汰制,即企业根据工作表现优胜劣汰。

2. 非正式组织

非正式组织是伴随着正式组织的运转,在正式组织中的某些成员,因工作性质相近、社会地位相当,对一些具体问题的认识基本一致,或者由于性格、业余爱好和感情比较相投,在平时相处中形成一些被小群体成员所共同接受并遵守的行为准则,而逐步使原来松散的、随机形成的群体渐渐地发展成趋向于固定的非正式组织。非正式组织一般具备如下特点。

(1)非正式组织的形成是基于特定的需要。一般来说,组织成员形成非正式组织的心理需要,都是正式组织所不能满足的。

(2)非正式组织没有明确的组织目标。非正式组织形成的心理需要,可能与它所存在的正式组织的目标指向是一致的,也可能是不一致的,它并不以正式组织的目标作为自身追求或反对的目标。

(3)非正式组织是组织成员自发形成的。非正式组织是组织成员在实际工作接触和相处中自然或自发形成的,他们可能因社会地位相当或者工作性质相同而走在一起。

(4)非正式组织没有明确或者成文的制度和规则。非正式组织的形成和存在并没有一定之规,也没有正式组织那样的明确或成文的制度性规定。

(5)非正式组织一般具有三种基本形式。水平集体,一般由地位大致相同且同属一个工作单元或者组织的成员构成,这是非正式组织的常见形式。垂直集体,由一个工作单元或者组织内不同层次和职级的人员组成。混合集体,由组织不同工作单元、不同地位和职级的成员交叉构成,在非正式组织中呈现出复杂多样的特点。

(6)非正式组织对于正式组织的功能具有两面性。正面性:它可以增强组织成员对于特定组织的归属感,从而形成有利于组织稳定和目标实现的凝聚力。负面性:组织成员形成非正式组织的心理需要与正式组织目标指向相反或者相悖时,会阻碍正式组织目标的实现;非正式组织形成的人际关系,可能造成组织成员分裂,甚至造成与管理者抗衡的团体,从而严重妨碍组织的稳定和团结,妨碍管理者意志的贯彻和实际管理活动的进行。

任务 3 掌握组织文化

一、组织文化的含义

广义组织文化是指组织在建设和发展中形成的物质文明和精神文明的总和,包括组织管理中的硬件和软件、外显文化和内隐文化两部分。狭义组织文化是组织在长期的生存和发展中所形成的为组织所特有的,且为组织多数成员共同遵循的最高目标价值标准、基本信念和行为规范等的总和及其在组织中的反映。具体地说,组织文化是指组织全体成员共同接受的价值观念、行为准则、团队意识、思维方式、工作作风、心理预期和团体归属感等群体意识的总称。

二、组织文化的特征

1. 组织文化的意识性

大多数情况下,组织文化是一种抽象的意识范畴,它作为组织内部的一种资源,应属于组织的无形资产之列,是组织的软条件。它是组织内的一种群体的意识现象,是一种意念性的行为取向和精神观念,这种文化的意识性特征总是可以被概括性地表述出来。

2. 组织文化的系统性

组织文化由共享价值观、团队精神、行为规范等一系列内容构成一个系统,各要素之间相互依存、相互联系,因此,组织文化具有系统性。同时,组织文化总是以一定的社会环境为基础的,是社会文化影响渗透的结果,并随着社会文化的进步和发展而得到不断的调整。

3. 组织文化的凝聚性

组织文化总可以向人们展示某种信仰与态度,它影响着组织成员的处世哲学观和世界观,也影响着人们的思维方式。在某一特定的组织内,人们总是为自己所信奉的哲学观所驱使,因此,组织文化起到了"黏合剂"的作用。良好的组织文化同时也意味着良好的组织气氛,它能够激发组织成员的士气,有助于增强群体的凝聚力。

4. 组织文化的导向性

组织文化定义了人们在组织中的行为准则与价值取向。它对人们行为的产生有着最持久、最深刻的影响力,因此,组织文化具有导向性。英雄人物往往是组织价值观的人格化和组织力量的集中表现,它可以揭示组织内提倡什么样的行为、反对什么样的行为,促使组织成员的行为与组织目标的要求相匹配。

5. 组织文化的可塑性

组织文化并不是与生俱来的,而是在组织生存和发展过程中逐渐总结、培育和积累而成的。组织文化是可以通过组织成员的不断努力加以培育和塑造的,即便已形成的组织文化也并非一成不变的,是会随组织内外环境的变化而得以调整的。

6. 组织文化的长期性

组织文化的长期性是指组织文化的塑造和重塑的过程需要相当长的时间,而且是一个极其复杂的过程。组织的共享价值观、共同精神取向和群体意识的形成不可能在短期内完成,在这一创造过程中,涉及调节组织与其外界环境相适应的问题,也需要在组织成员之间达成共识。

三、组织文化的结构

组织文化的结构划分虽然有多种观点,但组织文化基本划分为四个层次,即物质层、行为层、制度层和精神层。

物质层是组织文化的表层部分,是组织创造的物质文化,是一种以物质形态为主要内容的表层组织文化,是形成组织文化精神层和制度层的条件。优秀的组织文化是通过重视产品的开发、产品的信誉、服务的质量和组织的生产环境、生活环境、文化设施等物质现象来体现的。

行为层即组织行为文化,它是组织员工在生产、经营、学习、娱乐中产生的活动文化,包括组织经营活动、公共关系活动、人际关系活动、文娱体育活动中产生的文化现象。组织行为文化是组织经营作风、精神风貌、人际关系的动态体现,也是组织的精神、核心价值观的折射。

制度层是组织文化的中间层次,它把组织物质文化和组织精神文化有机地结合成一个整体。它主要是指对组织和成员的行为产生规范性、约束性影响的部分,是具有组织特色的各种规章制度、道德规范和员工行为准则的总和,集中体现了组织文化的物质层和精神层对成员和组织的行为的要求。制度层规定了组织成员在共同的生产经营活动中应当遵守的行为准则,主要包括组织领导体制、组织机构和组织管理制度三个方面。

精神层即组织精神文化,它是组织在长期的实践过程中所形成的员工群体心理定势和价值取向,是组织的道德观、价值观(即组织哲学的总和)的体现和高度概括,反映了全体员工的共同追求和共同认识。组织精神文化是组织价值观的核心,是组织优良传统的结晶,是维系组织生存发展的精神支柱,它主要是指组织的领导和成员共同信守的基本信念、价值标准、职业道德和精神风貌。精神层是组织文化的核心和灵魂。

四、组织文化的形式

1. 显性组织文化

所谓显性组织文化,就是指那些以精神的物化产品和精神行为为表现形式的,以及人们通过直观的视听器官能感受到的、符合组织文化实质的内容。它包括组织标志、工作环境、规章制度和经营管理行为四个部分。

组织标志是指以标志性的外化形态来表示本组织的组织文化特色,并且和其他组织明显地区别开来的内容,包括厂牌、厂服、厂徽、厂旗、厂歌、商标、组织的标志性建筑等。

工作环境是指员工在组织中办公、生产、休息的场所,包括办公楼、厂房、俱乐部、图书馆等。

规章制度。并非所有的规章制度都是组织文化的内容,只有那些能够激发员工积极性和自觉性的规章制度,才是组织文化的内容,其中最主要的就是民主管理制度。

经营管理行为。再好的组织哲学或价值观念,如果不能有效地付诸实施,就无法被员工所接受,也就无法成为组织文化。组织在生产中以"质量第一"为核心的生产活动、在销售中以"顾客至上"为宗旨的推销活动、组织内部以"建立良好的人际关系"为目标的公共关系活动等,都是组织哲学、价值观念、道德规范的具体实施,是它们的直接体现,也是这些精神活动取得成果的桥梁。

2. 隐性组织文化

隐性组织文化是组织文化的根本,是最重要的部分。隐性组织文化包括组织哲学、价值观念、道德规范、组织精神四个方面。

组织哲学是一个组织全体员工所共有的对世界事物的一般看法。组织哲学是组织最高层次的文化,它主导、制约着组织文化其他内容的发展方向。从组织管理的历史角度看,组织哲学已经经历了"以物为中心"到"以人为中心"的转变。

价值观念是人们对客观事物和个人的评价活动在头脑中的反映,是对客观事物和人是否具有价值以及价值大小的总的看法和根本观点,包括组织存在的意义和目的、组织各项规章制度的价值和作用、组织中人的各种行为和组织利益的关系,等等。

道德规范是组织在长期的生产经营活动中形成的,且被人们自觉遵守的道德风气和习俗,包括是非的界限、善恶的标准和荣辱的观念等。

组织精神是指组织群体的共同的心理定势和价值取向。它是组织的组织哲学、价值观念、道德观念的综合体现和高度概括,反映了全体员工的共同追求和共同认识。组织精神是组织员工在长期的生产经营活动中,在组织哲学、价值观念和道德规范的影响下形成的。

五、组织文化的类型

根据不同的标准和不同的用途,理论界目前对组织文化有着不同的划分方法,其中,最常见的划分方法有以下几种。

(一)按照权力的集中或分散划分

杰夫·卡特赖特和理查德·科伯于1992年提出四种文化类型:权力型组织文化、作用型组织文化、使命型组织文化、个性型组织文化。这四种组织文化的区别在于权力是集中的还是分散的,以及政治过程是以关键人物还是以要完成的职能为中心的。

1. 权力型组织文化

权力型组织文化也叫独裁文化,由一个人或一个很小的群体领导这个组织。组织往往以企业家为中心,不太看重组织中的正式结构和工作程序。随着组织规模的逐渐扩大,权力文化会渐渐地难以适应组织规模,开始分崩离析。

2. 作用型组织文化

作用型组织文化也叫角色型组织文化。在这样的组织里,你是谁并不重要,你有多大能力也不重要,重要的是你在什么位置、你和什么人的位置比较近,做每件事情都有固定的程序和规矩,人们喜欢的是稳重、长期、忠诚、甚至是效忠。这种文化看起来安全和稳定,但是当组织需要变革的时候,这种文化则会阻碍组织的变革。

3. 使命型组织文化

使命型组织文化也叫任务文化。在这种文化中,团队的目标就是要完成设定的任务,成员之间的地位是平等的,这里没有领导者,唯一的领导就是任务或者使命本身,有人认为这是最理想的组织模型之一。但是,这种文化要求公平竞争,而且当不同群体争夺重要的资源或特别有利的项目时,很容易产生恶性的政治紊乱。

4. 个性型组织文化

这是一种既以人为导向,又强调平等的文化。这种文化富于创造性,孕育着新的观点,允许每个人按照自己的兴趣工作,同时又保持相互有利的关系。在这样的组织里,组织服从个人的意愿,且很容易被个人左右。

(二)按照文化、战略与环境的配置划分

对文化和有效性的研究认为,文化、战略和环境之间的适当配置与文化的四种类型相关联,

从而形成组织文化的四种类型,如图 4-1 所示。这四种文化都有可能很成功,但要依赖于外部环境和组织战略的需要。

1. 适应性或企业家精神型组织文化

这种文化以通过实施灵活性和适应顾客需要的变革而将战略重点集中在外部环境上为特点,鼓励那些支持公司去探寻、解释和把环境中的信息转化成新的反应性的能力的准则和信念的发展。持有这种文化的企业并不只是快速地对环境做出反应,而且能够积极地创造文化,改革、创造性和风险行为被高度评价并得到激励。

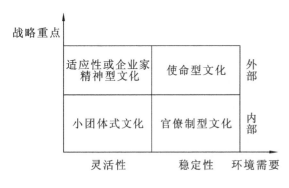

图 4-1 文化类型

2. 使命型组织文化

对于那些关注于外部环境中的特定顾客而不需要迅速改变的组织,适于采用使命型组织文化。使命型文化的特征在于管理者建立一种共同愿景,使成员都朝着一个目标努力。

3. 小团体式组织文化

这种文化类型主要强调组织成员的参与、共享和对外部环境的快速变化的期望,强调企业实现优异绩效对员工的依赖性。

4. 官僚制型组织文化

这种文化类型具有内向式的关注中心和对稳定环境的一致性定位,具有一种支持商业运作的程式化方法的文化,遵循传统的、随之确定的政策和实践是达到目标的一种方式。

六、组织文化的功能

组织文化的功能是指组织文化发生作用的能力,也就是组织这一系统在组织文化导向下在生产、经营、管理活动中的作用。但任何事物都有两面性,组织文化也不例外,它对于组织的功能可以分为正功能和负功能。组织文化的正功能在于提高组织承诺、影响组织成员,有利于提高组织效能。同时,不能忽视的是潜在的负效应,它对于组织是有害无益的,这也可以看作组织文化的负功能。

(一)组织文化的正功能

1. 组织文化的导向功能

组织文化的导向功能,是指组织文化能对组织整体和组织成员的价值取向及行为取向起引导作用,使之符合组织所确定的目标。组织文化只是一种软性的理智约束,通过组织的共同价值观不断地向个人价值观渗透和同化,使组织自动生成一套自我调控机制,以一种适应性文化引导组织的行为和活动。

2. 组织文化的约束功能

组织文化的约束功能,是指组织文化对每一个组织成员的思想、心理和行为具有约束和规范的作用。组织文化的约束不是制度式的硬约束,而是一种软约束,这种软约束表现为组织文化氛围、群体行为准则和道德规范对组织成员的约束。

3. 组织文化的凝聚功能

组织文化的凝聚功能,是指当一种价值观被该组织成员共同认可之后,它就会成为一种"黏合剂",从各个方面把其成员团结起来,从而产生一种巨大的向心力和凝聚力。这正是组织获得成功的主要原因,"人心齐,泰山移",凝聚在一起的员工有共同的目标和愿景,才能推动组织不断地前进和发展。

4. 组织文化的激励功能

组织文化的激励功能,是指组织文化具有使组织成员从内心产生一种高昂的情绪和发奋进取的精神的效应,它能够最大限度地激发员工的积极性和创造性精神。组织文化强调以人为中心的管理方法。它对人的激励不是一种外在的推动,而是一种内在的引导;它不是被动、消极地满足人们对实现自身价值的心理需求,而是通过组织文化的塑造,使每个组织成员从内心深处产生为组织拼搏的献身精神。

5. 组织文化的辐射功能

组织文化的辐射功能,是指组织文化一旦形成较为固定的模式,它不仅会在组织内发挥作用,对本组织成员产生影响,而且也会通过各种渠道对社会产生影响。组织文化向社会辐射的渠道是很多的,但主要可分为利用各种宣传手段和个人交往两大类。组织文化的辐射表现在如下两个方面:一方面,组织文化的传播对树立组织在公众中的形象有帮助;另一方面,组织文化对社会文化的发展有很大的影响。

6. 组织文化的调适功能

组织文化的调适功能,是指组织文化可以帮助新成员尽快适应组织,使成员的价值观和组织相匹配。在组织变革的时候,组织文化也可以帮助组织成员尽快适应变革后的局面,减少因变革带来的压力和不适应感。

(二)组织文化的负功能

1. 变革的障碍

如果组织的共同价值观与进一步提高组织效率的要求不相符合时,它就会成为组织的束缚。这是在组织环境处于动态变化的情况下,最有可能出现的情况。当组织环境正在经历迅速的变革时,根深蒂固的组织文化可能就不合时宜了。因此,当组织面对稳定的环境时,组织文化行为的一致性对组织而言很有价值。但组织文化作为一种与制度相对的软约束更加深入人心,使组织成员极易形成思维定势,组织将有可能难以应付变幻莫测的环境。当问题积累到一定程度,这种障碍可能会对组织造成致命的打击。

2. 多样化的障碍

由于种族、性别、道德观等差异的存在,新聘员工与组织中大多数成员不一样,这就产生了矛盾。新成员必须要能够接受组织的核心价值观,否则,这些新成员就难以适应组织或被组织接受。但是,组织决策需要成员思维和方案的多样化,一个拥有强势文化的组织要求成员和组织的价值观一致,这就必然导致决策的单调性,将会抹杀多样化带来的优势,组织文化的这个方面成为组织多样化的障碍。

3. 兼并和收购的障碍

以前,管理人员在进行兼并或收购决策时,所考虑的关键因素是融资优势或产品协同性。近几年,除了考虑产品线的协同性和融资方面的因素外,更多的则是考虑文化方面的兼容性。如果两个组织的文化无法成功的整合,那么组织将出现大量的冲突、矛盾乃至对抗。所以,在决定兼并和收购时,很多管理人员往往会分析双方文化的相容性,如果差异极大,宁可放弃兼并和收购行动。

任务 4 理解人员配置

在确定组织的文化和职位后,就可以通过选拔、招聘、安置和提升等手段来配备所需的管理人员。配置管理人员时,要根据组织的实际要求和受聘者应具备的素质和能力进行选聘。

一、人员选聘

人员选聘就是通过招聘等手段去选择职位需要的组织成员的过程。具体地说,人员选聘是指在职位分类和定编定员基础上,选择和配备并培训合适的人员去充实组织中的各项职务,以保证组织活动的正常进行,进而实现管理目标。选聘是竞选和聘用的总称,也就是通过各种信息途径寻找和确定组织成员候选人,从候选人中挑选最有可能胜任工作的组织成员的过程。通过人员选聘,组织可以根据发展的需要,去吸收劳动力、技术人员和管理人员等组织所需要的人员。

作为组织工作的基本内容之一,人员选聘对于组织的存在与发展有着极其重要的意义。

人员选聘满足了组织发展对人员的需求。组织在发展的任何时期都会需要不同类型、不同数量的人员,即使在组织生命的成熟期或衰退期,也要不断地调整各类人员的结构和比例,使人力和物力达到最佳结合的状态。人员选聘正是满足了这种要求,依据组织所处的发展阶段来确定所需人员的类型、数量。

人员选聘是确保组织人员具备较高素质的基础。在人员选聘的过程中,本着严格选择的原则,进行层层选拔,最后被录用的人员一般都是组织认为最合适的人员,他们的知识、技能往往是最符合组织的需要的。通过选聘,组织至少可以保证自己的队伍处于目前所拥有的人力资源水平上。

人员选聘能在一定程度上保证组织的稳定。在变幻莫测的当今社会,组织成员具有很大的变动性,人员流动是难以避免的,在利益、价值观等因素驱动下,人员流动呈现出日益加快的趋势。一般来说,任何一个组织都不希望组织成员的变动过于频繁,不希望组织成员的变动给组织带来损失,所以,在人员招聘这个环节上就需要对此问题给予注意,即注意审查应聘者的背景和经历,以断定他们是否会很快离开而给组织带来损失,从而消除不稳定因素。

人员选聘的过程也是组织树立自身形象的过程。选聘需要准备材料,这些材料中必然会包括关于组织的基本情况介绍、发展方向、方针政策等,通过广告形式扩散出去,以使除了应聘者外的其他人也注意到这些内容,有意无意地使人们对组织情况有一定的了解,从而有利于组织在公众中树立自身的形象。

当然,人员选聘应依据一定的标准来进行,而这些标准正是组织需求的一种反映。每一职位都有自身的要求,人员选聘就是要选出最适合某一职位要求的人员,根据人力资源所包含的体力、智力、知识、技能四方面内容进行选聘。所以,在人员选聘中,依据特定的职位制订相应的标准,是顺利开展选聘工作的基础。

二、选聘的途径

人员选聘有两种途径:一种途径是从组织内部选聘,另一种途径是从组织外部选聘。两种选聘途径各有自己的适用范围、优势和缺点,选聘者应将工作中的成功因素与人员选聘途径相联系,判定高素质人员来源的途径,从而根据组织发展的需求来选择适当的人员,实现预期目标。

1. 内部选聘

内部选聘是从组织内部挑选合适的人员加以聘用,具体包括内部提升、内部调动、内部招标三种方法。内部选聘途径是组织管理人员选聘的根本立足点,几乎所有的组织都乐于从组织内部选拔合适的管理人员。当一个职位空缺时,选聘者首先想到的是从内部进行选聘。因为,内部选聘费用较低、手续简便且较熟悉组织成员,组织对准备选聘的人员可以做长期、细致地考察,掌握其能力和素质、优点和缺点,从而为其分配最适合的工作。另一方面,从内部选聘的人员,由于已对组织的基本情况有所了解,能够比较快地进入角色。而且,内部提升给组织成员提供了更具挑战性的发展机会;内部调动也有助于增加组织成员的工作经验和新鲜感;而内部招标则提供了组织内公平竞争的机会,有利于调动成员的积极性。但是,从组织内部选聘所需人员也有一些缺陷,例如,容易造成自我封闭、近亲繁殖,不易吸收组织外优秀人才,以至于使组织缺乏活力,影响组织成员的积极性。

由此可见,内部选聘是人员选聘的主要途径。这种选聘能够从组织内部选出适合的人员安置到相应的职位上,也说明了组织前一阶段的人员选聘工作是成功的。但是组织的发展、所处环境的变化都会带来许多不可预测的不稳定因素,要求人员选聘能够始终完美无缺是不太现实的,特别是那些对组织生存与发展有着重要影响的管理岗位,对人员的能力和素质要求较高,如果组织内部没有合适人选,决不应勉强在组织内部选拔,而应考虑从组织外部选聘。

2. 外部选聘

从学校的毕业生中选聘,是人员选聘的最好途径,尤其是当组织需要专门人才时,可以在短期内选聘到大批受过一定训练、素质较好的人员。这些人员的不足之处是往往缺乏必要的工作经验,因而,在选聘后应提供相应的培训,使其满足组织的需求。通过广告公开选聘是一种被广泛使用的方法,可以很容易地吸引大批量的各类人才,精心制作的广告可以让应聘者了解组织的基本情况及应聘要求,同时可以改善组织形象。但是,广告费用往往较高,所产生的效果也会随着广告媒体的选择和形式的不同而有很大的差别,因而,要根据成本和收益以及拟选聘人员对组织的重要程度而慎重选择。

外部选聘扩大了选择的范围,有利于获得组织所需人员。外部选聘的实质是吸收异质因素来克服组织停滞、僵化的危险,因为这些来自组织外部的人员常常能够带来一些新的观点和新的方法,能够为组织发展注入新的活力。从外部选聘人员从事某一工作对组织内部那些希望得到这一工作的成员来说,则是一个较为沉重的打击,会影响士气。现代组织往往把内部选聘和外部选聘结合起来保证良好的连续性,由于选聘者把从外部选聘人员的工作提前到若干年前进行,把可以培养的人员选聘进来加以培训,而使组织在需要的时候能够通过内部调动、内部提升等方式,把他们安置到相应的职位,使外部选聘成为内部选聘的准备,保证管理活动有条不紊地进行。

三、人员选聘步骤

选聘过程和步骤,其顺序安排可视具体情况而定,同时要参照所设立的选聘标准和选聘方法。一般来说,选拔的步骤是按初次面试—审查申报表—录用面试—各种测试—综合评价这一程序来进行的。

1. 初次面试

初次面试多半是根据招聘的一些标准与条件来进行筛选,决定对哪些成员进行进一步考核,淘汰掉明显不符合职务要求的应聘者。在这一阶段,招聘者所提的问题大多直截了当,例如受过什么教育、接受过哪些培训等。初次面试可以大大地减少进一步选拔的工作量和费用,使选拔工作得以顺利进行。

2. 审查申请表

申请表是普遍使用的选拔手段,目的是帮助招聘人员对应聘者有具体了解,并根据其条件决定是否有必要对其进行进一步考核。申请表的内容依不同组织、不同招聘职务而定。一般来说,申请表的内容包括姓名、年龄、性别、家庭情况、受教育情况、特长、简历等。在申请表的具体编排上,应依据企业及职务的要求而定,尽量做到与职务密切相关。同时,在用词上也应做到清晰明了,应使招聘者通过申请人所填的具体内容即可做出有效的初步判断。

3. 录用面试

录用面试是最常用的一个选拔步骤,有些企业可能不对应聘者进行选择测试,但几乎所有的企业在录用某人之前,都要经过面试这一程序。面试的目的是进一步获取应聘者的信息,在初次面试和审查申请表的基础上,加深对应聘者的认识,有助于对应聘者合格与否做出判断。同时,计划得当的面试还可以达到使应聘者了解企业和宣传企业形象的目的。

4. 测试

测试是运用系统的统一标准及科学的规范化工具,对不同人员的各种素质加以公正而客观的评价。它是选聘过程中重要的辅助手段,特别是对那些其他手段无法确定的个人素质,如能力、个性特征、实际技能等。测验法是不可或缺的补充手段,因而逐渐被企业关注和应用,最常用的测验包括智力测验、知识测验、个性测验和兴趣测验等。

5. 人才评价

人才评价是让候选人参加一系列管理情景模拟活动,让评价人员观察和分析受面试者在一个典型的管理环境中如何工作,以考察其实际管理技能。这些活动除了上面介绍的常规的笔试、面试和心理测试之外,大都是工作情景模拟测试,如"公文处理模拟测试""无领导小组讨论""企业决策模拟竞赛"等。参加评估的人员通常是评估专家和经过培训的企业高层管理人员,通常可由待选聘岗位的顶头上司参与最后的结论评估,并由评估小组集体讨论做出结论,作为上级审批人员聘任的依据。

6. 对新员工进行上岗教育

上岗教育包括向新员工介绍企业的基本情况、职能、任务和人员等情况。常规教育一般由人事部门来执行,但是对新管理人员进行上岗教育的责任,应是他们的顶头上司的任务。上岗教育的另一个或许更为重要的方面是,如何使新管理人员适应工作。有组织地使新员工适应工作的上岗教育主要有三个方面:学习工作所需要的知识和能力,执行任务采取的合适态度,适应本单位的准则和价值观念。

课外拓展

苏亚雷斯今年22岁,即将获得哈佛大学人力资源管理的本科学位。在过去的两年中,她每年暑假都在康涅狄格互助保险公司打工,填补去度假员工的工作空缺,因此她在这里做过很多不同类型的工作。目前,她已经接受该公司的邀请,毕业之后将加入该公司担任保险单更换部门的主管。

康涅狄格互助保险公司是一家大型保险公司,苏亚雷斯所在的总部就有5 000多名员工,公司奉行员工的个人开发原则,这已经成为公司的经营哲学,公司对所有员工十分信任。

苏亚雷斯将要承担的工作要求她直接对25名员工负责,他们的工作不需要什么培训而且高度程序化,但是员工的责任感十分重要,因为更换通知要先送到原保险单所在处,要列表显示保险费用与标准表格中的任何变化,还要通知销售部。

苏亚雷斯工作的部门的成员全部是女性,年龄跨度为20~60岁,平均年龄为25岁,其中大部分人是高中学历,她们的薪水水平为每月1 420~2 070美元。苏亚雷斯将接替梅贝尔的职位,梅贝尔在该公司工作了37年,并在保险单更换部做了17年的主管工作,现在即将退休。苏亚雷斯去年夏天在该部门工作过几周,因此比较熟悉她的工作风格,并认识大多数群体成员。她认为除了丽莲之外,其他将成为她下属的成员都不会影响她的工作。丽莲今年50岁多岁,在保险单更换部工作了十多年,而且,作为一个"老太太",她在员工群体中很有分量。苏亚雷斯断定,如果她的工作得不到丽莲的支持,将会十分困难。

苏亚雷斯决心以正确的步调开始她的职业生涯,因此,她一直在认真地思考一名有效领导者应具备什么样的素质。

分析讨论题:

(1)影响苏亚雷斯成功地成为领导的关键因素是什么?如果以群体满意度而不是以群体生产率定义成功,影响因素是否还依然相同?

(2)你认为苏亚雷斯能够选择领导风格么?如果可以,请为她描述一个你认为最有效的领导风格;如果不可以,请说明原因。

(3)为了帮助苏亚雷斯赢得或控制丽莲,你有何建议?

项目 5 领导管理

 案例导入

新加坡"建国之父"——李光耀

作为新加坡的"建国之父",李光耀长期以来一直是新加坡的标志性人物。他是新加坡前任总理,曾任国务资政以及内阁资政,为新加坡的独立及崛起做出卓越贡献,被誉为新加坡"建国之父"。李光耀不仅是新加坡的开国元老之一,也是现今新加坡政坛极具影响力的人物之一。2011年5月14日,李光耀宣布退出新加坡内阁,标志一个时代的终结。他使新加坡在摆脱日本占领之后国力迅速恢复,随后在国内实施的一系列改革也一步步地使新加坡这个弹丸小国成为世界上少数几个繁荣、富强和清廉的国家。作为威权政治领导人的典型代表,李光耀在自己国家的发展历程中深深地烙上了自己的印记。如今看来,我们不得不承认李光耀是一名出色的领导者和统治者,他的高效、强权和清廉的统治方式,时至今日仍然极大地影响着新加坡政坛,同时也在世界政治舞台留下了浓墨重彩的一笔。

从领导者的角度来看,政治强人李光耀的统治方式从理论的角度看也存在其合理性和必要性。他在政治舞台和社会生活中施行的一系列措施,无疑是对领队学理论的完美诠释。作为威权统治的代表,李光耀也难免受到各种各样的质疑。从理论的角度来看他的统治方式,或许我们对他的治国之道能够得到一个更加全面的认识。

案例分析:想要成为一名合格的领导者,必须具备一定的勇气和道德。李光耀出生于战乱年代,经历过战争的残酷洗礼,儿童时代的阴影并没有让他变得恐惧和软弱,相反他锻炼出了敏锐的洞察力和充足的勇气,这也使得他在日后成功地带领新加坡人民摆脱日本和英国的统治。另一方面他也是一位具有高尚品德的领导者,新加坡由于其特殊的历史国情,其文化受中国的儒家文化影响极大,这一点在李光耀身上体现的也很明显。从小受儒家文化的熏陶,他懂得了"己所不欲勿施于人""克己复礼"等儒家传统道德。同时他也是一个诚实守信的人,在他的一生中,没有爆发过腐败丑闻。而在他的领导下的新加坡也一度成为世界上最清廉的国家之一,至今新加坡公务员的高素质和极少的腐败行为也一直为民众所津津乐道。

如何成为一名合格的领导者,与领导者自身的一些因素息息相关,需要从领导者的内心世界来进行分析。作为一位政坛强人,李光耀的才能毋庸置疑。他年轻时曾经留学英国,接受了较为良好的精英教育,同时他也具备独立思考的精神和开放的思维。在新加坡取得独立后,李光耀实施了一系列的改革和开放措施。李光耀上任伊始,就展开了一系列的经济改革。他推动

开发裕廊工业园区、创立公积金制度、成立廉政公署、进行教育改革等多项政策。李光耀执政三十一年,新加坡从一个南洋小国发展成世界人均国民生产总值最高的国家之一,并成为世界一大贸易与金融中心,亚洲最富裕繁荣的国家之一。李光耀一手打造的"新加坡模式",在这个仅有707.1平方千米的弹丸小国创造了奇迹。让新加坡与国际世界接轨,引进外资、接受外来先进的技术和经验,发挥自己国内低廉劳动力和优质港口的优势,为新加坡后来的经济腾飞打下了坚定的基础。这些都可以体现出李光耀独到和长远的眼光。

从个性模式来看,一位合格的领导者也需要具有较高的勤奋度、情绪稳定度及乐于尝试度。作为新加坡的建国之父,李光耀一生兢兢业业地为新加坡的未来努力着,同时挫折坎坷的人生经历也让他能够遇事冷静、情绪稳定。从他实施的一系列改革措施中也可以看出他是一位有想象力、有好奇心、有想法的领导者,不独断专行、能够聆听不同的声音和接受不同的观点,这一点在许多领导者身上显得难能可贵。

有人认为李光耀实施的是一种"家长式"的统治方式,新加坡国民像他的孩子一般从小到大一直被他在各方面所管束着。李光耀视国家如己,对国家,他事无巨细,从国民的饮食、打扮、与谁做邻居到和谁结婚、何时结婚及生育问题,他都管。他反对随地吐痰、嚼口香糖、喂养鸽子、乱扔垃圾;禁止在公共场所吸烟和讲不文明用语;亲自带领国民清理新加坡河,发动清洁绿化国家的活动,甚至禁止中小学生吃煎炸食品。这些现象从另外一方面也体现出李光耀具有极强的控制欲望和巨大的号召力,这些都是成为一名领导者所必不可少的品质。所谓"号召性领导"是指那些愿意承担个人风险营造出变革气氛,提出与现在相去甚远的远景目标,打破现有常规秩序的领导者。李光耀长期以来实行的"家长式"的统治方式或许一直以来收到不少人的不满,但是也应该看到他的这种统治方式具有高效的执行力。李光耀身边也聚集了一大批忠诚的支持者,他们被李光耀的领袖气质所感染,在李光耀的领导之下为新加坡的未来而努力工作。

通过本项目的教、学、做,需要完成的目标如下:
(1)了解领导的概念和特征;
(2)熟悉领导者的影响力的构成及影响因素;
(3)掌握学习型组织的新的领导方式;
(4)能够运用所学领导管理概念及影响因等,引导人们克服前进道路上的障碍,顺利实现预定的目标。

子项目 5.1 领导管理·工作任务·师生教学做

以下有两项"领导管理"的工作任务,各项任务由教师和学生共同完成。

任务 1

教学拓展训练:肯定自我

★ 形式:集体参与

★ 时间:1 小时

★ 材料:无

★ 场地:教室

★ 应用:沟通技巧

目的

◇ 表明说出自己的优点是可取的。

程序

以各公司为单位分成小组。要求每个人在一张纸上写下他们确实喜欢自己的 4～5 件事(注意:因为大多数人往往过分谦虚,写自己的好处时会很犹豫,可能需要有人稍加鼓励。比如,教师可以"自然而然地"公布一下自己写的好处,如热情、诚实、认真、聪明、优雅等)。

3～4 分钟后,让每个人向各自的同伴公开自己写的东西。

讨论

1. 你对这个活动是否有不舒服的感觉?如果你有不舒服的感觉,为什么?(我们的文化背景使得我们不愿向别人暴露自我,即使这样做是有道理的。)
2. 你是诚实地看待自己的吗,即你对自己的优点有无"保留"?
3. 当你公布你的优点时,你的同伴反应如何?(如吃惊、鼓励,或加以补充。)

总结与评估

大多数人从小就认为夸自己是"不对"的,而且就这个问题而言,夸别人也是"不对"的。这个训练试图通过两人一组,让对方了解真正的自己。

任务 2

教学拓展训练:心有灵犀一点通

★ 形式:集体参与

- ★ 时间:大约 20 分钟
- ★ 材料:笔和纸
- ★ 场地:不限
- ★ 应用:1. 学员之间相互交流沟通
  - 2. 团队沟通
  - 3. 有效沟通的技巧

目的

- ◇ 使彼此了解。
- ◇ 考察团队成员相互了解的程度。
- ◇ 娱乐。

程序

1. 每个小组成员用所提供的笔和纸写下前一天晚上自己所做的事情,写完交到教师的手中。
2. 在成员暂时休息的时候,教师对所收上来的信息进行任意编号。
3. 教师读出每一条信息及其编号,让参与者记下编号以及其认为做这件事的人。
4. 重新读出每一条信息,让小组成员逐个说出他认为做这件事的人。
5. 请真正做这件事的人站起来。
6. 请各参与者统计自己的得分(每猜对一个得 1 分),并公布最高得分。

注意事项

1. 使用同一规格的纸张。
2. 提醒小组成员别写下已经告知小组其他成员的一些事情。

子项目 5.2 领导管理・工作任务・学生独立做

以下有两项"领导管理"的工作任务,各项任务由学生独立完成。

任务 1

教学拓展训练:对别人的肯定
★ 形式:集体参与

★ 时间:15分钟
★ 材料:无
★ 场地:不限
★ 应用:1.沟通技巧
　　　 2.领导艺术

目的

◇ 鼓励说出对别人的肯定的看法。

程序

将大家分成两人一组,要求每个人都写下4～5件在同伴身上注意到的事,必须全部是肯定的(如穿着整齐、声音悦耳、善于倾听等)。在他们写了几分钟后,每两人组成一个小组进行讨论,每人说出他/她写了同伴的哪些事。

讨论

1. 这个训练让你觉得自在吗?如果不自在,为什么?(对别人给出肯定的看法或接受对自己肯定的看法可能都是一种全新的经历。)

2. 怎样才能让我们更容易给别人以肯定的看法?(建立一种亲密关系,给出确切的证据,选择适当的时机。)

3. 怎样才能让我们更容易接受别人的肯定看法?(试着欣然接受,在质疑之前先拿定主意思考一下其真实性,允许自己自我感觉良好。)

总结与评估

恰如其分、不失时机地赞美别人,对提高对方自信心、建立友好关系是必不可少的。

任务 2

【案例分析】

郭宁最近被一家生产机电产品的公司聘为总裁。他在准备去接任该职务的前一天晚上浮想联翩,回忆起他在该公司工作20多年的情况。

他在大学时学的是工业管理工程,大学毕业获得学士学位后就到该公司工作,最初担任液压装配单位的助理监督。当时,他真不知道如何工作,因为他对液压装配所知甚少,在管理工作上也没有实际经验,所以每天都是手忙脚乱。可是,他非常认真地学习,仔细阅读该单位的工作手册,并努力学习有关的技术。另外,监督长也主动对他指点,使他渐渐摆脱困境,逐渐胜任工作。经过半年多的努力,他已有能力独力承担液压装配的监督长工作。但是,在公司的一次提拔任命时,公司领导层并不是提升他为监督长,而是直接提升他为装配部经理,负责包括液压装配在内的四个装配单位的领导工作。

他在当助理监督时,主要关心的是每天的作业管理,技术性很强。而当他担任装配部经理时,他发现自己不能只关心当天的装配工作状况,还得做出此后数周乃至数月的规划,还要完成许多报告、参加许多会议。当上装配部经理不久,他就发现原有的装配工作手册已经基本过时,因为公司已经安装了许多新的设备,吸收了一些新的技术。于是,他花了整整一年时间去修订工作手册,使之切合实际。在修订手册过程中,他主动到几个工厂去访问,学到了许多新的工作方法,并把这些吸收来的东西也修订到工作手册中。几年后,他不但学会了这些工作,而且还学会如何把这些工作交给助手去做,教他们如何做好。这样,他就可以腾出更多时间用于规划工作和帮助下属更好地工作,也可以有更多时间去参加会议、批阅报告和完成向上级的工作汇报。

当他担任装配部经理六年之后,正好该公司负责规划工作的副总裁辞职,郭宁便主动申请担任此职务。在同另外五名竞争者较量之后,郭宁被正式提升为规划工作副总裁。他自信拥有担任此新职务的能力,但由于此高级职务工作的复杂性,他在刚接任工作时碰到了不少麻烦。例如,他觉得难以预测一年之后的产品需求情况,可是一个新工厂的开工,乃至一个新产品的投入生产,一般都需要在数年前做出准备;在新的岗位上,他还要不断地协调市场营销、财务、人事、生产等部门之间的关系。他在新的岗位上越来越觉得:越是职位上升,越难于按标准的工作程序去进行工作。但是,他还是渐渐地适应了该项工作,做出了成绩。之后,他又被提升为负责生产工作的副总裁,而这一职位通常是由该公司资历最深、辈分最高的副总裁担任的。现在,郭宁又被提升为总裁。他知道,一个人当上公司最高主管职位之时,应该有信心处理可能出现的任何情况的能力,但他也明白自己尚未达到这样的水平。因此,他不禁想到自己明天就要上任,今后数月的情况会是怎么样?他不免为此担忧!

分析讨论题:

1. 郭宁在任装配部经理时干得很出色,你认为原因是什么?

2. 分析郭宁当上公司总裁后,他的管理职责与过去相比有了哪些变化?他应当如何适应这种变化?

子项目 5.3 领导管理·相关知识

任务 1 熟悉领导概念

一、领导的定义

领导职能是管理工作中的一项重要职能。组织要生存和发展,要实现组织的目标,必须依靠所有人员的共同努力。但把员工组织调动起来，挖掘员工的潜能，就需要有一个好的"带头人"。领导职能贯穿于管理工作的各个方面。目前，各种社会组织之间的竞争日益激烈，领导的作用更加突显。

意大利政治学家尼可罗·马基亚维利是较早研究领导理论的人，他指出："领袖是权力的行使者，是那些能够利用技巧和手段达到自己目标的人"。美国政治学家詹姆斯·伯恩斯更进一步地将"追随者"纳入领导的要素，认为："领导人劝导追随者为某些目标而奋斗，而这些目标体现了领袖及其追随者共同的价值观和动机、愿望和需求、抱负和理想"。

毛泽东指出："领导人依照每一具体地区的历史条件和环境条件，统筹全局，正确地决定每一时期的工作中心和工作秩序，并把这种决定坚持地贯彻下去，务必得到一定的结果，这是一种领导艺术"。美国前总统理查德·尼克松对"领导"是这样描述的："伟大的领导能力是一种独特的艺术形式，既要求有非凡的魄力，又要求有非凡的想象力。经营管理是一篇散文，领导能力是一篇诗歌。"管理学鼻祖彼得·德鲁克认为："领导就是创设一种情境，使人们心情舒畅地在其中工作。有效的领导应能完成管理的职能，即计划、组织、指挥、控制。"著名的美国学者哈罗德·孔茨是这样定义领导的："领导是管理的一个重要方面。有效地进行领导的本领是作为一名有效的管理者的必要条件之一。"在学术界引用较为广泛的是斯蒂芬·罗宾斯的定义："领导就是影响他人实现目标的能力和过程。"

综上可知，领导就是对组织中每个成员和群体的行为进行引导和施加影响的活动过程，其目的在于使个体和群体能够自觉、自愿并充满信心地为实现组织的目标而努力。从本质上而言，领导是一种影响力（即一个人在与他人交往过程中改变他人心理和行为的能力），或者说是对下属施加影响的过程，这种影响力或通过这个影响过程，可以使下属自觉地为实现组织目标而努力。受影响者心悦诚服，在心理和行为上表现出自愿、主动的特点，所以，领导的实质是组织成员的追随与服从。正是组织成员的追随与服从，才使领导者在组织中的地位得以确定，并使领导过程成为可能。

二、领导影响力的构成

影响力一般指人在人际交往中影响和改变他人心理与行为的能力。领导影响力就是领导者在领导过程中，有效地改变和影响他人心理和行为的一种能力或力量。因此，权力是领导者对他人施加影响的基础。领导工作是领导者运用其拥有的影响力，以一定的方式对他人施加影响，从而实现组织目标的过程。构成领导影响力的基础有两个方面：一是权力性影响力；二是非权力性影响力。

（一）权力性影响力

权力性影响力又称为强制性影响力，它主要源于法律、职位、习惯和武力等。权力性影响力是由组织正式授予管理者，并受法律保护的权力。这种权力与特定的个人没有必然的联系，它只同职务相联系。构成权力性影响力的要素主要有法律、职位、习惯、暴力。权力性影响力是一种法定权，包括支配权、强制权、奖励权。

1. 支配权

受几千年的传统观念影响，人们对领导者形成了这样一种心理观念，即认为领导者不同于普通人，他们或者有权，或者有才干，总之是比普通人要强，进而产生了对领导者的服从感。因此，管理者在一定的职责范围内具有确定目标、建立机构、制订规章制度、开展活动的决策权与指挥权，以及对下属的人事调配权。这种支配权是管理者的地位或在组织权力阶层中的角色所赋予的。

组织正式授予领导者一定的职位，从而使领导者占据权势地位和支配地位，使其有权对下属发号施令，增强领导者言行的影响力。

2. 强制权

强制权是和惩罚权相联系的迫使他人服从的力量。在某些情况下，领导者是依赖于强制的权力与权威施加影响的，对于一些心怀不满的下属来说，他们不会心悦诚服地服从领导者的指示，这时领导者就要运用惩罚权迫使其服从。领导者的职位越高、权力越大，下属对他的敬畏感越强，领导者的影响力也就越大。这种权力的基础是下属的惧怕，且对那些认识到不服从命令就会受到惩罚或承担其他不良后果的下属的影响力是最大的。

一个人的资历与经历是历史性的东西，反映了一个人过去的情况。一般而言，人们对资历较深的领导者，心目中比较尊敬，因此其言行也容易在人们的心灵中占据一定的位置。当领导者担任管理职务时，由传统心理、职位、资历构成的权力性影响力会随之产生；当领导者失去管理职位时，这种影响力将大大削弱、甚至消失。这种权力之所以被人们所接受，是因为人们了解这种权力是实现组织共同目标所必需的。

3. 奖励权

奖励权采取奖励的方法来引导下属做出所希望的行动。在下属完成一定的任务时给予相应的奖励，以鼓励下属的积极性。这种奖励包括物质奖励（如奖金等），也包括精神奖励（如晋职等）。依照交换原则，领导可以通过提供心理或经济上的奖励来换取下属的遵从。

（二）非权力性影响力

非权力性影响力是由领导干部的自身素质形成的一种自然性影响力，它既没有正式的规定和上下授予形式，也没有合法形式的命令与服从的约束力，但其影响力却比权力性影响力广泛、持久得多。这种权力不随职位的消失而消失，所产生的影响是组织成员发自内心的、长时间的敬重与服从。非权力性影响力包括专长的影响力、品质的影响力。

1. 专长的影响力

专长的影响力是指领导者具有各种专门的知识和特殊的技能或渊博的学识而获得同事及下属的尊重和佩服，从而在各项工作中显示出的在学术上或专长上的一言九鼎的影响力。这种影响力的影响基础通常是狭窄的，仅仅被限定在专长范围之内。

2. 品质的影响力

品质的影响力是指领导者由于其优良的领导作风、思想水平和品德修养，而在组织成员中树立的德高望重的影响力。这种影响力是建立在下属对领导者承认的基础之上的，它通常与具有超凡魅力或名声卓著的领导者相联系。

（三）非权力性影响力的主要构成要素

品格是构成领导者非权力性影响力的前提要素，主要包括领导者的道德、品行、人格等。品格是一个人的本质表现,好的品格能使人产生敬爱感,并能吸引人,使人模仿。有道是:"其身正,不令而行;其身不正,虽令不行。"

才能主要反映在工作成果大小上。一位有才干的领导者,会给事业带来成功,从而使人们对他产生敬佩感,吸引人们自觉地接受其影响。当一位领导者具备比较完整的综合素质,并在实践中表现出较强的综合能力时,其带给下属的是一种希望,会使下属产生敬佩感。

知识要素是领导者打造非权力性影响力的核心要素。一个人的才干是与知识紧密联系在一起的。知识水平的高低主要表现为对自身和客观世界认识的程度。知识丰富的领导者,容易取得人们的信任,并使人们产生信任感和依赖感。

感情要素是形成领导者非权力性影响力的重要因素。感情是人的一种心理现象,它是人们对客观事物好恶倾向的内在反映。人与人之间建立了良好的感情关系,便能产生亲切感,相互的吸引力越大,彼此的影响力也越大。一位成功的领导者,不仅要立之以德、展之以才,还要动之以情、以情感人。正所谓:"感人心者,莫过于情","士为知己者死"。作为一位领导者,必须注意克服高高在上的心态,同下属建立融洽的关系,主动与下属沟通,并倾听来自他们的反映和呼声,真心实意地为他们服务。这样,下属才会真心实意地拥护与支持领导者,有助于领导者顺利地实现其工作目标。

由品格、才干、知识、感情要素构成的非权力性影响力,是由领导者的自身素质与行为造就的。非权力性影响力能使被领导者产生发自内心的尊敬、信赖与敬佩,并主动地跟随领导者去实现目标。在领导者从事管理工作时,这些要素能增强领导者的影响力;在其不担任管理职务时,这些要素仍会对人们产生较大的影响。由于这种影响力来源于下属服从的意愿,有时会比权力性影响力显得更有力量。因此,领导者只有在正确运用权力性影响力的同时,进一步重视增强和发挥非权力性影响力的作用,才能实现有效的领导。

三、领导者的作用

在带领和指导群众为实现共同目标而努力的过程中,领导者要发挥指导、协调和激励的作用。

1. 指导作用

在人们的集体生活中,需要头脑清晰、胸怀全局、高瞻远瞩的领导者来帮助人们认清所处的环境,领导人们利用各种技术、方法和手段去实现目标。因此,领导者有责任指导组织开展各项活动,包括明确大方向,指导下属制订具体的目标、计划及明确职责、规章、政策;开展调查研究,了解组织和环境正在发生或可能发生的变化,并引导组织成员认识和适应这种变化。

2. 协调作用

在人们的集体生活中,由于每一位成员的能力、态度、性格、地位等不同和各种外部因素的干扰,人们即使有了明确的目标,但在思想上发生分歧、行动上出现偏离目标的情况也是不可避免的。因此,需要领导者来协调人们之间的关系,把所有成员团结起来,朝着共同的目标前进。

3. 激励作用

对大多数人来说,劳动仍然是谋生的手段,人们的各种需要能否得到满足还受到各种条件的限制。当一个人在生活、工作、学习中遇到困难、挫折或不幸,或某种物质的、精神的需要得不到满足时,就必然会影响到其工作热情,这就需要通情达理、关心群众的领导者为他们排忧解难,以高超的领导艺术诱发下属的事业心、忠诚感和献身精神,充实和加强他们积极进取的动力。因此,许多人都需要有人领导他们,以激发他们的工作动机,在实现组织目标的同时,尽可能地满足他们合理的需求,使他们把自己与组织紧紧地联系在一起,从而保持始终高昂的士气。

在现代社会发展过程中,在组织赖以生存的竞争形势下,人们只有拥有旺盛的士气,组织才会取得较高的效率和较好的社会信誉。因此,领导工作的核心作用也就表现在调动全体人员的积极性,使其以高昂的士气和最大的努力自觉地为组织做出贡献。

由此可见,领导的作用是带头、引导、指挥、服务,是帮助下属尽其所能以达到目标。领导不是在群众的后面推动或鞭策,而是在群众的前面促进、鼓励,从而达成组织的目标。

任务 2 了解领导分类

组织需要统揽全局的战略性领导。然而,没有一位领导者是全能、全天候、适合所有形势的。何种领导能够带领组织度过各式各样的变化时期?他们是有领袖气质的领导和具有创新精神的领导。要更好地理解他们,应将其与传统的领导进行比较。

一、传统型领导

传统型领导界定下属职务并说明对下属的任务要求,制订任务结构,还提供相应的报酬,并试图了解和满足下属的社会需求。通过有效的领导,可以提高下属满意度,可以达到提高生产力的目的。传统型领导工作的核心是围绕管理的基本职能,但是,它过分强调领导权威而忽视了与员工的互动交流,即是一种"制度+控制"的等级权力控制型领导模式。该模式导致的结果是领导机械布置任务,员工机械完成任务,组织失去创造力,进而导致组织消亡。

传统型领导的本质特征及优缺点决定了这一领导类型所匹配的环境,那就是简单、稳定和官僚作风浓厚的环境,这种环境一般存在于军事组织和一些具集权文化的政治官僚机构中。

1. 军事组织

最能体现传统型领导模式的是军事组织的领导方式。军事组织的领导者无一例外地都非常注重树立绝对权威,而且很明显,这种权威是以强制性权力作为后盾的。

军事组织的结构都是单一、稳定的,上级与下级之间的权力结构分布是纵向的直线式递减关系,少有错综复杂的横向权力分布和权力渗透现象。这种权力结构分布导致了领导者与下属的关系是自上而下的单向型关系。

2. 专制的政治官僚机构

除了军事类型的组织,一些专制的政治官僚机构和组织也倾向于采用传统型领导模式,或是以该模式为主要领导方式。

专制的政治官僚机构的领导者和组织成员比较固定,组织纪律和规章制度也很稳定,工作程序较为形式化、标准化,这样的领导环境就比较适合传统型领导模式的发展。

二、领袖型领导

领袖型领导超越了传统型领导的管理技巧。领袖型领导能激励人们超水平发挥,下属在其激励下会为了组织利益而放弃个人利益。领袖型领导的影响力通常来自以下三个方面:①向下属描述可想象的崇高目标;②形成某种组织价值体系;③信任下属从而赢得下属的尊重。领袖型领导通常比传统型领导较少地做出各种预言,他们总是创造一种变革的氛围,致力于思考能使人们工作更加勤奋的方法。这种领导对下属有某种情绪影响力,他们代表着某种事物,对未来有洞察力,并能向下属传达这种洞察力,从而激励下属去实现它。

美国西点军校在培育领导力的过程中,就特别强调领导者的"品格"教育。西点教官认为,人的个性特征受到天生的影响,但人的品格可以通过后天培养和训练得到提升。对于西点军校来讲,一个有品格的领袖要追求真理、评判是非,在行动中还要表现出勇气和承诺。品格不仅涉及伦理道德的最高准则,同时包括坚定、决断、自我约束和判断力。西点军校提倡培育以下几种品格。

勇气:勇气是军人的天职,是领军人物所应具备的最优秀品质之一。西点军校在讲授领导力课程的时候,通常要播放美国影片《拯救大兵瑞恩》中美军诺曼底登陆时遭到德军激烈反抗的一段镜头——炮火齐鸣,子弹横飞,尸首遍地,血肉模糊。之后的讨论往往涉及以下问题:如果学生面临这种局面,有没有勇气去参战、去冲锋?为了提高学生的勇气,西点军校经常派人到伊拉克或阿富汗战场进行实战体验,并通过卫星把他们的体会传送回课堂。

决策能力:在情况复杂、充满不确定性的状态下,保持清醒的头脑,做出迅速的决策和判断,是领军人物的重要品格。西点军校在领导力教学中,经常让学生做战略决策的游戏,并在体能和军事训练中,把在困难的情景下提高团队决策能力作为训练的主要目标。西点军校提高决策能力的重要方法之一是通过播放美国历史题材故事片,制造情境,让学生在复杂情境中做出决策选择。

坚忍不拔的意志:遇到困难挫折永不放弃是西点人的一个重要品格。西点军校对学生的学术、体能和军事等方面的要求很高,学生必须具有坚韧不拔的意志和坚定不移的信念。如果在多次尝试之后仍然达不到学校标准,学生将被要求退学。

理解士兵,换位思维:西点军校的教学中特别强调对士兵心理的理解的领导品格。领导力教学的重点之一是要提高领导的情商,而在情商五要素中,情感换位能力又是领导力核心中的重点。情感换位的能力使得领导者能够对士兵的心理情感有准确的把握,从而避免对士兵武断专横地发号施令。领导者真正起作用的程度,大部分取决于他是否对团队的每一个成员都真正理解、关心。

而领导品格是领袖区别于领导的关键所在。

三、变革型领导

变革型领导与领袖型领导有共同点,其不同之处在于他们总能带来一些变化,他们会使员工和组织产生某些重要变化。他们具有在组织任务、战略、结构和文化等方面的领导能力,此外,他们还能促成产品和技术方面的革新。变革型领导不完全依赖组织纪律和传统的激励方法来控制员工。他们主要关注无形的质量如洞察力、共同价值以及建立良好关系的想法,赋予各种行为以更多的重视,并在变化过程中力求找出共同点以获得下属的支持。

变革型领导行为通过引导下属超越自我利益,向下属灌输共同的组织价值观,可以帮助下属达到最大的绩效水平。

此外,变革型领导行为对培养员工的组织承诺感、组织公民行为有较为直接的影响。从因果关系的角度去看,这些指标可预测员工的工作绩效。经研究发现,学校领导的变革型领导行为对学生的成绩得分并无直接的作用,但它通过影响教师的组织承诺感,间接作用于学生的成绩。由此可以推断,变革型领导行为与绩效之间可能存在某种缓冲变量或中介变量。纳桑·帕德萨科夫的研究结果显示,下属对领导的信任度作为中介变量,可以较好地解释领导魅力对员工组织公民行为的影响。而变革型领导行为对下属的角色和任务分配知觉有直接的影响,这些知觉随后影响到下属对领导者的效能知觉,变革型领导者的效能知觉依赖于在整个组织目标的完成过程中领导者的沟通能力以及员工的角色知觉、任务明晰度和沟通开放性。

任务 3 运用领导技术和艺术

领导艺术是管理者在管理实践中进行领导工作的诀窍和技巧,表现为富有创造性的各种领导方法。管理者只有具备灵活运用各种领导理论和原则的能力与技巧,才能率领和引导人们克服前进道路上的障碍,顺利实现预定的目标。

一、领导者素质

领导者素质是在一定的环境下培养出来的,是指领导者在一定先天禀赋的生理素质的基础上,通过后天的锻炼和学习所形成的、在领导活动中经常发挥作用的本质要素。当然,不断发展变化的环境对领导素质又提出了更新、更高的要求。

1. 领导者素质的时代性

时代在发展,事业在前进,领导者素质在更新。比如,在红色政权的年代,要求领导者具有能发动群众、会搞阶级斗争和英勇战斗、不怕牺牲等方面的素质;而在社会主义现代化建设的今天,则要求现代领导者具有懂科学、会管理、善经营,时刻掌握政治方向,站稳政治立场等方面的素质。由此可见,领导者素质的时代特色是十分鲜明的。领导者只有具备了符合时代特点的素质,才能真正地实现科学领导。不同的时代对领导者的素质有不同的要求,而领导者的素质既有稳定性的一面,一经形成,便相对稳定地发挥作用;又有变动性的一面,或是积极地上行变化,或是消极地下行变化。

2. 领导者素质的综合性

现代领导者的素质,都不是单一要素构成的,而是由多种素质组合而成的素质系统,具有很强的综合性特点。领导者不是能具体解决某方面问题的"硬专家",而是能综合处理多方面问题的"软专家",必须具有解决工作问题和协调人际关系的综合素质。美国管理学家华伦·班尼斯有一个形象的比喻,即领导者必须靠三条腿来支撑:一是坚定的雄心壮志;二是领导工作的才能;三是优秀的领导品质。这是领导者素质的最基本的构成要素。

3. 领导者素质的层次性

领导阶层有低层、中层和高层之分,领导领域有经济、政治和文化之分,领导部门有党委、行政、事业、企业之分。对于不同层次、不同领域、不同部门领导者的素质,有不同的要求,因而,领导素质有十分鲜明的层次性。亨利·法约尔曾经提出过一个重要论点:管理人员的能力和素质具有相对重要性,即随着领导者等级地位的提高,管理能力的相对重要性增加,技术能力的重要性减少。罗伯特·卡茨认为,领导者必须具备三种技能,即技术技能(专业业务能力)、人际技能(处理人际关系的能力)、概念技能(抽象和决策能力)。如果把领导者分为低、中、高三个层次,那么三种技能的结构比例如下:低阶层是 47∶35∶18;中阶层是 27∶42∶31;高阶层是 18∶35∶47。现代领导者正处在历史性变革时期,改革深化、开放扩大、经济建设步伐加快都对各阶层的领导者素质都提出了更高的要求。同时,随着社会实践和领导活动的发展变化,领导者素质应不断提高、不断充实、不断完善,使之更适合不同阶层领导工作性质的要求,更适合社会发展和人类进步的需要。

二、领导特质理论

领导特质理论系统地分析了领导者应具备的条件,向领导者提出了要求和希望,同时还对培养、选择和考核领导者有一定的帮助。

传统领导特质理论认为领导者与被领导者之间存在着个性品质的明显差异,并且认为领导者的特性是天生的;现代领导特质理论认为领导者的特性是在实践中逐步形成的,是可以通过实践或教育训练加以培养和改造的。事实上,领导者能否发挥其领导效能,一方面会因被领导者的不同而不同;另一方面,由于领导者的性格特征内容过于繁杂,且会随不同情况而发生变化,难以寻求、获得成功的真正要素以发挥其领导效能。

对于那些被公认为领导者的个体,如马丁·路德·金、圣女贞德、泰德·特纳、纳尔逊·曼德拉、玛格丽特·撒切尔、圣雄甘地等人,人们能够从他们身上分离出一个或几个非领导者所具备的特质吗?人们承认这些人符合领导者的定义,但他们各自表现出全然不同的特点。如果领导特质理论站得住脚,人们就需要找到所有领导者都具备的具体特点。众多分离特质的研究以失败告终,人们没有找到一些特质因素总能对领导者与下属,以及有效领导者与无效领导者进行区分。大多数人相信,对于所有的成功领导者来说,他们都具备一系列一致而独特的个性特点,不论他们在什么样的企业中工作。

不过,考查与领导者高度相关的特质的研究却获得了成功。研究者发现,领导者有六项特质不同于非领导者,即进取心、领导愿望、正直与诚实、自信、智慧和工作相关知识。然而,单纯的特质对解释领导者特质来说并不充分,完全以特质为基础的解释忽视了情境因素。领导者具备恰当的特质只能使个体更有可能成为成功的领导人,但他还需要采取正确的活动,而且,在一种情境下正确的活动在另一种情境下却未必正确。因此,虽然研究者在过去的 10 年中对领导特质理论表现出复苏的兴趣,但从20世纪40年代开始,领导特质理论就已不再排主导地位了。20世纪40年代末至60年代中期,有关领导者特质的研究着重于对领导者偏好的行为风格的考查。目前,关于领导者特质的研究仍在继续进行,并且取得了很大的成绩,但由于领导类型的多样性和领导情境的复杂性,要列出一个一般的、普遍适用和有效的领导者素质清单是非常困难的。

三、领导行为理论和权变理论

(一)领导行为理论

领导才能与追随领导者的意愿都是以领导方式为基础的,因此,管理学家从20世纪40年代开始从研究领导者的内在素质转移到外在行为上,侧重研究领导者应该做什么和怎样做才能使工作更有效。领导行为理论是研究领导有效性的理论,是管理学理论研究的热点之一。影响领导有效性的因素以及如何提高领导的有效性是领导理论研究的核心。

1. 勒温理论

美国著名心理学家库尔特·勒温发现,团体的任务领导并不是以同样的方式表现他们的领导角色,领导者们通常使用不同的领导风格,这些不同的领导风格对团体成员的工作绩效有着不同的影响。他以权力定位为基本变量,通过各种试验,把领导者在领导过程中表现出来的工作方式分为三种基本类型:专制型领导方式、民主型领导方式、放任型领导方式。

1) 专制型领导方式

专制型领导方式是指以力服人,靠权力和强制命令让人服从的领导方式,它把权力定位于领导者。专制型领导方式的主要特点是:领导者独断专行,从不考虑别人的意见,只注重工作的目标,仅仅关心工作的任务和工作的效率;领导者亲自设计工作计划,指定工作内容和进行人事安排,从不把任何消息告诉下属,下属没有参与决策的机会,而只能察言观色、奉命行事。这种家长式的领导方式导致了上级与下级之间存在较大的社会心理距离和隔阂,领导者对被领导者缺乏敏感性,被领导者对领导者存有戒心和敌意,下级只是被动、盲目、消极地遵守制度、执行指令。这种领导方式下的团队缺乏创新与合作精神,容易使成员之间产生攻击性行为;领导者很少参加群体活动,与下属保持一定的心理距离,没有感情交流,容易使群体成员产生挫折感和机械化的行为倾向。

2) 民主型领导方式

民主型领导方式是指以理服人、以身作则的领导方式,它把权力定位于群体。民主型领导方式注重对团体成员的工作加以鼓励和协助,关心并满足团体成员的需要,营造一种民主与平等的氛围,领导者与被领导者之间的社会心理距离比较近。民主型领导方式的主要特点是:所有的政策是在领导者的鼓励和协助下由群体讨论决定的;领导者分配工作时尽量照顾到下属的能力、兴趣,对下属的工作也不安排得那么具体,下属有较大的工作自由、较多的选择性和灵活性;团队的工作目标和工作方针尽量公之于众,征求大家的意见并尽量获得大家的赞同;具体的工作安排和人员调配等问题,均要经共同协商决定;领导者主要依靠非正式权力和威信,而不是依靠职位权力和命令使人服从,谈话时多使用商量、建议和请求的口气;领导者积极参与团体活动,与下属无任何心理上的距离。

3）放任型领导方式

放任型领导方式是指工作事先无布置、事后无检查，权力定位于组织中的每一个成员，一切悉听尊便，是一种毫无规章制度的领导方式，实行的是无政府管理模式。放任型领导方式的主要特点：在放任型领导者的团体中，各成员之间攻击性言论显著；成员对领导服从，但表现自我或引人注目的行为较多；领导者缺乏关于团体工作目标和工作方针的指示，对具体工作安排和人员调配也不做明确指导；领导者满足于任务布置和物质条件的提供，对团体成员的具体执行情况既不主动协助，也不进行主动监督和控制，听任团队成员各行其是、自主决定，对工作成果不做任何评价和奖惩，以免产生诱导效应；团队成员多以"我"为中心；当受到挫折时，团队成员常彼此推卸责任或进行人身攻击；当领导不在场时，工作动机大为下降，也无人出来组织工作。

库尔特·勒温根据试验结果认为，放任型领导方式工作效率最低，只能达到社交目标而完不成工作目标；专制型领导方式虽然通过严格的管理达到了工作目标，但团队成员没有责任感，情绪消极，士气低落，争吵较多；民主型领导方式工作效率最高，不但完成工作目标，而且群体成员之间关系融洽，工作积极主动，富有创造性。

2. 四分图理论

美国俄亥俄州立大学的弗莱西曼及其同事也在进行有关领导方式的比较研究。他们发现领导行为可以利用两个构面加以描述：①关怀维度；②定规维度。一般称为"俄亥俄学派理论"或"二维构面理论"。关怀维度代表领导者对员工以及领导者与追随者之间的关系，对相互信任、尊重和友谊的关注，即领导者信任和尊重下属的观念程度，从高度关怀到低度关怀中间可以有无数不同程度的关怀。定规维度代表领导者构建任务、明察群体之间的关系和明晰沟通渠道的倾向程度，也可有高度的定规和低度的定规。通过对两种维度的问卷调查可以测定领导者在每种维度内的位置，研究者将领导方式划分为四种基本的类型：高关怀-高定规、高关怀-低定规、低关怀-高定规、低关怀-低定规（见图5-1）。

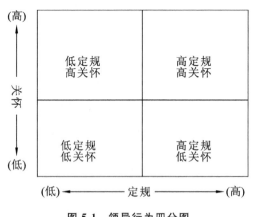

图 5-1 领导行为四分图

图中纵坐标是以人为重，是指注重建立领导者与被领导者之间的尊重和信任的关系，包括：领导者尊重下属的意见，给下属较多的工作主动权，体贴下属的思想感情，注意满足下属的需要，要保持平易近人、平等待人、关心群众、作风民主的品质。

图中横坐标是以工作为重，是指领导者注重规定其与工作群体的关系，建立明确的组织模式、意见交流渠道和工作程序，包括：设计组织机构，明确职责、权力、相互关系和沟通办法，确定工作目标和工作要求，制订工作程序、工作方法和工作制度。

研究者企图发现这些领导方式与一些绩效指标（例如旷职、意外事故、申诉、流动率等）之间的关系。他们发现，在生产部门内部，工作技巧评定结果与定规程度呈正相关，与关怀程度呈负相关。以人为重和以工作为重并不仅仅是一个连续带的两个端点，这两方面常常是同时存在的，只是可能强调的侧重点不同，由这两方面形成的四种类型领导行为就是所谓的领导行为四分图。

3. 管理方格理论

罗伯特·布莱克和简·莫顿二人发展了领导风格的二维观点,在"关心人"和"关心生产"的基础上提出了管理方格论(见图5-2),充分地概括了俄亥俄州学派的关怀维度与定规维度以及密歇根大学的员工取向维度和生产取向维度。在评价领导者的领导行为时,应按员工的这两方面的行为寻找交叉点,这个交叉点就是其领导行为类型。纵轴的积分越高,表示领导者越重视人的因素;横轴上的积分越高,就表示领导者越重视生产。

管理方格理论把对生产和对人员的关心结合在一个坐标图中,水平轴代表的是领导者对生产的关心程度,垂直轴代表的是领导者对人的关心程度。每一个轴被划分为9格,其中1格代表的是最轻的关注度,而9格代表的是最高的关注程度。尽管在管理方格中存在81种类型,但罗伯特·布莱克和简·莫顿主要阐述了5种最具代表性的类型,即任务型管理(9.1)、乡村俱乐部型管理(1.9)、贫乏型管理(1.1)、中庸之道管理(5.5)、团队型管理(9.9)。

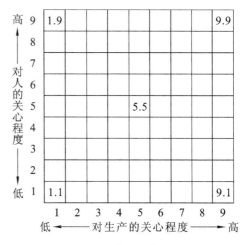

图5-2 管理方格理论

(1) 任务型管理(9.1):极其强调生产的完成情况,不重视人员的因素。这一模式的领导者通常被认为是极具控制力的、苛求的、严厉驱使的,同时也是难以反抗的。

(2) 乡村俱乐部型管理(1.9):并不关心生产的完成情况,相反,它强调的是与下属的人际关系。这一模式的领导者不重视生产情况,而着重考虑下属的态度和感受。

(3) 贫乏型管理(1.1):既不关心生产又不关心人员的领导模式,其行为尽量保持不介入和退缩。这一模式的领导者通常很少与下属联系,对事务漠不关心。

(4) 中庸之道型管理(5.5):折中主义者。这一模式的领导考虑人员的因素和注重工作,要求二者之间寻找一个平衡点或者是将二者混合。

(5) 团队型管理(9.9):既强调生产导向,又重视人际关系。它促成了组织内部高度的团队合作与参与,满足了员工的基本要求,使他们能够更好地投入到工作当中去,而且更富有责任心。这一模式的领导者善于激励员工,行事果断,事务公开,明确事务的优先顺序,虚心和热爱工作。

(二)领导权变理论

领导权变理论是在领导特质理论与领导行为理论的基础上发展起来的,主要研究与领导行为有关的情境因素对领导效力的潜在影响。该理论认为并不存在具有普遍适用性的领导特性和领导行为,有效的领导者应根据所处情景的不同而变化自己的领导方式。

依据领导权变理论的观点,领导行为的有效性不单纯是领导的个人行为。某种领导方式在实际工作中是否有效主要取决于具体的情境,可以用公式来表示这一观点:$s=f(L,F,E)$,其中,s 代表领导方式,L 代表领导者的特征,F 代表追随者的特征,E 代表环境,即领导方式是领导者特征、追随者特征和环境的函数。领导者的特征主要是指领导者的个人品质、价值观和工作经历;追随者的特征是指追随者的个人品质、工作能力、价值观等;环境主要是指工作特征、组织特征、社会状况、文化影响、心理因素等。

领导工作是一个过程,领导者在这个过程中施加影响的能力取决于群体的工作环境、领导者的风格和个性,以及领导方法对群体的适合程度。

1. 菲德勒权变理论

第一个全面的领导模型是由弗雷德·菲德勒提出的。菲德勒权变理论指出,有效的群体绩效取决于与下属相互作用的领导者的风格和情境对领导者的控制和影响程度之间的合理匹配。弗雷德·菲德勒开发了最难共事者(LPC)问卷,用以测量个体是任务取向型还是关系取向型。他认为任何领导形态均可能有效,其有效性完全取决于是否与所处的环境相适应。他认为不存在一种普遍适用的或最好的领导方式。理想的领导方式取决于组织的环境、任务、领导本人、下属的行为及领导对下属的关心等因素(见表5-1)。

表 5-1 菲德勒模型

环境类型 因素	有利			中间				不利
	Ⅰ	Ⅱ	Ⅲ	Ⅳ	Ⅴ	Ⅵ	Ⅶ	Ⅷ
上下级关系	好	好	好	好	差	差	差	差
任务结构	明确	明确	不明确	不明确	明确	明确	不明确	不明确
职位权力	强	弱	强	弱	强	弱	强	弱
领导方式	低 LPC			高 LPC				低 LPC

1) 确定领导者风格

弗雷德·菲德勒认为,影响领导成功的关键因素之一是领导者的基本领导风格,为此设计了最难共事者问卷,主要询问领导者对最不愿意与自己合作的同事的评价。如果领导者对最不喜欢同事的评价大多使用敌意的词语,则领导者趋向于工作任务型的领导方式(低 LPC 型领导方式);如果领导者能对最不喜欢的同事给予好的评价,则被认为注重人际关系和个人声望,趋向于人际关系型的领导方式(高 LPC 型领导方式)。

2) 确定情境

在最难共事者问卷的基础上,弗雷德·菲德勒列出三个评价领导有效性的关键因素:上下级关系、任务结构和职位权力。上下级关系是指下属对一位领导者的信任、爱戴和拥护程度,以及领导者对下属的关心、爱护程度。这一点对履行领导职能是很重要的,因为职位权力和任务结构可以由组织控制,而上下级关系是组织无法控制的。任务结构是指工作任务明确程度和有关人员对工作任务的职责明确程度。当工作任务本身十分明确且组织成员对工作任务的职责明确时,领导者易于控制工作过程,整个组织完成工作任务的方向就更加明确。职位权力指的是与领导者职位相关联的正式职权与从上级和整个组织各个方面所得到的支持程度,这一职位权力由领导者对下属所拥有的实有权力所决定。领导者拥有这种明确的职位权力时,组织成员将会更顺从领导者的领导,有利于提高工作效率。根据这三种因素的相关情况,领导者所处的环境从最有利到最不利,共分为八种类型,其中,三者齐备的是领导最有利的环境,三者都缺乏的是最不利的环境。

3) 领导者与情境的匹配

菲德勒权变理论指出,领导者与情境相互匹配时,会达到最佳的领导效果。弗雷德·菲德勒研究了 1 200 个工作群体,对八种情境类型的每一种,均对比了关系取向和任务取向两种领导风格,得出结论:任务取向的领导者在非常有利的情境和非常不利的情境下工作更有利,即当面对Ⅰ、Ⅱ、Ⅲ、Ⅶ、Ⅷ类型的情境时,任务取向的领导者干得更好;而关系取向的领导者则在中等有利的情境(即Ⅳ、Ⅴ、Ⅵ类型的情境)中干得更好。

菲特勒权变理论的意义在于以下几个方面:①菲特勒权变理论将领导行为和情境的影响、将领导者和被领导者之间关系的影响联系起来,表明不存在绝对最佳的领导风格,领导者应视具体情况进行选择。②它启发领导者根据条件选配领导人,如在情况最有利或最不利时,应任命以工作为中心的管理者,采取指令型领导方式为好;而处于中间状态工作环境时,则任命以员工为中心的管理者,采用宽松型领导方式为好。③该理论还强调为了保证领导有效,需要采取什么样的领导行为,而不是从领导人的素质出发,强调应当具有什么样的领导行为。这无疑为研究领导行为提供了新方向。

2. 途径-目标理论

途径-目标理论是由罗伯特·豪斯把激发动机的期望理论和领导行为理论结合在一起发展的一种领导权变理论。该理论认为,领导者的工作是帮助下属达到他们的目标,提供必要的指导和支持以确保他们各自的目标与群体或组织的总体目标相一致。途径-目标的概念来自这样的观念:有效领导者能够明确指明实现工作目标的方式来帮助下属,并为其清除各种障碍和危险,从而使下属的相关工作容易进行。与弗雷德·菲德勒的权变观点不同,罗伯特·豪斯认为领导者是富有弹性的、灵活的,领导者应该根据不同的环境因素来调整自己的领导方式。

途径-目标理论提出了两大类环境因素:一是下属的特点,包括控制点、经验和感知能力等;二是工作环境的特点,包括任务结构、正式权力系统以及工作群体等。

作为领导权变理论中的一个模型,它有三种权变因素:领导风格和行为、情境权数、满足下属需求的奖励。途径-目标理论与菲特勒权变理论的不同在于:它要求领导者改变自己的行为来适应环境的变化,而菲特勒权变理论的前提是领导者应随环境的变化改变自己的领导方式。

领导者可以而且应该根据不同的环境因素来调整自己的领导方式和作风。领导方式是由环境因素决定的,环境因素包括两个方面:一是下属的特点,包括下属受教育的程度,下属对于参与管理、承担责任的态度,对本身独立自主性的要求程度等,领导者对于改变下属的特点是无能为力的,但可通过改变工作环境来充分发挥下属的特长;二是工作环境特点,主要指工作本身的性质、组织性质等(见图5-3)。

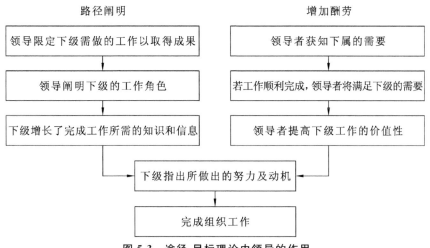

图5-3 途径-目标理论中领导的作用

罗伯特·豪斯确定了四种领导方式,分别是:指导型、支持型、参与型、目标导向型。

(1) 指导型。领导者给下属制订明确的任务目标和职责,并对如何完成任务给予指导。当工作任务模糊不清、变化大或下属对工作不熟悉、没有把握、感到无所适从时,这种领导方式是合适的。

(2) 支持型。领导者对下属友好,关心下属的需求。这种领导方式特别适用于工作高度程序化,让人感到枯燥乏味的情境。既然工作本身缺乏吸引力,下属就希望领导者能成为满意的源泉。

(3) 参与型。领导者与下属共同磋商,在决策前充分考虑下属的建议。当任务相当复杂需要组织成员间高度的相互合作时,或当下属拥有完成任务的足够能力并希望得到尊重和控制时,采用这种领导方式是比较合适的。

(4) 目标导向型。领导者设置有挑战性的目标,并期望下属实现自己的最佳水平。这种领导方式强调高质量的业绩和不断地改进现有业绩,对下属很信任,并能帮助下属学习如何实现高质量的目标。

环境因素决定了领导行为的类型,而下属的个人特点决定了个体对环境和领导者的行为的解释。这一理论指出,当环境结构与领导者行为相比重复、多余或领导者行为与下属特点不一致时,领导效果均不佳(见图5-4)。

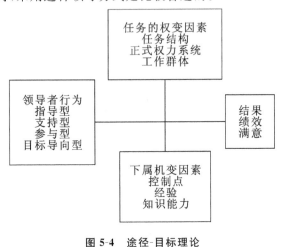

图 5-4 途径-目标理论

途径-目标理论分析方法虽然复杂,但其所得出的结论大部分是鼓舞人心的。使用这一理论来精确分析领导者风格并预测员工行为是很难的,但是将领导者行为与不同的环境相结合以激励员工,却为领导者提供了一个激励员工的新思维方式。

3. 不成熟-成熟理论

不成熟-成熟理论是由美国学者克里斯·阿吉里斯提出的,其目的在于探索领导方式对个人行为和下属在环境中成长的影响。克里斯·阿吉里斯认为,一个人由不成熟转变为成熟,主要表现在以下七个方面:①由被动转为主动;②由依赖转为独立;③由能做少数行为转为能做多种行为;④由错误而浅薄的兴趣转为较深且较强的兴趣;⑤由只知眼前到能总结过去、展望未来;⑥由附属地位转为同等或优越的地位;⑦由不明白自我到能明白自我、控制自我。

克里斯·阿吉里斯认为,每个人随着年龄的增长,会逐步从不成熟走向成熟,但成熟的进程不尽相同。领导方式是否得当对人的成熟进程很有影响。如果把下属当小孩对待,总是指定下属从事具体的、过分简单的或重复性的劳动,使其无法发挥也不必发挥创造性、主动性,这会束缚下属对环境的控制能力,从而阻碍下属的成熟进程。反之,如能针对不同成熟程度的下属采取不同的领导方式,适当地指点不成熟的人,促进其成熟;为较成熟的人创造条件,增加其责任,给予其更多机会,便会激励其更快地成熟。

4. 领导生命周期理论

领导生命周期理论是建立在管理方格图理论和不成熟-成熟理论基础之上的。美国管理学家保罗·赫塞和肯尼斯·布兰查德认为,考虑领导情景因素时还应该补充另外一种因素:下属成熟度,即领导行为在确定是任务绩效还是维持行为更重要之前应当充分依据下属的成熟度水平来选择正确的领导方式。正因为如此,领导生命周期理论才得以发展。

成熟度是指个体能够并且愿意完成某项具体任务的程度,包括工作成熟度和心理成熟度。工作成熟度指完成任务时具有的相关技能和技术知识水平。心理成熟度是做事的意愿和动机。下属成熟度从不成熟到成熟分为如下四个阶段。

第一阶段(M_1),既无能力又不情愿。他们既不胜任工作,又不能被信任。

第二阶段(M_2),缺乏能力,但却愿意从事必要的工作任务。他们有积极性,但目前尚缺乏足够的技能。

第三阶段(M_3),有能力却不愿意干领导者希望他们干的工作。

第四阶段(M_4),既有能力又愿意干领导者让他们干的工作。

生命周期理论提出任务行为和关系行为这两种领导维度,将领导方式划分为如下四种具体类型。

命令式(高任务-低关系):领导者对下属进行分工并具体指点下属应当干什么、如何干、何时干等,它强调直接指挥。

说服式(高任务-高关系):领导者既给下属以一定的指导,又注意保护和鼓励下属的积极性。

参与式(低任务-高关系):领导者与下属共同参与决策,领导者着重给下属以支持,促其搞好内部的协调沟通。

授权式(低任务-低关系):领导者几乎不加指点,由下属自己独立地开展工作,完成任务。

领导生命周期理论将领导方式和下属的行为关系通过成熟度联系起来,当下属的成熟度水平不断提高,领导者不但可以不断减少对其活动的控制,而且还可以不断减少与其的关系行为,从而形成一种周期性的领导方式。在 M_1 阶段中,下属需要得到明确而具体的指导。在 M_2 阶段中,领导者需要采取高任务和高关系行为。高任务行为能够弥补下属能力的欠缺,高关系行为则试图使下属在心理上领会领导者的意图。在 M_3 阶段中出现的激励问题,领导者运用支持性、非指导性的参与风格可获最佳解决方案。最后,在 M_4 阶段中,领导者不需要做太多事情,因为下属既愿意又有能力承担责任(见图 5-5)。

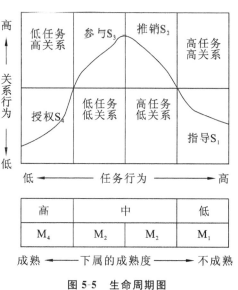

图 5-5 生命周期图

任务 4 注重人际沟通

一、人际沟通障碍

在信息传递和交流过程中,很多沟通障碍会阻碍或歪曲有效的沟通,进而影响沟通的最终效果。因此,我们要认识到信息失真的广泛可能性,要具体分析沟通过程中的所有障碍。

1. 沟通方式选择不当

沟通方式多种多样,并且不同的方式有不同的优缺点。如果不能根据沟通内容、沟通双方的特点选择合适的沟通方式,将会导致沟通效果下降。

2. 噪音干扰

作为沟通障碍的噪音通常有两类:物理噪音和心理噪音。物理噪音是指沟通环境中存在的声音噪音,这类噪音是很容易排除的。心理噪音是指影响沟通效果的心理问题或个人观念,如沟通恐惧、偏见等,这类噪音则相对难以排除。

3. 过滤

过滤指故意操纵信息,使信息显得更易得到和被接受。如果信息发送者有意操纵信息,使信息显得对接受者更为有利,则可能产生不良的沟通效果,例如员工和下级管理者通常会有"报喜不报忧"的心理。在组织中,纵向层次越多,过滤的可能性越大。组织一般通过奖励系统来抑制这种过滤行为。

4. 选择性知觉

选择性知觉是指人们根据自己的兴趣、经验和态度有选择性地去解释信息。沟通过程中,信息接受者会根据自己的需要、动机、经验、背景及其他个人特质而有选择性地去看或听那些传递给他的信息,还会把自己的兴趣和期望带到信息之中。

5. 个性和情绪影响

如果信息接受者的个性非常鲜明,要么攻击性强,要么凡事防备,那么在沟通时,还没等信息发送者把话说完,他们就可能已经得出结论或者做出反应,从而影响沟通的效果。此外,不稳定的情绪常常使信息接受者无法进行客观而理性的思维活动,而让一种情绪性的判断取而代之,因此,情绪的不稳定也会影响沟通的效果,极端的情绪更有可能阻碍有效的沟通。

6. 信息超载

信息超载就是一个人面对的信息超过了他的处理能力。各类信息的剧增给人们带来了巨大的数据负担,以致人们无力处理和传送这些信息。这时,人们倾向于筛除、轻视、忽略或遗忘某些信息,或者干脆放弃进一步处理的努力,直到超载问题得以解决。不论何种信息超载的情形出现,都会造成信息缺失或沟通效果受到影响。

7. 不完整的反馈

在沟通过程中,忽略反馈环节,或对信息接受者的反馈意见理解错误,都会使沟通效果下降。

二、克服人际沟通障碍

由于存在上述沟通障碍,我们可以通过下面的方法来克服,以提升沟通效果。

1. 运用反馈

很多沟通的障碍来自于不完整的反馈或误解,因此,管理者如果在沟通过程中加入反馈回路,就会减少或者消除这方面的障碍。所谓反馈回路,是指让信息接受者用自己的话重复信息,一方面可以加强信息接受者对信息理解,另一方面也可以使信息接受者对信息进行概括,请信息发送者进行验证和核实。一般来说,反馈的方式包括重复、概括、直接提问、评价等。

2. 简化语言

在信息传递过程中,很多信息可能发生失真。信息发送者应该选择恰当的措辞并组织好语言,使信息表达得清楚明确,易于为信息接受者所理解。需要特别提醒的是,许多群体都使用行话进行沟通,目的是为了促进理解和提高沟通效率,但是应该考虑到信息所指向的受众,以确保所用的语言能适合于该类信息的接受者。

3. 积极倾听

所谓积极倾听,是指信息的接受者对信息进行积极主动的搜寻,而单纯地听则是被动的。积极倾听要求信息接受者不带先入为主的判断或解释,要完整地接受信息。提高积极倾听效果,可采取的一种办法是让信息接受者站在信息发送者的立场去理解他所发送的信息。

4. 抑制情绪

信息接受者的个性和情绪是影响有效沟通的重要因素。由于信息接受者的个性难以改变,因此,只能从控制情绪上下功夫。最简单的办法是,当信息接受者在沟通过程中出现较大的情绪波动时,应该暂停进一步的沟通,直至恢复平静。

5. 注意非言语信息

非言语沟通在信息传递过程中起着非常重要的作用。无论是信息接受者还是信息发送者,既要注意自己的非言语信息,确保它们和言语信息相匹配,起到强化语言的作用,又要时刻注意对方的非言语信息,以便正确理解对方的意图。

三、组织沟通

组织沟通是人力资源管理中最为基础和核心的环节,它关系到组织目标的实现和组织文化的塑造。因此,重视组织沟通、采取有效措施改善组织沟通是实现组织目标的关键。

(一)组织沟通的障碍

一般来讲,组织沟通中的障碍包括主观障碍、客观障碍和沟通方式障碍三个方面。

1. 主观障碍

(1) 个人的性格、气质、态度、情绪、见解等方面的差别,使信息在沟通过程中受个人的主观心理因素的制约。

(2) 在信息沟通中,如果双方在经验水平和知识结构上差距过大,就会产生沟通障碍。

(3) 信息沟通往往是依据组织系统分层次逐级传递的。然而,同一条信息在按层次传达时,往往会受到个人的记忆、思维能力、价值观等的影响,从而导致信息沟通效率的降低。

(4) 有些员工和主管人员对信息的态度不同,使他们忽视对自己不重要的信息,不关心组织目标、管理决策等信息,而只重视和关心与他们物质利益有关的信息,使沟通发生障碍。

(5) 管理者和员工之间相互不信任。这主要是由于管理者的考虑不周,伤害了员工的自尊心,或决策错误所造成,而相互不信任则会影响沟通的顺利进行。

(6) 员工的畏惧感也会造成障碍。这主要是由管理者的严格管理、咄咄逼人以及员工本身的素质所决定的。

2. 客观障碍

(1) 如果信息的发送者和接收者空间距离太远、接触机会少,就会造成沟通障碍。社会文化背景不同、种族不同而形成的社会距离也会影响信息沟通。

(2) 组织机构过于庞大,中间层次太多,造成信息从最高决策层传递到下级基层单位时,容易产生失真,而且还会浪费时间,影响其及时性。这是由于组织机构不完善所带来的沟通障碍。

3. 沟通方式障碍

(1) 沟通方式选择不当,原则、方法使用不灵活所造成的障碍。沟通的形式多种多样,且都有各自的优缺点。如果不根据组织目标及其实现策略进行选择,不灵活使用原则、方法,那么沟通就不可能畅通进行。在管理工作实践中,存在着信息沟通,也就必然存在着沟通障碍。管理者的任务在于正视这些障碍,采取一切可能的方法消除这些障碍,为有效的信息沟通创造条件。

(2) 语言系统所造成的障碍。一是误解,这是由于信息发送者在提供信息时表达不清楚,或者是由于信息接收者接收失误所造成的;二是歪曲,这是由于信息发送者对语言符号的记忆模糊所导致的信息失真;三是信息表达方式不当,这表现为信息发送者编撰信息时的措辞不当、词不达意、丢字少句、空话连篇、文字松散、句子结构别扭,以及使用方言、土语等。这些都会增加沟通双方的心理负担,影响沟通的顺利进行。

(二) 改善组织沟通的途径

沟通障碍影响着沟通效果,只有采取适当的措施将这些沟通障碍清除,才能实现组织管理工作中的有效沟通。归纳起来,应该从下面三个方面入手。

1. 建立沟通标准

任何的沟通只有在有了标准的情况下才有意义,那么企业内部的沟通标准是什么?作为营利性的组织,企业的存在就是以经营业绩为依归。衡量任何沟通活动的意义,都会最终追溯到业绩目标。领导者的话可以被下属揣摩,但这种揣摩的导向应该是为了达成经营目标,而不是领导者的好恶。从这个方面来说,企业组织必须首先要构建好自身的业绩管理体系,通过设置明确、科学的业绩目标,用以指导企业行为,包括行为沟通。

2. 强化内部培训

强化内部培训是为了在企业的内部构建一种统一的沟通风格和行为模式,减少因沟通形式不一而产生的沟通障碍。通过培训可以将一些概念性的东西固定下来,形成大家一说出口就能被理解的企业话语,而不必再挖空心思的去揣摩一句话从老板口里说出和从某位副总口中说出有何区别。

3. 转换领导意识

领导者必须转变过去的思维模式、行为模式,不能让所有的员工都围着他们的想法转。这就必须让企业各级领导者都能根据企业总体战略目标的要求担负起责任,必须让员工各司其职,都清晰地知道自己该向谁负责、向什么负责,进而确保企业内部的沟通层次明确,保证沟通效率。

项目5 领导管理

课外拓展

刘成耀从西部的一所财经大学拿到会计专业的学士学位后,到一家大型的会计师事务所的贵阳办事处工作,由此开始了他的职业生涯。9年后,他成为该事务所的一名最年轻的合伙人。事务所执行委员会发现了他的领导潜能和进取心,于是指派他到遵义开办了一个新的办事处。新办事处最主要的工作是审计,这要求员工具有高度的判断力和自我控制力。因此,他主张员工之间要以名字直接称呼,并鼓励下属参与制订决策。

办事处经过5年的迅速发展,专业人员达到30名,刘成耀也因此被认为是一位很成功的领导者。于是,刘成耀又被安排到乌鲁木齐办事处当主管。他采取了在贵阳遵义工作时取得显著成效的同样的管理方式。他上任后,更换了几乎全部25名员工,并制订了短期的和长期的客户开发计划。为了确保有足够数量的员工来处理预期扩增的业务,办事处很快又有了约40名员工。但他在贵州取得成功的管理方式并没有在乌鲁木齐取得成效,办事处在一年时间内就丢掉了最好的两个客户。他立刻意识到办事处的人员过多了,因此决定解聘前一年刚招进来的12名员工,以减少开支。

他相信挫折只是暂时性的,因而仍继续采取他的策略。在此后的几个月时间里,他又招聘了6名员工,以适应预期增加的工作量,但预期中的新业务并没有接来,所以他又重新削减了员工队伍,13名员工离开了乌鲁木齐办事处。

伴随着这两次裁员,留下来的员工感到工作没有保障,并开始怀疑刘成耀的领导能力。事务所的执行委员会了解到这一问题后,将刘成耀调到昆明办事处,他的领导方式在那里又再次显示出很好的效果。

分析讨论题:

1. 刘成耀作为一位领导者,其权力的来源有哪些?
2. 这个案例更好地说明了领导的行为理论还是领导的权变理论?说明你的理由。
3. 刘成耀在乌鲁木齐办事处没有获得成功,你能帮助他分析原因吗?

项目 6

激励管理

 案例导入

猎狗的故事

动　　机

一只猎狗把兔子从窝里赶了出来,并一直追赶它很久也没抓住。牧羊人看到这个情景,讥笑猎狗:你们两个之间,小的反而跑得快得多。猎狗回答说:我们俩的跑是不一样的,我是为了一顿饭而跑,而它是为了性命而跑呀!

目　　标

猎狗的话被猎人听到了,猎人想:猎狗说得对啊,我要想得到更多的猎物,就得想个好办法才行。于是,猎人又找来几条猎狗,并规定:凡是能抓住兔子的猎狗,就能得到几根骨头,抓不到的就没有饭吃。

这一招果然管用,猎狗们纷纷拼命去追兔子,因为谁都不愿意看着别人有骨头吃而自己没饭吃。猎人的收入好起来了,就这样过了一段时间,新问题出现了。在追逐兔子的过程中,猎狗们发现:大兔子很难捉住,但抓小兔子却要容易得多,而抓住一只大兔子和抓住一只小兔子,得到的奖励却是一样的……于是聪明的猎狗就只盯着小兔子抓,很快,所有猎狗都只抓小兔子了。猎人不满意地对猎狗们说:你们抓的兔子越来越小了,这是为什么?猎狗们回答:反正抓大的和抓小的,奖赏没区别,那谁还费那个精力去抓不好抓的大兔子呢?

动　　力

猎人经过思考,决定不再把猎狗所抓兔子的数量与奖励肉骨头挂钩了,而是每过一段时间,统计一次每只猎狗所抓兔子的总重量,以此来评价一条猎狗,并以此来确定这条猎狗在一定时间内的待遇。于是,在一段时间内,猎狗们抓住的兔子数量和重量都有巨大提升,猎人很满意自己的改革。可新问题再次出现了,猎狗们的战绩很快下滑了,尤其是那些原来表现优秀的猎狗的成绩下降更加明显。"越是有经验的,成绩就下降越厉害?"猎人百思不解,就召集了原本优秀的猎狗开了个会。猎狗们说:我们把一生最美丽的时间都奉献给了你,但是,随着时间的推移,我们会老的,到我们跑不动抓不住兔子时,你还会给我们骨头吃吗?

长期的骨头

猎人针对这一问题,做出一个论功行赏的决定:分析、汇总了所有猎狗抓到兔子的数量与重量,并

项目6
激励管理

规定如果抓到的兔子超过一定的数量后,即使某次或某时段抓不到兔子,该猎狗每顿饭还是能得到饭吃。猎狗们都很高兴,大家都努力地去完成猎人规定的指标。一段时间过后,终于有一些猎狗完成了指标。这时其中一只猎狗说:我们这么努力,却只得到几根骨头,而我们抓住的猎物却远远超过了这几根骨头,我们为什么不给自己抓兔子吃呢?于是这些猎狗离开了猎人,自己抓兔子吃去了。

骨头与肉,兼而有之

猎人意识到猎狗正在流失,并且那些流失的猎狗像野狗一般和自己的猎狗抢兔子,情况变得越来越糟了,猎人不得已,引诱了一条野狗,问它到底做野狗比做猎狗强在哪里?野狗说:猎狗吃的是骨头,吐出来的却是肉啊!它接着又说:也不是所有的野狗都顿顿有肉吃,大部分最后骨头都没得舔,不然我也不至于被你诱惑!于是,猎人进行了改革,使得每条猎狗除了获得基本的骨头外还能得到所猎获的兔肉总量的百分之N,而且随着服务时间的延长,贡献变大,该比例还可递增,并有权分享猎人总兔肉的百分之M。就这样,猎狗们和猎人一起努力,将野狗们逼得叫苦连天,纷纷强烈要求重归猎狗队伍……故事还在继续。

只有永远的利益,没有永远的朋友

日子一天天地过去,冬天到了,兔子越来越少,猎人的收成也一天不如一天。而那些服务时间长的老猎狗们,也老得抓不住兔子了,但仍然在无忧无虑地享受着那些它们自以为应该得到的大份食物。终于有一天,猎人再也不能忍受,把它们扫地出门。因为猎人需要身强力壮的猎狗……

Micro Bone(小骨头,这里理解为微利润)的诞生

那些被扫地出门的老猎狗们得到了一笔不菲的赔偿金,于是,其中的四只猎狗成立了 Micro Bone 公司。它们采用连锁加盟的方式招募野狗,向野狗们传授猎兔的技巧,并从猎得的兔子中抽取一部分作为管理费。当赔偿金几乎全部用于广告后,这个公司也有了足够多的野狗加盟,公司开始赢利了。一年后,它们收购了猎人的家当……

Micro Bone 的发展

这个微利公司许诺:加盟的野狗能得到公司百分之N的股份,这实在是太有诱惑力了。这些自认为是怀才不遇的野狗们都认为找到了知音,终于做公司的主人了,不用再忍受猎人呼来唤去的不快,不用再为捉到足够多的兔子而累死累活了,也不用眼巴巴地祈求猎人多给两根骨头而扮得楚楚可怜了……这一切对这些野狗来说,是比多吃两根骨头更加受用……于是,野狗们拖家带口地加入了这个公司,一些在猎人门下的年轻猎狗,也开始蠢蠢欲动,甚至很多自以为聪明、实际愚蠢的猎人也想加入……好多同类型的公司,像雨后春笋般地成立了。一时间,森林里热闹起来……

"F4"的诞生

猎人凭借出售公司的钱,走上了老猎狗走过的路,最后,千辛万苦要与微利公司谈判的时候,老猎狗出人意料地顺利答应猎人:把微利公司卖给了猎人。老猎狗们从此不再经营公司,转而开始写自传"老猎狗的一生",又写"如何成为出色的猎狗""如何从一只普通猎狗成为管理层猎狗""猎狗成功秘诀""成功猎狗500条""穷猎狗富猎狗",并将老猎狗的故事搬上银幕,取名"猎狗花园",四只老猎狗成为家喻户晓的明星"F4",收版权费,而且没有风险,利润更高。

教 学 做 目 标

通过本项目的教、学、做,需要完成的目标如下:

(1) 掌握激励的概念和过程；
(2) 了解激励的本质和原理；
(3) 能运用激励的方法激励他人；
(4) 能做激励的效果分析。

子项目 6.1 激励管理·工作任务·师生教学做

以下有两项"激励管理"的工作任务，各项任务由教师和学生共同完成。

任务 1

教学拓展训练：谁是听众
★ 形式：集体参与
★ 时间：10 分钟
★ 材料：无
★ 场地：不限
★ 应用：1. 培养学员思考的习惯
　　　　2. 聆听技巧训练

目的

◇ 提醒参与者重视倾听技巧（尤其是解决问题的时候）。

程序

要求参与者不能做笔记，解决你口头说出的谜语（千万不要以书面形式写出）。
你是一个公交车司机。第一站有12人上车，第二站有3人下车、5人上车，第三站有1人下车、6人上车，第四站有5人下车、8人上车，第五站有9人下车、3人上车，第六站有3人下车、7人上车。问：公交车司机叫什么名字？
答案：你的名字。
注释：大多数参与者会深深地陷入数学陷阱而忘记了谜语的开头第一句，或者根本就没有听到这第一句。

讨论

1. 为什么大多数参与者不知道答案？

常见的回答是:被数字所牵制,在开始时根本就没有认真听,我们对问题是什么做了很多假设。

2. 从这一活动中,你得到的哪些经验和教训可以用于解决团队问题?

总结与评估

1. 这一活动可以生动、快捷地展示人们通常都不注意倾听这一事实。

2. 这一活动展示了人们容易陷入细节问题和错过关键点。

3. 这一活动强调时刻注意倾听问题细节的重要性,尤其是解决实际问题的时候。

任务 2

教学拓展训练:避免"当局者迷"

★ 形式:集体参与

★ 时间:40 分钟

★ 材料:像别人那样看待我们自己(见附录)

★ 场地:不限

★ 应用:员工激励

目的

◇ 激励团队成员:反省他们的个人风格,增加他们对团队做出贡献的力度。

程序

1. 给每个团队成员发参与者工作表——像别人那样看待我们自己。

2. 让团队成员两人一组按照说明完成工作表中第一部分的内容。

3. 给这些小组大约 25 分钟完成工作表,以及他们之间对它的讨论(如果有一些特殊的事情可能要提出来进行讨论,那就可能需要更多的时间)。

4. 让每个团队成员分享一个他(她)和他(她)的合作伙伴认为是力量的特点以及增加成长的一个机遇。

提示:让合作伙伴谈论另一方带给团队的力量,以及团队成员找出他(她)自己的个人成长的机遇。

讨论

你所了解的自己和别人眼中的你有没有不同呢?为什么?

总结与评估

当他们暂停下来反省他们自己的表现或行为,寻找成长的力量和机遇,以及对这些机遇付诸行动时,他们就能获得成长。

这个游戏可以提高团队中的个人对自己的风格和性格的认识,同时也对团队成员有很大的激励作用。

附录

像别人那样看待我们自己

一、参与者工作表

1. 思考以下的性格,在最符合你的情况的那些描述旁边画一个"×"号。

合作的	注意别人的观点
见多识广的	愿意折中解决
有参与意识的	善于应付变化
有组织性的	对承诺的事坚持到底
值得信任的	与之相处有乐趣
积极的(建设性地处理事务)	客观地检查事件
消极的(倾向于找问题,而不是解决方法)	反对变化
坦率、诚实	迅速判断
敢作敢为	在工作/专业上有很强的技能
过于自信	个人的高工作标准
天生的领导	可信赖的
易于相处	难以改变自己的位置和观点
常常卷入冲突中	使别人自我感觉很好
解决冲突者	灵活

2. 考虑相同的这些性格,在最符合你的合作伙伴情况的那些描述旁边画一个"×"号。

你的合作伙伴的名字:_____。

合作的	注意别人的观点
见多识广的	愿意折中解决
有参与意识的	善于应付变化
有组织性的	对承诺的事坚持到底
值得信任的	与之相处有乐趣
积极的(建设性地处理事务)	客观地检查事件
消极的(倾向于找问题,而不是解决方法)	反对变化
坦率、诚实	迅速判断
敢作敢为	在工作/专业上有很强的技能
过于自信	个人的高工作标准
天生的领导	可信赖的
易于相处	难以改变自己的位置和观点
常常卷入冲突中	使别人自我感觉很好
解决冲突者	灵活

二、讨论成果

1. 列出你带给团队的两种力量。

2. 列出个人成长的所有机会。

子项目 6.2 激励管理·工作任务·学生独立做

以下有两项"激励管理"的工作任务,各项任务由学生独立完成。

任务 1

教学拓展训练:小组成员的变动
- ★ 形式:集体参与
- ★ 时间:5分钟一次
- ★ 材料:无
- ★ 场地:不限
- ★ 应用:1. 课程开始前的熟悉沟通
  2. 应用于培训课程中,以活跃气氛
  3. 换位思考

目的

◇ 用互动的方式来训练班级同学,为班级成员之间的互相交流、互相影响创造机会。

程序

1. 变动落座的方式。把讲座的地点从教室挪到小会议室,并要求同学们以圆桌的方式落座,使参加的人员不得不重新找一个位置。

2. 在组织各种各样的小组讨论时,改变小组的人数。例如,原来是三人一组的,现在可以变成六人一组,等等。

3. 当班级成员在讨论问题时,可以根据对同一个议题的意见一致与否自然而然地把熟悉的人编排在相关的小组里。当讨论的报告从下面的各组呈上之后,还可以相应地把观点转变的人再编到原来持不同观点的小组里去。

讨论

询问学员,在场的人员中:
(1) 对谁最不了解?

（2）最经常和谁坐在一起？

（3）感觉和谁的意见最不一致？

然后挑出那个人，让他们在随后的几分钟里坐在一块儿，成为一个小组的谈话伙伴。

总结与评估

在周期较长、次数较多的培训班上，绝大多数的学员喜欢认定一个座位或一个小区域，要么"一坐到底"，要么总是待在自己经常待的角落。他们在整个训练活动过程中，牢牢地"黏"在这个小范围里。为了使受训者更好地一起参与，有必要解决坐座位问题，即用变动座位的方式拆开经常坐在一起的人。

任务 2

【案例分析】

格兰仕的激励体系

格兰仕是微波炉界的"大白鲨"，它凭借持续不断的价格战，大幅吃掉竞争对手的利润空间，提前结束了微波炉行业的战国时代。格兰仕在拼搏了三年夺下中国第一的宝座之后，仅用两年的时间又拿下了全球第一的桂冠。如今的格兰仕用实力和业绩成为世界家电行业 500 强之一、中国家电出口的两强企业之一。是什么驱动着格兰仕这个"大白鲨"斗志不已、不停游弋呢？答案是格兰仕的激励体系激发了广大员工的热情和积极性，从而为企业自身的发展提供了澎湃的动力和竞争的活力。

格兰仕首先看重员工对企业的感情投入，认为员工只有发自内心地认同企业的理念、对企业有感情，才能自觉地迸发出热情，为企业着想。在一万多人的企业里，要让员工都具备主人翁的心态，站在企业利益的角度来做好各环节的工作，在保证质量的同时严格控制住成本，这无疑是很难的。因此格兰仕加强对全体员工的文化培训，用群众的语言和通俗的故事，将公司的理念和观点传达给每位员工。为自己的长远、共同的利益而工作，成了格兰仕人的共识。

在注重感情投入、文化趋同的基础上，格兰仕对待不同的员工，采取不同的激励方法和策略。对待基层工作人员，他们更多地采用刚性的物质激励；而对待中高层管理人员，则更注重采用物质和精神相结合的长期激励。

基层工人的收入与自己的劳动成果、所在班组的考核结果挂钩，既激励个人努力又激励他们形成团队力量。基层人员的考核规则、过程和结果都是公开的，在每个车间都有大型的公告牌，清楚地记录着各生产班组和每位工人的工作完成情况和考核结果。对生产班组要考核整个团队的产品质量、产量、成本降低率、纪律遵守度、安全生产等多项指标的完成情况，同时记录每个工人的完成工件数、加班时间、奖罚项目等。根据这些考核结果，每个人都能清楚地算出自己该拿多少，别人强在什么地方，以后需要在什么地方改进。也许这些考核设计并不高深，但要持

项目6
激励管理

之以恒地坚持、保持公正透明地运行,却不是每个企业都能做到的。依靠这个严格、公平的考核管理体系,格兰仕将数十个车间和数以万计的工人的业绩有效地管理了起来。

中高层管理者是企业的核心,关系到企业的战略执行的效率和效果,他们往往也是企业在激励中予以重视的对象。格兰仕对这支骨干队伍给予了高度的重视,但并没有一味地采用高薪的方式,因为他们认为金钱的激励作用是递减的,管理者需要对企业有感情投入和职业道德,不能有短期套利和从个人私利出发的心态。他们在干部教育中常常用"职业军人"做比喻来说明这个道理,即抗美援朝战争中,美军的失败是"职业军人"的心态,他们打仗拿着工资、奖金,所以从心理上不敢打、不愿打,能打赢就打,打不赢就跑;遇到危险,举手投降。而中国的志愿军心中有着爱国热情、民族尊严,不因危险、困难而退缩,士气如虹、坚忍不拔,所以才最终赢得了"小米步枪对抗飞机大炮"的战争。

格兰仕对中高层管理者更强调用工作本身的意义和挑战、未来发展空间、良好信任的工作氛围来激励他们。格兰仕的岗位设置相当精简,每个工作岗位的职责范围很宽,这既给员工提供了一个大的舞台,可以尽情发挥自己的才干,同时也给了他们压力与责任。在格兰仕没有人要求你加班,但是加班是很经常的,也是自觉的,因为公司要的不是工作时间和形式,而是工作的实效。同时这也是公平的赛马机制,众多的管理者在各自的岗位上,谁能更出色地完成工作,谁就能脱颖而出。格兰仕为员工描绘了美好的发展远景,这也意味着给有才能的人提供了足够的发展空间,这大大地激励了富有事业心、长远抱负的管理者们。

平时格兰仕对管理者们工作的业绩和表现进行考核,只发几千元的月度工资,而把激励的重点放在财务年度上。他们将格兰仕的整体业绩表现、盈利状况和管理者的薪酬结合起来,共同参与剩余价值分配,从而形成长期的利益共同体。他们采取年终奖、配送干股、参与资本股的方式,递进式地激励优秀的管理者。所有考核合格的管理者,都会有数量不等的年终奖;另外公开评选优秀的管理者,参与公司预留的奖励基金分配,这个奖励基金是按公司的盈利状况提取的;其中最优秀的几名管理者还配送次年的干股,不需要支付现金购买公司股份,能够参与公司次年一定比例的分红;经过几个年度考核,能提升到公司核心层的高层管理者,则可以购买公司股权,成为公司正式的股东。目前已有五十多名中高层管理者拥有格兰仕的股份(资本股),有七十多名管理者拥有干股,这些管理者构成了格兰仕各条战线上与公司利益高度一致的中坚力量。这样通过层层的激励方式,不断培养、同化、遴选格兰仕忠诚度高、战斗力强的核心队伍,他们构成了格兰仕长远发展的原动力。

"适合就是最好的",每个企业都有自身的特点,都有千差万别的历史背景、人际关系和经营理念,但最关键的是要设计和运行适合自身特点的激励体系,才能更好地解决好发展的动力问题,格兰仕的激励体系无疑能给我们一些有益的启示。

分析讨论题:

1. 格兰仕是使用了何种激励理论来调动员工的工作积极性?
2. 为什么格兰仕的方法能够有效地激励员工的工作?
3. 格兰仕的激励制度可能给公司管理当局带来什么问题?

子项目 6.3　激励管理·相关知识

任务 1　熟悉激励概念

一、激励的概述

激励是指存在于人的内部或外部的,能唤起人们热情和耐力去做某件事的力量。激励管理是指管理者在管理过程中将有意识的外部刺激,转化为被管理者的自觉行动,从而最大限度地调动被管理者的积极性,实现管理目标的过程。激励是决定人的工作效率的关键因素,员工的被激励程度会影响到生产率,而管理者工作的一部分就是把激励和完成组织的工作目标结合在一起。对激励的研究可以帮助管理者理解是什么因素促使员工主动采取行动,采取何种行动,以及他们为什么采取这种行动。

激励机制是激励活动的各项要素在运行过程中的相互联系、相互作用、相互制约及其在激励效果之间内在联系的综合机能。激励机制的内涵就是构成这套制度的几个方面的要素。能否正确运用激励机制,对激励的成败有着决定性的影响。激励机制主要包括激励时机、激励频率和激励程度。

1. 激励时机

激励时机是指为取得最佳的激励效果而进行激励的时间。激励时机适当,才能有效地发挥激励的作用。超前的激励,可能导致被激励对象对激励产生漠视心理,影响激励的功效;过迟的激励,则会削弱激励的强化作用,使激励失去意义。

2. 激励频率

激励频率是指在一定的时间内进行激励的次数。这里的"一定时间"一般是以工作任务的周期为单位的,在这个周期里,激励次数多说明激励频率高,激励次数少说明激励频率低。激励频率对激励效果有着非常显著的影响,但并不是激励频率越高就越好,有时激励频率过高,反而会起不到激励的应有作用,影响激励效果。管理者必须根据不同的情况,采取与之相应的激励频率,才能有效地达到激励的目的。

3. 激励程度

激励程度是指激励量的大小。质和量的统一谓之度。没有一定的数量基础,事物就难以保持其本身的质,同时,数量超过了一定的限度,也就会影响事物的质量。要有效地发挥激励的作用,就必须正确地运用激励量。激励量过小,难起作用;激励量过大,又会事与愿违,适得其反。

激励的重要性在于它可以使组织有更好的业绩的行为发生。有研究表明,业绩和利润高的企业对员工的激励做得很好。管理者可以运用激励手段来满足员工的需求,同时鼓励员工高质量地完成工作(见图 6-1)。

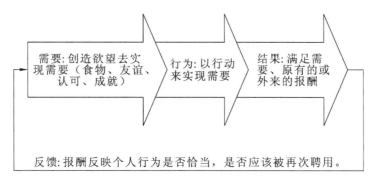

图 6-1 激励的过程

二、激励的基本原则

1. 目标结合原则

在激励机制中,设置目标是一个关键环节。目标设置必须同时体现组织的目标和员工的需求。

2. 物质激励和精神激励相结合的原则

物质激励是基础,精神激励是根本。在两者结合的基础上,逐步过渡到以精神激励为主。

3. 引导性原则

激励措施只有转化为被激励者的自觉意愿,才能取得激励效果。因此,引导性原则是激励过程的内在要求。

4. 合理性原则

激励的合理性原则包括两层含义:其一,激励的措施要适度,要根据所实现目标本身的价值大小确定适当的激励量;其二,奖惩要公平。

5. 明确性原则

激励的明确性原则包括三层含义:其一是明确,激励的目的是需要做什么和必须怎么做;其二是公开,特别是分配奖金等大量员工关注的问题时,更为重要;其三是直观,实施物质奖励和精神奖励时,都需要直观地表达它们的指标——总结和授予奖励与惩罚的方式,直观性与激励影响的心理效应成正比。

6. 时效性原则

要把握激励的时机,"雪中送炭"和"雨后送伞"的效果是不一样的。激励越及时,越有利于将人们的激情推向高潮,使其创造力连续、有效地发挥出来。

7. 正激励与负激励相结合的原则

所谓正激励就是对员工的符合组织目标的期望行为进行奖励。所谓负激励就是对员工违背组织目的的非期望行为进行惩罚。正负激励都是必要而有效的,不仅作用于当事人,而且会间接地影响周围其他人。

8. 按需激励原则

激励的起点是满足员工的需要,但员工的需要因人而异、因时而异,并且只有满足最迫切需要(主导需要)的措施,其效价才高,其激励强度才大。因此,领导者必须深入地进行调查研究,不断了解员工需要层次和需要结构的变化趋势,有针对性地采取激励措施,才能收到实效。

三、激励的作用

对一个企业来说,科学的激励制度至少具有以下几个方面的作用。

1. 吸引优秀的人才到企业来

在发达国家的许多企业中,特别是那些竞争力强、实力雄厚的企业,通过各种优惠政策、丰厚的福利待遇、快捷的晋升途径来吸引企业需要的人才。

2. 开发员工的潜在能力,促进在职员工充分地展示其才能和智慧

美国哈佛大学的威廉·詹姆斯教授在对员工激励的研究中发现,按时计酬的分配制度仅能让员工发挥20%～30%的能力,如果受到充分激励的话,员工的能力可以发挥出80%～90%,两种情况之间60%的差距就是有效激励的结果。管理学家的研究表明,员工的工作绩效是员工能力和受激励程度的函数,即绩效＝f(能力,激励)。如果把激励制度对员工创造性、革新精神和主动提高自身素质的意愿的影响考虑进去的话,激励对工作绩效的影响就更大了。

3. 留住优秀人才

彼得·德鲁克认为,每一个组织都需要三个方面的绩效:直接的成果、价值的实现和未来的人力发展。缺少任何一个方面的绩效,组织注定非垮不可。因此,每一位管理者都必须在这三个方面均有贡献。在三个方面的贡献中,对"未来的人力发展"的贡献就是来自激励工作。

4. 造就良性的竞争环境

科学的激励制度包含有一种竞争精神,它的运行能够创造出一种良性的竞争环境,进而形成良性的竞争机制。在具有竞争性的环境中,组织成员就会受到环境的压力,这种压力将转变为员工努力工作的动力。正如道格拉斯·麦格雷戈所说:"个人与个人之间的竞争,才是激励的主要来源之一。"在这里,员工工作的动力和积极性成为激励工作的间接结果。

任务 2 了解激励分类

一、马斯诺需求层次理论

需求满足型激励理论强调被激励对象的需求。在任何时候,人们总有一些基本要求,比如

饮食等。这些需求产生内在动力,使人们从事一些专门的活动以满足这些需求。只有管理者了解人们的需求,那么组织的奖励系统就会满足员工的需求,并驱使员工将自己的精力和财富贡献给组织。

美国心理学家亚伯拉罕·马斯洛提出了需求层次理论。他认为,人们的需要是多样的并且是以层次的形式存在的,如图6-2所示。亚伯拉罕·马斯洛按照等级顺序将人们的需要分为五大类,由低到高依次为生理需要、安全需要、社会需要、尊重需要和自我实现需要。

工作之外需求的满足	需求层次	工作之内需求的满足
教育、宗教、习惯和个人成长	自我实现需要	培训机会、个人进步与发展、创造力
家庭成员、朋友和社会的承认	尊重需要	被承认,身份和地位提高,承担更多的责任
有家庭、朋友和自己的生活圈子	社会需要	处理好与工作小组、客户、同事和管理者的关系
远离战争、污染和暴力	安全需要	工作安全、奖金和额外福利、工作稳定
食品、水和性	生理需要	温暖、空气和基本的工资水平

图6-2 马斯洛的需求层次论

生理需要:是人类最基本的需求,包括食物、水、住所以及其他方面的生理需要。在组织环境中,这一需要体现为对足够的热量、空气以及保障基本生存的工资的需要。

安全需要:指人们对安全的生理与情感的需要,以及人们不受威胁的需要。在组织环境中,这一需要体现为人们对安全的工作、工作场所的安全保护以及对附加福利的需要。

社会需要:体现为人们希望被同代人接受,享有友谊,属于某个群体,为人所爱。在组织环境中,这种需要影响着人们与同事形成良好的关系,参与团队工作,并与上级友好相处。

尊重需要:指人们需要他人的注意、肯定、欣赏以建立良好的自我形象。在组织环境中,这一需要体现为希望得到肯定,增加其所承担的职责,地位得到提高,并对组织有所贡献。

自我实现需要:是人们需求的最高层次。它关注人们爱心的树立,强化人们的能力,使人们在自我发展的道路上有所提高。在组织内,自我实现的需要可以通过为人们提供成长和富有创造力的机会,以及使人们获得培训的机会以迎接新的工作任务的挑战而获得。

根据亚伯拉罕·马斯洛的理论,低层次的需要应首先得到满足,这些需要的满足应按顺序进行,即生理的需要先于安全需要,安全需要先于社会需要,等等。一个追求生理需要的人会将其精力放在赢得一个安全的工作环境上,他不会关心是否受尊重或能否实现自我价值,一旦某种需要得到满足,这种需要的重要性就会降低,高层次的需要将提上日程。

一般而言,生理需要和安全需要被认为是低级需要,而社会需要、尊重需要和自我实现需要被认为是高级需要,两级的划分建立在这样一个前提条件下:高级需要是从内部使人得到满足,低级需要主要是从外部使人得到满足。个体的需要是逐层上升的。从激励的角度来看,没有一种需要会得到完全的满足,但只要得到部分的满足,个体就会转向其他方面的需要。按照亚伯拉罕·马斯洛的观点,如果希望激励某人,就必须了解此人目前所处的需要层次,然后着重满足这一层次或在此层次之上的需要。

二、成就需求理论

戴维·麦克利兰提出了人的多种需要,他认为个体在工作情境中有三种重要的动机或需要。

(1) 成就需要:争取成功,达到标准,追求效率,希望在工作上有更好的表现。

(2) 权力需要:建立友好的人际关系,影响或控制他人。

(3) 亲和需要:建立友好亲密的人际关系的需要。

戴维·麦克利兰认为,具有强烈的成就需要的人渴望将事情做得更为完美,提高工作效率,获得更大的成功,他们追求的是在争取成功的过程中克服困难、解决难题、努力奋斗的乐趣,以及成功之后的个人成就感,并不看重成功所带来的物质奖励。个体的成就需要与他们所处的经济、文化、社会、政府的发展程度有关;社会风气也制约着人们的成就需要。戴维·麦克利兰发现高成就需要者的特点是:他们希望得到有关工作绩效的及时明确的反馈信息,从而了解自己是否有所进步;他们喜欢设立具有适度挑战性的目标,不喜欢凭运气获得成功,不喜欢接受那些在他们看来特别容易或特别困难的工作任务。高成就需要者事业心强,有进取心,敢冒一定的风险,比较实际,大多是进取的现实主义者。

高成就需要者对于自己觉得成败机会各半的工作,表现得最为出色,他们喜欢设定通过自身努力才能达到的奋斗目标。他们不喜欢成功的可能性非常低的工作,这种工作碰运气的成分非常大,那种带有偶然性的成功机会无法满足他们的成功需要;同样,他们也不喜欢成功的可能性很大的工作,因为这种轻而易举就取得的成功对于他们的自身能力不具有挑战性。对他们而言,当成败可能性均等时,才是一种能从自身的奋斗中体验成功的喜悦与满足的最佳机会。

权力需要是指影响和控制别人的一种愿望或驱动力。不同人对权力的渴望程度也有所不同。权力需要较高的人喜欢支配、影响他人,喜欢对别人"发号施令",注重争取地位和影响力。他们喜欢具有竞争性和能体现较高地位的场合与情境,他们也会追求出色的成绩,但他们这样做并不像高成就需要的人那样是为了个人的成就感,而是为了获得地位和权力或与自己已具有的权力和地位相称。权力需要是管理成功的基本要素之一。

亲和需要就是寻求被他人喜爱和接纳的一种愿望。高亲和需要者渴望友谊,喜欢合作而不是竞争的工作环境,希望寻求彼此之间的沟通与理解,他们对环境中的人际关系更为敏感。有时,亲和需要也表现为对失去某些亲密关系的恐惧和对人际冲突的回避。亲和需要是保持社会交往和人际关系和谐的重要条件。

在大量的研究基础上,戴维·麦克利兰对成就需要与工作绩效的关系进行了十分有说服力的推断。首先,高成就需要者喜欢能独立负责工作、可以获得信息反馈和中度冒险的工作环境。他们会从这种环境中获得高度的激励。戴维·麦克利兰发现,在小企业的经理人员和在企业中独立负责一个部门的管理者中,高成就需要者往往会取得成功。其次,在大型企业或其他组织中,高成就需要者并不一定就是一个优秀的管理者,原因是高成就需要者往往只对自己的工作绩效感兴趣,并不关心如何影响别人去做好工作。再次,亲和需要与权力需要和管理的成功密切相关。戴维·麦克利兰发现,最优秀的管理者往往是权力需要很高而亲和需要很低的人。如果一个大企业的经理的权力需要与责任感和自我控制相结合,那么他很有可能成功。最后,可以对员工进行训练来激发他们的成就需要。如果某项工作要求高成就需要者,那么,管理者可以通过直接选拔的方式找到一名高成就需要者,或者通过培训的方式培养自己原有的下属。

培养人们高成就需要的方法如下。

(1) 个体应努力获得关于自己工作情况的反馈,以提高自己获得成功的信心,从而增强追求成功的欲望。

(2) 选择一种获得成功的模式,如模仿成功人物的做法。

(3) 努力改变自己的形象,把自己设想为某个追求成功和挑战的人。

(4) 根据现实情况审时度势,提出切实可行的目标,并付诸实践。

三、ERG 的理论

克莱顿·阿尔德弗于 1969 年在"人类需要新理论的经验测试"一文中修改和简化了马斯洛需求层次理论,并填补了该理论缺乏实证研究的空白。

ERG 理论将人类所有的需求归纳成如下三种。

(1) 生存的需要,即人们生理方面的需要。

(2) 相互关系的需要,指的是与外界发展友好关系的需要。

(3) 成长的需要,关注对人们潜力的开发以及人们对个人成长和能力提升的需要。

ERG 理论与马斯洛需求层次理论相似:两者都认为人类的需要是层次化的。然而,克莱顿·阿尔德弗减少了需要层次的数量,并提出沿层次上升的过程是复杂的,表现为一种挫折-退步现象,即未能成功地达成一个高级需要可能会使人重新回到已经达成的低级需要上。ERG 理论比马斯洛需求层次理论更加灵活,表明个体在沿层次上升的同时也有可能下降,这取决于他们满足自己需求的能力。

管理措施应随着人的需要结构的变化而做出相应的改变,并根据每个人的不同需要制订出相应的管理策略。ERG 理论在需要的分类上并不比马斯洛需求层次理论更完善,对需要的解释也并未超出马斯洛需求层次理论的范围。如果认为马斯洛需求层次理论是带有普遍意义的一般规律,那么 ERG 理论则偏重于带有特殊性的个体差异,这表现在 ERG 理论对不同需要之间联系的限制较少。

ERG 理论的特点有如下三个方面。

(1) ERG 理论并不强调需要层次的顺序,认为某种需要在一定时间内对行为起作用,而当这种需要得到满足后,可能去追求更高层次的需要,也可能没有这种上升趋势。

(2) ERG 理论认为,当较高级需要受到挫折时,可能会退而求其次。

(3) ERG 理论还认为,某种需要在得到基本满足后,其强烈程度不仅不会减弱,还可能会增强,这就与亚伯拉罕·马斯洛的观点不一致了。

任务 3 运用激励方法

激励理论方法是指着重研究人从动机产生到采取行动的心理过程。它的主要任务是找出对行为起决定作用的某些关键因素,弄清它们之间的相互关系,以预测和控制人的行为。这类理论解释了员工怎样选择其行为以满足他们的需要,从而决定他们的选择是否成功。过程型激励理论主要有:公平理论、强化理论、期望理论等。

一、公平理论

公平理论又称社会比较理论,它是美国行为科学家斯塔西·亚当斯在"工人关于工资不公平的内心冲突同其生产率的关系"一文中提出来的一种激励理论。该理论侧重于研究工资报酬分配的合理性、公平性及其对员工生产积极性的影响。

公平理论指出:人的工作积极性不仅与个人实际报酬多少有关,而且与人们对报酬的分配是否感到公平的关系更为密切。人们总会自觉或不自觉地将自己付出的劳动代价及其所得到的报酬与他人进行比较,并对公平与否做出判断。公平感直接影响员工的工作动机和行为。因此,从某种意义来讲,动机的激发过程实际上是人与人进行比较,做出公平与否的判断,并据以指导行为的过程。公平理论主要研究个体对自己是否被平等对待的看法。

斯塔西·亚当斯认为:员工的积极性取决于他所感受的分配上的公正程度(即公平感),而员工的公平感取决于一种社会比较或历史比较。所谓社会比较,是指员工对他所获得的报酬(包括物质上的金钱、福利和精神上的受重视程度、表彰奖励等)与自己工作的投入(包括自己受教育的程度、经验、用于工作的时间、精力和其他消耗等)的比值与他人的报酬和投入的比值进行比较。所谓历史比较是指员工对他所获得的报酬与自己工作的投入的比值同自己在历史上某一时期内的这个比值进行比较(见表6-1)。

表 6-1　公平理论

觉察到的比率比较	员工的评价
所得 A/付出 A＜所得 B/付出 B	不公平(报酬过低)
所得 A/付出 A＝所得 B/付出 B	公平
所得 A/付出 A＞所得 B/付出 B	不公平(报酬过低)

＊A 代表某员工,B 代表参照对象。

在公平理论中,员工所选择的与自己进行比较的参照对象是一重要变量,一般有三种:他人、制度和自我。其中,他人包括同一组织中从事相似工作的其他个体,还包括朋友、邻居及同行。员工主要通过口头、报刊及杂志等渠道获得有关工资标准、最近的劳工合同等方面的信息,并在此基础上将自己的收入与他人的收入进行比较。

制度指组织中的薪金政策与程序以及这种制度的运作。对于组织层面上的薪金政策,不仅包括那些明文规定,还包括一些隐含的不成文规定。组织中有关工资分配的惯例是这一范畴中主要的决定因素。

自我指的是员工自己在工作中付出与所得的比率。它反映了员工个人的过去经历及交往活动,受到员工过去的工作标准及家庭负担程度的影响。

特定参照对象的选择与员工所能得到的有关参照对象的信息,以及他们所感知到的自己与参照对象的关系有关。基于公平理论,当员工感到不公平时,他们可能会采取以下做法:①曲解自己或他人的付出或所得;②采取某种行为使得他人的付出或所得发生改变;③采取某种行为改变自己的付出或所得;④选择另外一个参照对象进行比较;⑤辞职。

公平理论认为,每个员工不仅关心自己的努力工作所得到的绝对报酬,而且还关心自己的报酬与他人报酬之间的关系。他们对自己的付出与所得和他人的付出与所得之间的关系进行判断。他们以对工作的付出(如努力程度、工作经验、教育程度及能力水平)为根据,比较其所得(如薪金、晋升、认可等因素)。如果发现自己的付出-所得比和他人的付出-所得比不平衡,他们就会产生紧张感,这种紧张感又会成为他们追求公平和平等的动机基础。

具体而言,公平理论对报酬分配提出了以下四点建议。

(1) 按时间付酬时,收入超过应得报酬的员工的生产率水平,将高于收入公平的员工。按时间付酬能够使员工生产出高质量与高产量的产品,以增加自己收入-付出比率中的付出额,保持公平感。

(2) 按产量付酬时,收入超过应得报酬的员工比那些收入公平的员工,产品生产数量增加不多,而主要是提高产品质量。计件付酬的方式将使员工为实现公平感而加倍付出努力,这将促使产品的质量或数量得到提高。然而,数量上的提高只能导致更高的不公平,因为每增加一个单位的产品导致了未来的付酬更多,因此,理想的努力方向是指向提高质量而不是提高数量。

(3) 按时间付酬时,对于收入低于应得报酬的员工来说,将降低他们生产的数量或质量。他们的工作努力程度也将降低,而且相比收入公平的员工来说,他们将减少产出数量或降低产出质量。

(4) 按产量付酬时,收入低于应得报酬的员工与收入公平的员工相比,他们的产量高而质量低。按计件付酬时,应对那些只讲产品数量而不管质量好坏的员工,不实施任何奖励,这种方式能够产生公平性。

二、强化理论

首先提出强化理论的是美国心理学家伯尔赫斯·斯金纳。强化理论认为,人的行为是由外部因素控制的,控制行为的因素称为强化物。因此,管理者要采取各种强化方式,以使员工的行为符合组织的目标。根据强化的性质和目的,强化可以分为四种类型。

1. 正强化

正强化是指奖励那些符合组织目标的行为,以便使这些行为得到进一步加强,从而有利于组织目标的实现。正强化的奖励包括物质性奖励和精神性奖励(如奖励、提薪、表扬、晋升和给予进修机会等),这些措施无疑会使人努力表现出所希望的行为,如按时上下班、按要求保质、保量完成任务等。在强化方式上,可以采取连续的、固定的正强化,也可以采取间断的、时间和数量都不固定的正强化。

2. 负强化

负强化是指惩罚那些不符合组织目标的行为,以使这些行为削弱直至消失,从而保证组织目标的实现不受干扰。负强化的刺激物包含减少奖酬或罚款、批评、降级等。在实施方式上,应以连续负强化为主,即对每一次不符合组织目标的行为都应及时予以负强化,消除人们的侥幸心理,减少直至完全避免这种行为重复出现的可能性。

3. 不强化

不强化是指对某种行为不采取任何措施,既不奖励也不惩罚。这是一种消除不合理行为的策略,因为倘若一种行为得不到强化,那么这种行为的重复率就会下降。

4. 惩罚

惩罚是指用某种令人不快的结果来减弱某种行为。如扣薪金和奖金、批评处分、降职、甚至开除等,这些措施可以阻止该行为继续发生下去。但是,一方面,惩罚可能会引起怨恨和敌意;另一方面,惩罚的效果会随着时间的推移减弱。因此,在采用惩罚策略时,要因人而异,注意方式和方法。

5. 综合策略

综合策略是指对某人的不同行为采取一种以上的策略。当有两种互不相容的行为,即一种合理而另一种不合理时,可采用综合策略强化合理的行为、减少或消除其他不合理的行为。如开会时,要是管理者不希望下属提出无关的或干扰性的问题,则可以采取冷处理方式来消除这种行为,也即当这些员工举手要发言时,无视他们的表现,那么举手行为必然因得不到强化而自行消失。

强化理论是影响和引导员工行为的一种重要方法,通过表扬和奖励可以使动机得到加强,行为得到鼓励;通过批评、惩罚等可以否定某种行为,使不好的行为越来越少。强化理论的致命弱点在于它忽视了诸如目标、期望、需要等个体要素,而仅仅注重当众采取某种行动时会带来什么样的后果。按照强化理论,管理者可以通过强化他们认为有利的行为来影响员工的活动。但是,我们的重点应该在于积极强化而不是惩罚,也就是说,管理者应当忽视而不是惩罚他不赞同的行为。尽管惩罚措施对于消除不良行为的速度快于忽视手段,但是它的效果经常只是暂时性的,并且可能会在尔后产生不愉快的消极影响,如产生冲突行为、缺勤或辞职等。

因此,在运用强化理论时,管理者应以正强化为主。同时,无论是表扬还是批评,都要在调查研究的基础上,实事求是、及时准确。另外,针对不同的人,强化的方式应有所不同。

三、期望理论

维克托·弗鲁姆的期望理论也对激励做出了建设性的贡献,得到了广泛的支持。这一理论并不关注人们需求的类型,它关心的是人们用来接受奖励的思考方式。它以个人的努力和他所取得的成绩,以及与之关联的期望产生的成就之间的关系为基础。换言之,激励力量的大小取决于该行动所能达成目标并能导致某种结果的全部预期价值乘以他认为达成该目标并得到某种结果的期望概率。用公式可以表示为:

$$M = \sum V \times E$$

式中,M 表示激励力量,是指调动一个人的积极性,激发人内部潜力的强度;V 表示效价,是指达到目标对于满足个人需要的价值;E 是期望值,是人们根据过去经验判断自己达到某种目标或满足需要的可能性是大还是小,即能够达到目标的主观概率。

效价是指达到目标对于满足他个人需要的价值。同一目标,由于每个人所处的环境不同而需要不同,其需要的目标价值也就不同。同一个目标对每一个人可能有三种效价:正、零、负。如果个人喜欢其可得的结果,则为正效价;如果个人漠视其结果,则为零值;如果不喜欢其可得的结果,则为负效价。效价越高,激励力量就越大。

一个人从事工作的动机强度取决于他认为自己能够实现的理想的工作绩效的信念程度。在期望理论中包含着四个步骤。

第一,员工认为这份工作能提供什么样的结果?这些结果可以是积极的,如工资、人身安全、同事友谊、信任等;也可以是消极的,如疲劳、厌倦、挫折、焦虑等。

第二,这些结果对员工的吸引力有多大?他们的评价是积极的、消极的,还是中性的?这一问题与员工的态度、个性及需要有关。如果员工发现某一结果对他有特别的吸引力,他将努力实现它;反之,则放弃。

第三,为得到这一结果,员工需采取什么样的行动?只有员工清楚明确地知道为达到这一结果必须做些什么时,这一结果才会对员工的工作绩效产生影响。比如,员工需要知道在绩效评估中"工作出色"是什么意思?使用什么样的标准来评价他的工作绩效?

第四,员工是怎样看待这次工作机会的?在员工衡量自己可以控制的决定成功的各项能力后,他认为工作成功的可能性有多大?

维克托·弗鲁姆认为,期望的东西不等于现实,期望理论的基础是自我利益,它认为每一位员工都在寻求获得最大的自我满足。期望理论的核心是双向期望,管理者期望员工的行为,员工期望管理者的奖励。期望理论的假设是管理者知道什么对员工最有吸引力。期望与现实之间一般有三种可能性,即期望小于现实、期望大于现实、期望等于现实,这三种情况对人的积极性的影响是不同的。

期望小于现实,即实际结果大于期望值。一般地说,在正强化的情况下(如奖励、提职、提薪、分房子等),期望值小于现实结果,有助于提高人们的积极性,增强人们的信心,激发人们的力量;而在负强化的情况下(如惩罚、灾害、祸患等),期望值小于现实结果,就会使人感到失望,因而产生消极情绪。

期望大于现实,即实际结果小于期望值。一般地说,在正强化的情况下,期望值大于现实结果,便会产生挫折感,对激发力量产生削弱作用;如果在负强化的情况下,期望值大于现实,则会有利于调动人们的积极性,因为人们这时已经做了最坏的打算和准备,而结果却比预想的好得多,这自然对人们的积极性是一个很大的激发。

期望等于现实,即人们的期望变为现实,期望的结果是人们预料之中的事。在这种情况下,一般地说,也有助于提高人们的积极性。如果从此以后,没有继续给予激励,积极性则只能维持在期望值的水平上(见图6-3)。

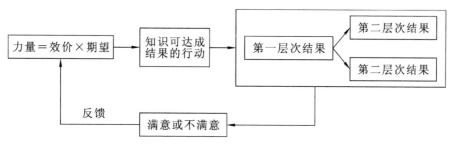

图6-3 弗鲁姆的动机作用模式图

任务 4 理解激励实务

所有的激励理论都是相对的,而每个员工都有自己的特性,他们的需求、个性、期望、目标等个体变量各不相同。作为一名管理者,在进行激励时,必须针对部下的不同特点采用不同的方法,常用的主要有四种:工作激励、成果激励、批评激励及培训教育激励。工作激励是指通过分配恰当的工作来激发员工内在的工作热情;成果激励是指在正确评估工作成果的基础上给员工以合理奖酬,以保证员工行为的良性循环;批评激励是指通过批评来激发员工改正错误行为的信心和决心;培训教育激励则是指通过思想、文化教育和技术知识培训,提高员工的素质,增强其进取精神,激发其工作热情。

一、合理分配工作

管理者通过合理设计和分配工作,能极大地激发出员工内在的工作热情,提高其工作业绩。这就要求管理者在设计和分配工作时,做到分配给员工的工作与其能力相一致,所设计的工作内容符合员工的兴趣,所提出的工作目标对员工而言富有挑战性。

1. 内容要考虑员工的特长和爱好

每个人都是一个不同于他人的独特的个体,其所拥有的文化水平和工作能力各不相同,而且不同的工作对于人的知识和能力的要求也各不相同,要做到人尽其才,就必须根据个人的不同知识和能力来设计和安排工作,把人与工作有机地结合起来。

这就要求管理者在设计和安排工作前,要事先对每一个员工的才能有一个比较清楚的认识,这是合理安排人力资源的前提。为此,管理者在平时要注意观察个人的工作情况,通过工作轮换,从实践中了解每一个员工的才能结构。

由于一个人的工作业绩与其动机强度有关,因此,设计和分配工作时,还要求在条件允许的情况下,尽可能地把一个人所从事的工作与其特长和爱好结合起来。当一个人对某项工作真正感兴趣,并热爱此项工作时,他便会千方百计地去钻研,去努力克服困难,把这项工作做好。

2. 工作目标应具有一定的挑战性

管理者在设计和分配工作时,不仅要使工作的性质和内容符合员工的特点和兴趣,而且要使工作的目标和要求具有一定的挑战性,这样才能真正激发员工奋发向上的精神。

管理者应该把某项任务交给一个能力略低于工作要求的员工,或者说,应该对一位员工提出略高于其实际能力的工作要求与目标。如果这位员工不努力,那么这项工作就有可能完成,目标就有可能实现。这样安排,不仅能使员工在工作中提高其工作能力,而且能使员工获得成就感,从而能较好地激发出员工内在的工作热情。

二、实行按劳分配的原则

管理者应当根据员工的差异对他们进行个别化的奖励,管理者能够支配的奖励措施包括加薪、晋升、授权、参与目标设定和决策的机会等。管理者要控制员工的行为,使得它向着有利于组织目标的方向行动,就必须把奖励的内容与员工的需求结合起来,把奖励的多少与工作业绩的高低挂钩。

1. 奖励必须能在一定程度上满足员工的需求

首先,管理者要了解员工希望从工作中得到什么,即要了解员工的需求,然后才能确定合适的奖励。管理者经常以为自己知道员工的需求,并以自己觉得不错的奖励来激励员工。遗憾的是,有时并不一定是员工所希望的。一旦这种情况发生,管理者设置奖励制度的有效性就非常有限。

了解员工的需求之后,管理者就可以据此来设置奖品。奖励可以是物质奖励,也可以是精神奖励;可以是正强化,也可以是负强化。但不管怎样,都必须针对员工的需求,有效地引导员工的行为。

2. 奖励应与绩效挂钩

管理者必须使奖励与绩效统一,只有奖励因素而不是绩效才能对其他因素起到强化作用。主要的奖励(如加薪、晋升)应该授予那些达到了特定目标的员工。在具体方法上,可以采用以下几种。

(1) 按业绩分配,即直接根据工作业绩的大小支付报酬。它使每一位员工都专注于自己的工作,根据工作成果领取报酬,业绩越好,报酬越多。如计件工资制。

(2) 按效益分配,即将奖励与员工对组织的贡献直接挂钩。这是一种将组织的生产率与员工的收入相联系的管理方法,它有助于员工群策群力,以积极的态度去解决组织在质量、生产率和其他方面存在的问题。如合理化建议奖、新产品开发奖、利润分享制度等。

(3) 按劳分配,即根据工作数量支付报酬。从理论上讲,工作业绩与工作数量之间并不一定存在着必然的联系,组织应该按员工的工作业绩而不是工作努力程度来支付报酬。但事实上,很多工作无法用客观的标准来衡量业绩的大小,而且一个组织中的很多工作的完成是团队努力的结果,个人在其中的努力成果很难量化。在这种情况下,管理者就只能根据对每一位员工工作量大小的评估进行奖惩,如工作量考核制。

(4) 目标考核法,即按一定的指标或评价标准来衡量员工完成既定目标和执行标准的情况,根据衡量结果给予相应的奖励。这种方法比较适合于管理人员的考核。它通过事先确定的目标和考评标准对实际业绩进行衡量,根据目标达成度给予相应的奖酬,如岗位经济责任制。不管采用哪一种方法,在对员工进行成果评价时都必须做到客观公正。

三、通过培训、授权来增加激励能力

为了提高员工的业绩水平,许多组织使用了多种激励方法。这些方法如果运用恰当并与激励措施结合起来,可以给员工带来内在的满足感,从而满足他们的高层次需求。所以,通过教育和培训,增强员工的工作能力,提高员工的思想觉悟,从而增强其自我激励的能力,是管理者激励和引导下属行为的一种重要手段。当然,组织良好的企业不会仅仅使用鼓励性的报酬来激励员工,还必须有其他的激励措施配套使用。

1. 通过教育培训,树立员工的理想和职业道德

通过思想教育调动员工的积极性,是我国组织管理的优良传统。通过对员工进行科学的世界观的教育,可以帮助员工正确地认识自身的价值,树立正确的职业道德观,从而促使他们在工作中认真负责、勇于进取、积极肯干。

为了保证思想教育收到预期的效果,管理者在进行思想教育时,要注意坚持以经济建设为中心,理论联系实际,防止空洞说教;平等对待员工,防止以"教育者"自居;注意表扬与批评相结合,以表扬为主;在注重提高员工思想认识的同时,切实解决员工在工作和生活中遇到的实际困难;要以身作则,用行动去影响员工。只有这样,才能使思想教育对员工有吸引力、说服力,从而起到预期的激励效果。

2. 通过技能培训,提高员工的工作能力

专业技能的培训,应根据本组织的特点和员工个人的特点,有计划、有组织、有重点地进行。例如,对于管理人员,既要注意通过理论学习,掌握现代化管理的新知识、新方法,又要注重在实践中培养,以提高解决实际管理问题的能力;对于一般员工,既要对他们进行基础教育,提高他们的文化水平,又要结合本职工作,对他们进行相关作业的基本技能培训;对于工程技术人员,则既要使他们能够通过各种方式及时了解本学科的发展动态,掌握学科发展的最新知识,也要注意让他们有更多运用新知识的机会,以使他们利用掌握的最新科技知识为企业的技术、工艺、材料、产品创新等做出贡献。有计划地派遣员工到培训基地或学校脱产学习,或到国外考察,能使员工感觉到组织对他的重视和期望,从而极大地提高他们的责任心和积极性。

激励领域内最新的方法就是授权,即将权力授予组织内的下属。目前,许多组织开始采用授权这一激励方法,但是他们对员工授权的程度是不一样的。在某些组织里,授权仅指鼓励员工提出各种建议,但最后的决定权还是在管理者手中;在另一些组织里,授权意味着员工有完全的自由与权力,决定自己的行为,充分运用自己的创造力(见表6-2)。

表6-2 新的富有激励性的报酬项目

名 称	目 标
业绩报酬	按员工的业绩进行奖励
利益分享	预期目标达到时,奖励所有为达到该目标做出贡献的员工与管理者,以鼓励团队精神
员工持股计划	给予员工企业的部分所有权,使他们能够分享增加的利润
一次性红利	按员工的业绩一次性支付一笔现金奖励
知识技能奖	将员工的薪水与其所掌握的技能挂钩,于是员工就有动力尽量多学技能,增加公司的灵活性与工作效率
弹性工作制	员工可自主安排工作时间。电子通信手段的便捷,使得员工可以在家或任何其他地方上班
团队精神奖	奖励员工对团队有益的行为,如合作、倾听、授权等

总之,只有从业务理论知识和实际操作技能等多个角度根据工作和员工的特点,去组织培训工作,才有可能提高员工的素质,增强员工的进取精神。同时,通过授权,还可以激发员工的劳动积极性,从而使激励从理论走向实践。

项目6 激励管理

课 外 拓 展

悦达公司是一家拥有6家工厂共13 000名员工的制衣企业,主要承接来自诸如马莎百货的国际一流零售商的订单。公司厂房干净明亮,环境幽雅。公司的创办者陈先生说:"我们已经用行动证明,我们不必为了寻求发展和获得利润而把工厂变成血雨腥风之地。实际上我们相信,用我们的方法对待员工,同样可以革新技术,拓展业务,实现梦想。我们给予员工的一切,最后都通过效益、质量、忠诚和革新回报给我们。"

赵先生现在是悦达公司的一名轮班主管,他刚进厂时只是一名缝纫机操作工,两年后晋升为质量控制巡查员。现在,他负责管理14支缝纫机操作工团队,确保他们的工作流程畅通无阻,按时完成任务。他说,他的工作就是要让员工知道他们是工厂里最重要的人,如果他们的工作没有做好,企业就会失去客户。即使如此,像赵先生这样的管理者还是面对着需要不断激励员工的挑战。

分析讨论题:

1. 悦达公司创办人陈先生的这段话能反映出他的领导风格吗?说明你的理由。
2. 设想你站在赵东旭的位置上,你怎样做好激励员工的工作呢?

项目 7 控制管理

麦当劳如何进行控制管理

中国有着博大精深的饮食文化,是一个餐饮王国,但洋快餐麦当劳、肯德基等大举进攻国内市场且取得节节胜利。同时,许多中式快餐(如荣华鸡、红高粱等)却节节败退,甚至全军覆没。个中原因有很多,但主要的原因就是管理问题,尤其是控制问题。

以麦当劳为例,它实行的是特许经营,拥有一整套计划周密、有条不紊的筛选程序来选择特许经营者,而且经营者必须通过"汉堡包大学"的专门培训。一本几百页的操作手册规定了严格的标准,包括食物配置、烹饪程序、店堂布置,甚至员工着装,都有详细标准;食品的制作完全是标准化的,一磅肉的脂肪含量必须少于19%,小面包的宽度只能是8.89 cm,每个汉堡包中的洋葱不能超过7.08 g;每种食品的制作时间有明确的规定,而且食品出炉后的存放时间也有详细的规定,油炸食品为7分钟,汉堡包为10分钟,咖啡为30分钟,超过规定时间,所有的食品都将扔掉,等等。所有这些标准都要严格执行,并有严密的监督体系,每家分店有审查员,公司有不定期的暗防调查,发现不符合规定的坚决查处。通过这一整套严密的控制体系,使得消费者能在世界各地坐在熟悉、洁净的店堂里吃到相同质量、相同口味的食品,享受到相同、周到的服务。而中国的一些企业和麦当劳相比,管理是粗线条的,控制是不到位的。

通过本项目的教、学、做,需要完成的目标如下:
(1)了解控制的概念和特征;
(2)熟悉控制的性质与职能;
(3)掌握控制的方法;
(4)能够运用所学控制概念和分析方法等,使管理者能够降低成本,提高质量。

项目7　控制管理

子项目 7.1　控制管理·工作任务·师生教学做

以下有两项"控制管理"的工作任务,各项任务由教师和学生共同完成。

任务 1

教学拓展训练:会议效率指示计
★ 形式:集体参与
★ 时间:20分钟以上
★ 材料:会议效率指示计(见附录)
★ 场地:室内
★ 应用:有效管理的技巧

目的

◇ 增加会议的效率。

程序

1. 保留一定的时间在会议结束的时候使用会议效率指示计。
2. 给每个参与者分发会议效率指示计的工作记录资料。
3. 要求每个成员独立地完成会议效率指示计的记录。
4. 所有成员分享记录的每一项成果。尤其是在级别高或者低时,要求成员提供所列等级的证据。
5. 提出对每一项意见的评价。例如:你的意见表明你觉得团队的目标很明确,并且是在完全理解的基础上进行的有效工作;你认为最需要注意的事情是是否偏题和确保充分的参与。

问题讨论

1. 你认为怎样来帮助团队成员改进那些在下次会议期间需要进行的工作?
可能的回答是:我们需要确定我们的目标,限定每一项讨论内容的时间,相互提醒我们是否偏题,明确指定工作的负责人。
2. 这个问题最值得我们关注。
推荐使用下列方法:

(1) 获得共识的方面作为团队下次会议开始时的参考建议。
(2) 会议结束时,检查在整个会议期间是否达成共识。
(3) 定期地使用会议效率指示计检查团队是否进步。

总结与评估

1. 会议效率是指理解会议工作和一般的评估内容以确保会议所需。
2. 会议效率指示计强调如何落实工作会议的要求。
3. 会议效率指示计的使用是用来满足团队成员所面临的需求以及评价团队的会议效率。

特别注意事项

1. 如果会议已经相当有效率,可以在会议结束时立即运用会议效率指示计。
2. 会议效率指示计可以要求团队把重点集中在一个方面,使其获得最大的机会来改进。这项活动需要 1 到 1.5 小时的工作时间。

附录

会议效率指示计

会议效率指示计的主要内容如下。

1. 参与者的工作记录。
2. 通过比较下列各项内容,思考会议的有效性(见表 1)。

表 1　会议有效性思考记录表

	较差		较好		证据
	1	2	3	4	
目的明确程度?					
是否偏题?					
是否充分参与?					
每个人是否理解所有要点?					
对每一项是否有所限制?					
对结论的评价?					

3. 团队在会议中所做的事情。

任务 2

教学拓展训练:天才的猎取

★ 形式:集体参与

★ 时间:45 分钟

★ 材料:较大的彩色纸或较轻的优质纸板、毡头记号笔
★ 场地:不限
★ 应用:员工激励

目的

◇ 确定和认同每一个团队成员的能力。
◇ 确保团队成员的能力在团队中得到开发。
◇ 对成员带给团队的力量表示赞许。

程序

1. 让团队成员写下每个团队成员的名字,在每个名字下面列出他(她)的能力和才干的清单。强调一下成员们在日常基础工作中可能未曾用到的能力和才干的重要性。
2. 在房间四周为每个团队成员张贴一张大彩纸,并在每张彩纸旁边放一支毡头记号笔。
3. 让团队成员拿着他们列出的清单并将他们已确定的那些才干誊写到大彩纸上。
4. 以组为单位检查这些列表并确保每张列表中的每一种才干都被注意到。用心去做这件事——这是对团队成员的贡献的一个小小鼓励。询问正在讨论其才干的成员:他们是否有什么才干被忽视? 如果有,将它们添加上去。每一张列表应确定:①团队正在全力开发的才干;②团队未全力开发的才干。
5. 为每个团队成员至少选择一种未全力开发的才干,并向小组询问:"团队如何更好地使用此才干?"
6. 让团队提出关于他们怎样保持团队成员的才干超前于团队的建议,并在目前正在实施的基础工作中更好地利用它们。
7. 依次对行动的每一条建议提出这些问题并倾听多数人的意见。
提示:让成员们自己保管他们的才干表。建议他们将这些纸或其缩小版张贴起来,以提醒他们充分利用自己的才干。

讨论

1. 你清楚团队中其他成员的才干,尤其是他们的潜能吗?
2. 怎么做才能让我们更好地了解队友和让队友了解我们?

总结与评估

团队常常只挖掘出团队成员的一小部分潜能,只用到需要完成团队成员的工作的一些基本才干。效率高的团队成员相互间知道对方才干,寻找机会利用这些才干,并祝贺他们的成功。

子项目 7.2 控制管理·工作任务·学生独立做

以下有两项"控制管理"的工作任务,各项任务由学生独立完成。

任务 1

教学拓展训练:改变适应性
★ 形式:集体参与
★ 时间:5 分钟
★ 材料:无
★ 场地:不限
★ 应用:改变适应性

目的

◇ 提高参与者对人们满足于现状感的速度,以及哪怕是很小的改变是如何使人们感到不舒服的和个人改变适应性的认识。

程序

1. 让参与者收好他们的东西并坐到另一个位置上。
2. 问以下问题:
(1) 当我建议换位置时谁赞同这个主意?
(2) 谁无所谓?
(3) 谁至少感到有一点点不适或反感?

讨论

这个简短的活动说明了什么?

通常的回答:我们每个人对变化的反应不同;我们适应得很快;我们中的很多人实际上喜欢保持现状;有时我们更易于接受大的改变而不是小的变化;我们对变化都会有不同的反应。

总结与评估

组织此活动的场所可以是车间或会议室。短短 5 分钟的游戏活动,将提高人们适应变化的能力。

任务 2

【案例分析】

早在 2009 年 11 月,丰田汽车公司(后简称丰田)因脚垫滑动卡住油门踏板的缺陷而召回

项目7
控制管理

426万辆汽车。2010年1月21日,丰田宣布,因油门踏板存在质量问题,丰田在美国召回包括凯美瑞、卡罗拉等主力车型在内的8款共计230万辆汽车。2010年1月28日,丰田又在北美新召回109万辆油门踏板和脚垫存在问题的车辆,共涉及5款车型。同在28日,天津一汽丰田向国家质检总局提交召回报告,宣布召回75 552辆国产RAV4,几乎包含全部一汽丰田国产RAV4车型。2010年1月29日,丰田宣布在欧洲召回180万辆油门踏板存在隐患的车辆。

据悉,被投诉存在质量隐患的是2009年5月开始发售的新版普锐斯。该车在特定条件下,制动系统会出现刹车困难的情况。新版普锐斯全部产自日本国内。

丰田称,公司已经从2010年1月起开始采取相应措施,在生产中更改控制防抱死制动系统(ABS)的电脑程序,而接到投诉的销售商也对问题车进行了维修。

日本媒体认为,在丰田汽车因油门踏板被大规模召回之际,其环保战略主打车普锐斯再曝质量问题,这将对丰田品牌形象及今后的战略发展产生重大影响。

据海外媒体报道,来自CSMW咨询公司的零配件专家估计:每辆被召回的汽车的维修费用大约为25~30美元,不包括人工成本。如果按照召回800万辆车计算,丰田此次在维修方面的损失就高达2亿~2.4亿美元。

然而,专业人士认为与维修费用相比,车型停售给丰田带来的损失更大。2010年1月26日,丰田宣布暂时在美国市场停售"召回榜"上的8款车型。其中凯美瑞、卡罗拉和RAV4在美国均属于热销车型。据《华尔街日报》报道,这8款车的每日销量约为3 500辆,此次停售将会给丰田汽车每日带来8 930万美元的损失。业内人士估计2010款卡罗拉的停售将令公司的销售额每日减少1 700万美元,凯美瑞的损失为每日2 750万美元。而丰田汽车公司2009年在北美地区的销量为220万辆,营业收入约为640亿美元。由于8款车停售,丰田临时关闭部分生产线,5家组装厂将从2010年2月1日起停产。

"召回事件"无疑会给丰田带来巨大的经济损失,但这也仅仅只是一半,来自美国底特律的生产咨询公司Oliver Wyman的分析师Harbour在接受《华尔街日报》采访时说道。Harbour说:"另一半损失就是重塑消费者对丰田汽车品牌信心的花费。"此次召回行动损害了丰田"安全、可靠"的形象,给丰田汽车带来的长期的信用和品牌声誉的负面影响是最大的损失。

2010年2月3日,丰田股价在东京股市重挫5.69%,盘中跌至3 400日元,为其近3个月的股价最低点。2010年,该公司美国股价在1月底至2月初连跌5日,一周内累计下跌15%,市值蒸发250亿美元。同时,评级机构也将它置于负面观察名单上。

自汽车诞生以来,油门踏板的工作原理一直都十分简单。尽管丰田此次宣称因油门踏板的问题而召回车辆,但实际原因并没有那么简单。

专家表示,丰田的销售和生产工作都遭遇了"急刹车"。单一的故障不会造成如此大规模的影响,复杂的车辆内部问题才可能是令丰田陷入危机的主因。1月底,丰田及油门踏板提供商CTS公司分别发布了两份声明,但两家公司对问题的解释完全不同。丰田对美国政府表示,油门踏板总成存在着摩擦问题,导致"驾驶员在踩踏板时会更加费力,并且踏板无法及时恢复到怠速状态,在最糟糕的情况下,踏板在被踩下后根本无法恢复,固定在某一位置"。CTS公司则表示只有极少数车辆的油门踏板出现问题,并且"在任何情况下踏板都不会出现被踩下后无法恢复到怠速状态的情况"。他们完全按照丰田汽车公司的规格说明来生产丰田需要的零部件,并没有察觉到这些零部件出现了问题,造成了意外事故。

2009年6月,丰田新总裁丰田章男走马上任后坦言心事:丰田过去10年致力于成为世界上最大汽车制造商的战略有误,表现之一是扩张过度。

2005年2月,在丰田工作了42年之久的62岁的渡边捷昭被任命为丰田汽车新总裁。这位总裁最大的强项就是削减采购成本,"拧干毛巾上的最后一滴水"是其至理名言。事实上,渡边捷昭也是这么干的。在其上任之后,渡边捷昭大力推行其主导的丰田"CCC21计划"(即面向21世纪的成本竞争计划)。该计划累计从零部件采购上节约下100亿美元的成本。新的"CCC21计划"将"价值创新(VI)"囊括其中,这种新思路要求工程师和供应商回到汽车开发的基本层面去寻求节约成本的新思路——拧干毛巾上的最后一滴水。

当思路出现问题的时候,通常计划就会偏离原来的轨道。作为此次油门踏板的供应商,CTS与丰田一起参与了产品的设计、生产和测试,质量管理也是按照丰田的标准进行的。也就是说,产品若出现问题,那么丰田的质量标准就是"召回事件"的根源所在。

渡边捷昭的思路在为丰田带来滚滚效益的同时,也将丰田汽车推进了火坑。

因为过度追求成本,丰田系列汽车的配置在与同级别车型中显露出价格昂贵且配置偏低的情况。虽说大部分消费者对汽车一窍不通,但在汽车长期的使用生涯以及与同级别车型的驾驶感受中总是能够感受出来的。因此在这几年里,丰田全系列汽车无论是一汽丰田、广汽丰田还是雷克萨斯,都面临着汽车销售满意度年年下滑的局面。

也因为对成本的过度重视,从设计到采购,与成本相关的所有链条都开始为丰田汽车的不良口碑埋下了伏笔。从之前的"汉兰达事件""刹车门""漏油门"等一系列的负面影响中,丰田系列汽车面临着巨大的考验。

此外,在全球金融风暴的打击下,世界主要市场的汽车需求出现萎缩,丰田为了应付危机,也必须采取削减成本的措施以应付困难。

如今的丰田正在遭遇一场不亚于全球性经济危机的挑战。这家以标准化、高品质产品在全球攻城略地的汽车巨头不断遭受着产品质量问题的困扰,口碑每况愈下。

丰田为大规模召回、停售停产忙得焦头烂额,竞争对手也来火上浇油。通用和福特已开始挖丰田"墙角"。通用日前已推出无息贷款等优惠措施,向丰田车主伸出"橄榄枝"。客户购买绝大多数通用车型可享受60个月无息贷款;丰田车主可得到通用提供的1 000美元购车首付资金,如果客户提前还款,还将得到最高1 000美元的通用"注资"。无独有偶,福特也将为购买福特车型的丰田车主提供1 000美元购车资金。这些对丰田无疑是雪上加霜。

据美国汽车研究网站估计,丰田于2010年1月在美国市场占有率将下降14.7%,是自2006年3月以来的最低水平。该网站预测丰田1月的销量为10.3万辆。与去年同期及去年12月份相比分别下降了11.9%和45%。而竞争对手福特的市场份额将会达到18%,1月销量据估计为12.6万辆,为2006年5月以来的最好业绩水平。

2008年,丰田超越占据冠军宝座77年的通用,摘取"全球销量第一"的桂冠,并于2009年蝉联冠军。但是去年的全球销量却比2008年的减少约13%。在截至2009年3月的财年首次出现亏损后,丰田裁减了数千名员工。2009年6月,丰田先是宣布退出F1汽车大赛,尔后又退出与通用的一家合资企业。

惠誉国际信用评级有限公司于2010年1月28日把丰田信用评级"A+"列入负面观察,意味其信用评级今后可能调低。标准普尔评级公司28日也释放下调丰田评级信号。据悉,丰田信用评级一旦遭下调,公司将面临借贷利率增加风险。高盛公司分析人士则比较乐观,认为短期不会对丰田带来巨大影响,因为丰田汽车非常擅长利用召回作为契机拉近与消费者的距离,提高消费者的满意度。所以,他们对丰田的评级保持不变。

伴随着召回事件的升级,各方对丰田的批评也越来越多。

日本首相鸠山由纪夫在首相官邸听取了经济产业大臣直岛正行关于丰田的情况汇报,并指示:"(丰田)应迅速采取对策,以恢复用户信赖"。

英国《泰晤士报》于2010年2月2日报道,丰田英国分公司至少一年前就在英国获知一些车型油门踏板会卡住,但当时认为"这不构成问题"。

美国运输部长拉胡德表示,"自从发现安全隐患,我们就一直在敦促丰田采取措施保护消费者。虽然丰田现在采取了负责任的措施,但遗憾的是它费了很大的劲才走到这一步。"拉胡德说,运输部官员去年12月就飞赴日本,提醒丰田管理人员注意公司所负的法律责任,后来又于1月在运输部开会,坚持让丰田解决油门踏板问题。拉胡德说:"我们和丰田还没有完,我们将继续检查可能存在的瑕疵,并监督召回的实施情况。"

"高层管理者应向美国公众更早公布(踏板隐患),"日本蓝泽证券株式会社分析师吉修俊朗(音译)说,"(美国人)对日本产品质量、对丰田的信任已动摇。"

按美联社和路透社说法,丰田章男很大程度上忽视媒体关于丰田就"召回事件"做出回应的要求,他直至1月29日才从瑞士达沃斯发出视频,首次就"召回事件"向消费者致歉。丰田主抓质量的执行副总裁佐佐木真一在日本名古屋就所谓丰田没有向消费者及时解释辩解道,丰田当时集中精力求解踏板隐患处理方法。美联社报道,这是丰田总部高级管理人员首次就"召回事件"正式发表公开评论。

分析讨论题:
1. 造成丰田本次"召回事件"的原因有哪些?其中,最根本的原因是什么?为什么?
2. 请评价丰田应对本次"召回事件"的各项措施。
3. 你认为,要消除本次"召回事件"的不良影响,丰田应该怎么做?
4. 你认为,企业有没有办法杜绝此类事件的发生,并说明理由。

子项目 7.3 控制管理·相关知识

任务 1 熟悉控制概念

组织的目标确定了组织的发展方向,决定了组织下一步计划的制订。管理工作始于计划的制订,然后是组织和领导计划的实施。随着计划实施过程中内外环境因素的变化,计划的完成往往不能一蹴而就。这就需要使用管理的另外一项重要职能——控制。控制在维持组织协调平衡、规范成员行为、开创组织、发展新局面方面，有不可忽视的作用。要了解和处理这些问题，就需要开展有效的控制工作。

一、控制的定义

控制论是美国数学家罗伯特·维纳于1948年在他的著作《控制论——关于在动物和机器中控制和通讯的科学》中创立的，它是研究系统的调节与控制的一般规律的科学，它的任务是使系统在稳定的运行中，实现自己的目标。关于控制的定义，管理学家有很多不同的说法：亨利·法约尔认为，控制就是监视各人是否依照计划、命令及原则执行工作；理查·霍德盖茨认为，控制就是管理者将计划的完成情况和目标相对照，然后采取措施纠正计划执行中的偏差，以确保计划目标的实现；哈罗德·孔茨则认为，控制就是按照计划标准衡量计划的完成情况和纠正计划执行中的偏差，以确保计划目标的实现；小约翰·谢默霍恩认为，控制是衡量工作绩效、对比成果与目标，并在必要时采取纠正措施的过程。

可见，控制是指通过制订计划或业绩的衡量标准，管理人员监视各项活动以保证它们按计划进行，并建立信息反馈系统，以纠正各种显著偏差的过程。控制的实质就是使工作按计划进行，管理人员为保证实际工作与计划一致而采取的全部活动；或者管理人员只对计划做适当的调整，以确保组织的目标以及为此而拟订的计划能够得以实现。

二、控制与计划等各方面的关系

控制工作存在于管理活动的全过程中，与其他管理职能紧密地结合在一起，它不仅可以维持其他职能的正常活动，还可以在必要时通过采取纠正偏差的行动来改变其他管理职能的活动，使管理过程形成了一个相对封闭的闭路系统。

1. 控制与计划的关系

控制是对管理系统的计划实施过程进行监测，将监测结果与原订计划目标相比较，找出偏差，分析其产生的原因，并加以处理。由此可见，控制和计划息息相关，要准确理解控制的含义，必须把它放在与计划工作的联系中加以说明。如果说管理的计划工作是谋求一致、完整而又彼此衔接的计划方案，那么管理控制工作则是使一切管理活动都按计划进行。

计划和控制是一个问题的两个方面。计划产生控制的标准，是控制的前提，而控制是计划目标能够实现的保证。在管理中，计划设定了组织所希望的行为与结果，而控制是对计划执行效果的监测与校正，所以控制工作必须围绕计划展开，以计划提出的目标为标准。计划目标越明确、全面和完整，控制的效果也就越好。控制又是计划正确实施的保证，如果没有控制系统，没有实际情况与计划的比较，就不知道计划是否完成，计划就不可能正确地实施，组织目标也就不可能实现。控制过程得到的信息可以为制订新的计划提供依据，控制提出的修正方案也是新一轮计划的开始。因此，在管理过程中，计划与控制相互依存，缺一不可。

在具体工作中，控制工作既是一个管理过程的终结，又是一个新的管理过程的起点。纠偏措施有可能很简单，但更多的情况下，纠偏措施可能涉及重新拟订目标、修订计划、改变组织结构、调整人员配备，以及对指导或领导方式做出重大的改变等，这实际上又是一个新的管理过程的开始。从这个意义上说,控制工作不仅是实现计划的保证,而且可以积极地影响计划工作。

2. 控制与组织的关系

组织职能是通过建立一种组织结构框架,为组织成员提供一种适合默契配合的工作环境。要进行有效的控制,必须要有组织的保证,同时控制还必须反映组织结构的类型。因此,组织职能的发挥不但为组织计划的贯彻执行提供了合适的组织结构框架,为控制职能的发挥提供了人员配备和组织机构,而且组织结构的确定实际上也就规定了组织中信息联系的渠道,为组织的控制提供了信息系统。如果各级组织机构职责不明确,承担偏差产生责任的部门和采取纠偏措施的部门就无法确定。因此,组织机构越明确、全面和完整,所设计的控制系统越是符合组织机构中的职责和职务的要求,控制工作的效果就会越好。

3. 控制与领导的关系

控制要有效进行,还必须配备合适的人员,必须给予正确的指导和领导,必须调动组织成员的积极性。领导职能是通过领导者的影响力来引导组织成员为实现组织的目标而做出积极的努力。这意味着领导职能的发挥影响到组织控制系统的建立和控制工作的质量。反过来,控制职能的发挥又有利于改进领导者的领导工作,提高领导者的工作效率。

一个有效控制系统的形成,还必须依赖于管理者的充分授权。在处理人际关系时,许多管理者认为授权是一件非常困难的事,其主要原因是由于管理者对下属的决策负有最终的责任,他害怕下属犯了错误而由他来承担责任,从而使许多管理者试图靠自己做事来避免授权给他人。但是,如果通过建立反馈机制,形成一种有效的控制系统,能积极、有效地提供授予了权力的下属工作绩效的信息和反馈,这种不愿授权的思想负担可以得到大大的减轻。

三、控制的特点及作用

1. 经济性

有完善的控制制度,是每一个管理人员所希望的。实际操作过程中,在制订控制制度或实施控制工作时都是要花费成本的,因此,控制工作必须讲究经济效益。在控制制度中,花费在控制制度上的费用应小于企业所取得的经济效益。所谓经济效益是相对而言的,它随经营业务的重要性及其规模的不同而不同,也随着控制系统能够带来的经济效益情况的不同而不同。

2. 准确性

准确的控制系统可以提供正确的数据,同时也表示这个管理过程是可靠、可行的,可以增强管理者对系统实施的管理和控制。如果销售人员在估量销售时说些模棱两可的话以随时能迎合主管上司的看法,这就有可能使上层管理者收到错误的信息,从而使不深入了解情况的高层管理人员采取不适当的行动。

3. 灵活性

控制不是随着计划一成不变的,出现了未预见到的情况或计划全盘错误的情况时,控制要随着计划的改变而改变,发挥其应有的作用。当形势要求变化时,控制机制必须允许变化,否则控制就会失败。因此,控制的评价标准、考核指标、纠正行动在某些情况下可以根据客观情况和现实条件进行调整。

4. 通俗性

控制必须适合各个管理者,因此,制订的控制制度必须是通俗易懂的,一个不容易理解的控制制度是没有价值的。控制应是简单、直接和可理解的。假如管理人员的控制制度对员工而言过于复杂,则应重新设计,使之不仅满足员工的需要,而且也能为员工所理解。

5. 适时性

控制机制必须能及时地发现和纠正问题,并迅速地向管理人员报告。管理人员知晓偏差情况越早,就越能快速地采取纠偏行动。对管理者来说,知道事情即将会出现问题,总比事情已经出现问题要来得强。

6. 标准合理性

控制的标准与激励制度一样,必须是合理的且能达到的。控制标准应该是一套富有挑战性的、能激励员工表现得更好的标准,而不是让人感到泄气或鼓励欺骗的标准。

7. 强调例外

控制工作着重于计划实施中的例外情况,可使管理者把精力集中在他们注意和应该加以注意的问题上。管理者不能对组织内全部事情施以控制,因此应该对特殊事件采取控制措施。一种例外系统可以保证管理层在出现偏差时不至于不知所措。

8. 战略高度

管理层不可能控制组织中的每一件事。管理层应该控制那些对组织目标有战略性影响的因素。控制应该包括组织中的关键性的活动、作业、事件。也就是说,控制的重点应放在容易出现偏差的地方,或放在偏差造成的危害很大的地方。管理者可以采取更多授权团队进行自我控制,或者放松控制来激发员工的自我管理和创新能力。

9. 纠正行动

管理层不仅应指出偏差,还要建议如何纠正这种偏差。也就是说,控制系统应该在指出问题的同时给出解决问题的方法以确保能采取适当的纠正措施,否则这个系统就等于名存实亡。只有通过适当的计划工作、组织工作、人事工作和领导工作来纠正偏差,才能证明该控制系统是有效的。

10. 多重标准

组织在衡量组织绩效和员工行为时,应尽可能建立多重衡量标准,防止因单一标准带来的绩效衡量不准确和获得失真的评价信息等问题的产生。同时,有效控制的衡量标准也不应该是自相矛盾的,而应该是相辅相成的。

在管理相对封闭的系统中,控制有着极为重要的作用,为了保证其作用能得到充分发挥,必须有以下前提保证。

(1) 要有明确的计划和目标。控制要有计划且应包含以下两方面的内容。其一是控制要以计划为依据,即控制之前必须先有计划,计划越全面、完整,控制工作的目标就越明确,效果也会越好。没有计划就无从控制。其二是控制工作自身也应拟订计划,确定控制工作的目标、重点、要求、进度,以及各种控制形式的正确使用,各种控制手段运用上的协调一致,等等。控制工作自身缺乏计划、混乱不堪,造成控制工作放任自流,是难以取得好的效果的。同时,控制活动本身是为达到某个计划目标而采取的保证措施。目标决定控制活动的内容,没有目标,控制就没有意义。

（2）要有责权分明的组织结构。任何一项工作都是由许多部门共同完成的，哪个部门、何种职位、何人来负责何种控制工作都应有明确的规定，即要有分工明确的组织结构。控制工作的计划设想再好，如无特定的组织机构来负责，那仍然是无法落实的。不设立专职机构和专职人员，而期望很好地完成控制工作，无论从理论上还是实践上都证明是行不通的。如果责权分明，每件事都有专门的机构负责，信息能有效、畅通地传输，控制活动就易于开展。

（3）要有科学的控制方法和手段。控制的目的是使实际运行情况和计划方案相一致，而实际运行情况却需要通过一定的控制方法才能得到，如果发现偏差，纠偏措施也是通过一定的控制方法和手段来实现的。在具有良好反馈机制的控制活动中，施控者通过接受受控者的反馈，不仅可以及时了解计划执行的状况，纠正计划执行中出现的偏差，而且还可以在反馈中受到启发、激发创新，充分调动受控者的积极性。

任务2 了解控制类型

一、按控制信息获取的时间划分

控制按不同标准进行分类，可以划分为不同的类型，其中最常见的分类是根据控制信息获取的时间不同，划分为前馈控制、同期控制和反馈控制三种类型（见图7-1）。

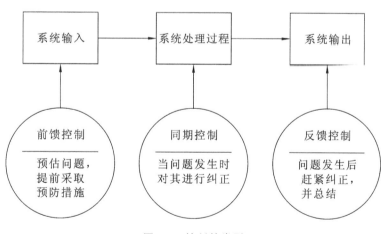

图7-1 控制的类型

1. 前馈控制

前馈控制是在工作开始之前对工作中可能产生的偏差进行预测和估计，并采取防范措施，将工作中可能产生的偏差消除于偏差产生之前。前馈控制是一种防患于未然的控制，所以通常也称为事前控制、预先控制。前馈控制的目的是保证高绩效，它在本质上有预防的作用，因此它属于一种预防性控制，它的工作重点并不是控制工作的结果，而是克服某些干扰或适应环境的变化,提前采取各种预防性措施,包括对投入资源的控制、主动修正指令,以防止工作过程中可能出现的偏差,保证预期目标的实现。他们可以通过提出一个重要的但是经常被忽视的问题(在开始之前,我们需要做些什么?)来减少以后出现的问题。例如:麦当劳公司的食物成分的预先控制就是前馈控制,在公司的质量管理中起到了举足轻重的作用;在企业中制订一系列规章、制度让员工遵守,从而保证工作的顺利进行;为了生产出高质量的产品而对原材料质量进行的入库检查;员工的岗前培训等,都属于前馈控制。

前馈控制是组织最渴望采取的控制类型,因为它能避免预期问题的出现。前馈控制具有以下优势:第一,前馈控制是在工作开始之前进行的控制,可以防患于未然,以消除事后对于已铸成的差错无能为力的弊端;第二,前馈控制适用于一切领域中的所有工作,如企业、医院、学校、军队都可以运用这种控制方法,其适用范围很广;第三,前馈控制是在工作开始之前针对某项计划行动所依赖的条件进行控制,不针对具体人员,因而不易造成面对面的冲突,易于被员工接受并付诸实施。但是,前馈控制需要及时和准确的信息,并要求管理者能充分了解前馈控制因素与计划工作的影响关系。从现实看,要做到这些是十分困难的,因此,管理者不得不借助于以下两种类型的控制。

2. 同期控制

同期控制是在工作正在进行的过程中进行控制,也称事中控制、同步控制、现场控制。管理者亲临现场就是一种最常见的现场控制活动。与前馈控制和反馈控制相比,现场控制往往是在偏差已经或将要出现但尚未造成严重后果的情况下进行的,它可以分析、研究造成偏差的根源,并预测偏差发展的可能方向,然后做出控制。

现场控制一般表现为两种方式:一是主管人员深入现场检查和指导下属的活动,看此活动是否按照预定的标准在执行,它包括适当的工作方法和工作过程的指导,监督下属工作,发现偏差督促纠正;二是针对工作中出现的问题,根据自己的经验指导下属改进工作,或与下属共同商讨矫正偏差的措施,以使工作人员能正确地完成所规定的任务。现场控制能及时发现偏差,及时纠正偏差,是一种较为经济、有效的控制方法,也是一种难度较大的控制方法。由于现场控制对已经出现的偏差要进行及时纠正,需要对实时信息做出及时的反应,因而对主管人员的管理水平和领导能力要求较高,它要求控制人员具有敏锐的判断力、快速的反应能力以及灵活多变的控制手段,同时要注意避免凭主观意志进行控制。更要注意的是,即使是现场控制,从发现偏差到纠正偏差也需要花费一段时间,故其控制有时也非完全同步。

现场控制的有效性需要信息采集方便和传递快捷,这就要求组织建立完善的信息网络和必要的计算机信息系统,并在管理制度上建立严格的信息收集、分析和报告体系,确保信息传递的迅速和纠偏、调节措施的及时。

但是,现场控制的弊端也很明显。第一,容易受到管理者时间、精力、业务水平的制约,管理者不能时时事事进行现场控制,只能偶尔使用或在关键项目上使用现场控制;第二,现场控制的应用范围较窄,便于计量的工作一般较易进行现场控制,而对一些难以计量的工作,就很难进行现场控制;第三,现场控制容易在控制者与被控制者之间形成对立情绪,伤害被控制者的积极性。

3. 反馈控制

反馈控制是在工作结束之后进行的控制,故常称作事后控制。它是管理控制中最常见的控制类型。它是活动完成之后,主管人员根据已发生的情况分析工作的执行结果,将它与控制标准相比较，从中发现已经出现或即将出现的偏差，在分析原因的基础上采取措施纠正偏差，以防止偏差继续发展或在以后的工作中再次发生。反馈控制把注意力主要集中于工作结果上，通过对已形成的工作结果进行测量、比较和分析，提供信息，采取措施，对今后的活动进行纠正。比如，组织发现不合格产品后追究当事人的责任，制订防范再次出现质量事故的新规章；发现产品销路不畅而减产、转产或加强促销等，都属于反馈控制。

反馈控制具有以下优势：第一，在周期性重复活动中，避免下次活动发生类似问题；第二，消除偏差对后续活动过程的影响，如产品在出厂前进行质量检查，剔除不合格产品，可避免次品流入市场后对品牌信誉和顾客使用所造成的不利影响；第三，反馈控制可以提供奖惩员工的依据；第四，人们可以通过反馈控制认识组织活动特点和规律，了解工作的失误、计划的不足，分析问题产生的原因，为下一轮工作的正确开展、下一次实施前馈控制和现场控制创造条件。反馈控制的主要弊端是存在时间滞后性，即在实施纠正措施前，偏差、失误、损失就已经产生，只能"亡羊补牢"。但从管理的实际工作看，最常用的控制类型是反馈控制。

以上这三种控制方式的控制重点各不相同：前馈控制重在资源，包括人、财、物等；现场控制重在进行的活动，多为工作过程；反馈控制是对已结束工作的资源投入、工作过程进行评价，用于对下一次活动的开展进行控制。

二、按控制的主客体划分

按控制的主客体划分，控制可以分为直接控制和间接控制。

1. 直接控制

直接控制就是用来改进管理者未来行动的一种方法，它注重对管理人员的遴选、培训和考核，使管理者委派任务时有较大的准确性，并使管理者具有较高的素质，具有较强的管理能力，使他们能熟练地应用管理的概念、技术和原理，能以系统的观点来改进和完善他们的管理工作，从而防止出现因管理不善而造成的不良后果。自我控制也是一种直接控制，它要求员工对自己的工作及负责的范围进行自我检查、自我考核、自我评价，强调全员参与管理，这就要求全体员工具有自我管理的能力和主人翁精神，从而能减少控制系统中所需的人力和物力。

2. 间接控制

间接控制是通过建立控制系统对被控制对象进行控制。这种控制方法往往是预先制订计划和标准，通过对比和考核实际结果，追查造成偏差的原因和责任，并进行纠正。这时的控制主体是直接责任者的监督人。间接控制对比较规范、程序化的工作较为有效，但这种控制方法对复杂多变的环境反应较慢，而且是在出现了偏差、造成损失之后才采取措施，所以它的费用支出是比较大的。

三、按控制的来源划分

按控制来源划分，控制可以分为正式组织控制、群体控制和自我控制。

1. 正式组织控制

正式组织控制是由管理人员设计和建立起来的对一些机构或规定进行的控制，如规划、预算和审计是正式组织控制的典型。组织可以通过规划指导组织成员的活动,通过预算来控制消费,通过审计来检查各部门或个人是否按照规定进行活动,并提出更正措施。在大多数组织中,普遍实行的正式组织控制的内容包括:实施标准化、保护组织的财产不受侵犯、质量标准化、防止滥用权力、对员工的工作进行指导和测量等。

2. 群体控制

群体控制是基于群体成员的价值观念和行为准则,由非正式组织实施和维持的。非正式组织有自己的一套行为规范。尽管这些规范并没有明文规定,但非正式组织中的成员都十分清楚这些规范的内容,都知道如果自己遵循这些规范就能得到其他成员的认可,强化自己在非正式组织中的地位;反之,则可能受到排挤。群体控制在某种程度上左右着员工的行为,实施得好,会有利于实现组织目标;但如果实施得不好,则会给组织带来很大的危害。

3. 自我控制

个人自我控制是指个人有意识地去按某一行为规范进行活动。自我控制能力取决于个人本身的素质。具有良好修养的人,自我控制能力一般较强。

任务 3 运用控制技术

一、控制的过程

从管理控制的实施过程来看,组织的管理控制大致可以划分为四个步骤:确立标准,衡量实际工作绩效,将实际绩效与标准进行比较,纠正偏差,如图 7-2 所示。

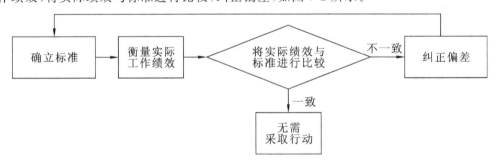

图 7-2 控制过程示意图

(一) 确定标准

1. 明确控制对象

通过计划确立控制标准是控制过程的起点,这是在决定控制标准之前首先需要解决的问题。从纯理想的角度看,管理人员应对影响组织工作绩效的全部因素进行控制,但受资源有限、

项目7 控制管理

管理人员工作能力有限的影响,最为现实的做法是:选择那些对实现组织目标有重大影响的因素进行重点控制。因此,控制标准是从整个计划方案中选出的对工作成效进行评价的关键指标,这些是计划已经制订的具体的、可直接引用的标准。但因各种计划的详尽程度不同,有些计划是比较抽象的、概括的,是对组织工作目标及行动方案的总体规划和安排,这时需要转换计划目标以制订出一套更具体、可测量和考核的控制标准。影响组织工作目标实现的主要因素有以下几种。

(1) 环境特点及其发展趋势。组织在特定时期的管理活动是根据决策者对经营环境的认识和预测来计划和安排的。如果预期的市场环境变化没有出现,或者企业外部环境发生了某种无法预料或无力抗拒的变化,那么原来计划的活动可能就无法继续进行,从而使组织难以达到预期的结果。因此,制订计划时所依据的各种经营环境因素应作为控制对象,列出"正常"环境与"非常"环境的具体指标或标准。

(2) 资源投入状况。组织经营成果是通过对一定资源的加工转换得到的。没有或缺乏这些资源,组织的经营活动就会成为无源之水、无本之木。投入的资源,不仅会在数量和质量上影响经营活动按期、按要求地进行,从而影响最终产品的正常生产,而且获取资源的费用也会影响活动的成本,从而影响组织的经营效果。因此,必须对资源投入进行控制,使之在数量、质量以及价格等方面符合预期经营效果的要求。

(3) 组织活动过程。输入到生产经营中的各种资源不可能自然形成产品。组织的经营成果是组织活动转化的结果,是通过全体员工在不同时间和空间上利用一定技术和设备对不同资源进行不同加工劳动而最终得到的。因此,必须使企业员工的活动符合计划和预期结果的要求。为此,必须建立员工工作规范,明确各部门和各员工在各个时期的阶段成果的标准,以便对他们的活动进行控制。

2. 选择关键控制点

一般来说,并不是计划实施过程中的每一步都要制订控制标准,而是要选择一些关键点作为主要的控制对象。良好的控制来源于关键控制点的选择。确定控制关键点的过程是一个分析决策的过程。比如在酿造啤酒的过程中,啤酒质量是控制的重点对象,影响啤酒质量的因素很多,但只要抓住了水的质量、酿造温度和酿造时间,就能保证啤酒的质量,因此,可以对这些关键控制点制订出明确的控制标准。在任何组织活动中都存在着此类关键点,只要对这些主要的关键点进行控制,就可以控制组织活动的整体状况。

对关键点的选择,一般应放在最容易出现偏差的地方,或放在偏差造成的危害比较大的地方。具体应统筹考虑以下三个方面。

(1) 需要对计划内容做全面、深入的分析,同时还要充分地考虑组织实施过程中的具体情况以及外部环境带来的干扰影响,关注影响整个工作运行过程的重要操作步骤和注意事项。

(2) 选择易检测出偏差的环节进行控制,以便对问题做出及时、灵敏的反应。关键点一般都是目标实施过程中的重要组成部分,它可能是计划实施过程中最容易出现偏差的点,或是起制约因素的点,或是起转折作用的点,或是变化度大的点。

(3) 关键控制点数量的选择应在时间与空间上分布均衡,使管理者能够对组织总体状况形成一个比较全面的把握。

3. 制订控制标准

在企业中,最常用的控制标准有四种:时间标准(如工时、交货期等),数量标准(如产品数量、废品数量),质量标准(如产品等级、合格率)和成本标准(如单位产品成本)。组织中的所有作业活动都可以依据这四种标准进行控制。如对企业生产工作的控制,可检查产量是否达到数量标准,原材料规格及产品合格率是否达到质量标准,产品在时间上是否按期完成并如期交货,原材料成本及员工工资是否超出成本费用限制等。

最常用的制订标准的方法有三种:利用统计方法来确定预期结果,根据经验和判断来估计预期结果,在客观的定量分析基础上建立工程标准。

(1) 统计计算法。它是通过分析反映企业经营在各个历史时期的数据或对比同类型企业的经营水平,运用统计学方法为企业未来活动而建立的标准。制订出的标准称为统计性标准,也叫历史性标准。这种方法的优点是简便易行,但由于受历史的局限,而难以反映发展和变化的要求。

(2) 经验估计法。它是有经验的管理人员凭经验、判断和评估来确立控制标准的方法。实际上,并不是所有工作的质量和成果都能用统计数据来表示,也不是所有的企业活动都保存着历史统计数据。对于新从事的工作,或统计资料缺乏的工作,可以根据对工作熟悉的人员的经验、判断和评估来为之建立标准。利用这种方法建立工作标准时,要注意利用各方面人员(如老员工、技术人员、管理人员)的知识和经验,在充分了解情况、收集意见的基础上,科学地进行综合,制订出更为先进、合理的标准。使用此方法时,管理人员的主观期望和个人价值系统将起决定性的作用,因此应尽量克服主观性,充分综合各方面的管理人员的知识和经验,进而确立标准。这种方法一般是作为另两种方法的补充。

(3) 工程方法。该方法通过对工作情况进行客观的定量分析来制订标准,制订出的标准称为工程标准。严格地说,工程标准也是一种用统计方法制订的控制标准。它是以准确的技术参数和实测的数据为基础的,它主要用于测量生产者或某一工程的产出定额标准。

由于控制的对象不同,控制标准的种类很多。任何一项具体工作的衡量标准,都应该有利于组织目标的实现,组织究竟以何种方法制订何种标准,取决于所需衡量的绩效成果及其影响因素的领域和性质。以上方法可以综合使用。

(二) 衡量实际工作绩效

1. 确定适宜的衡量方式

对照标准衡量工作绩效是控制过程的第二步,为了确定实际工作的绩效,需要明确如何衡量和衡量间隔是多少的问题。

(1) 衡量的方法。为了获得控制信息,管理者在实际工作中可以采用分析报表资料、召开会议、亲自观察和抽样调查等方法去收集信息。

一是利用报表等统计资料。现在,组织中广泛地使用了计算机,因此管理者越来越多地依靠统计报表等来衡量实际工作情况。统计报表中不仅有计算机输出的文字,还包括多种图形、图表,并且按管理者的要求列出各种数据。这种由书面材料了解工作情况的方法,可以节省时间,但获取的信息是否全面、准确,往往依赖于报表等统计资料的真实性和准确性。

二是召开会议。让各部门主管汇报各自的工作近况及遇到的问题,既有助于管理者了解各部门工作的情况,又有助于加强部门间的配合协作。尽管这种信息是经过过滤的,但它是一种快捷的、有反馈的信息,同时又是一种可以通过语言、语调和词汇本身来传达的信息。

三是亲自观察。通过个人的亲自观察,管理者可亲眼看到工作现场的实际情况,还可通过

项目7 控制管理

与现场工作人员的交谈来了解工作的进展及存在的问题,进而获得真实而全面的信息。亲自观察提供了关于实际工作的最直接和最深入的第一手资料,但是由于时间和精力的限制,要求主管人员对所有工作活动都亲自观察是不可能的。

四是抽样调查。从整批调查对象中抽取部分样本进行调查,并把结果看成是整批调查对象的近似特征,这种方法可节省调查成本及时间。

以上方法各有利弊,管理者在控制活动中必须综合地使用多种方法,以增加信息的来源并确保信息的有效性。

(2)衡量的频度。对控制对象的衡量频度过高,不仅会增加控制的费用,而且会引起有关人员的不满,影响他们的工作态度,从而对组织目标的实现产生负面影响;但衡量和检查的次数过少,则有可能造成许多重大的偏差不能被及时发现,不能及时采取措施,从而影响组织目标和计划的完成。适宜的衡量频度取决于被控制活动的性质和控制活动的要求,比如,对产品质量的控制常常需要以件或时、日等较小的时间单位来进行,而对新产品开发的控制则可能需要以月为单位。

2. 建立有效的信息反馈系统

衡量实际工作绩效的目的是为管理者提供有用的信息,为纠正偏差提供依据,然而,并不是所有衡量绩效的工作都直接由负责纠偏的上管人员和部门进行,这就应该建立有效的信息反馈网络,使反映实际工作情况的信息既能迅速地收集上来,又能适时地传递给恰当的主管人员,并能迅速地将纠偏指令下达到有关人员,以便对问题进行处置。

在有效的信息反馈网络中,信息要符合以下三点基本要求,才能更好地服务于控制工作。

(1)信息的及时性。信息具有很强的时效性,如果信息不能及时提供给各级主管人员及相关人员,信息的使用价值就会消失,而且会给组织带来有形或无形的巨大损失。

(2)信息的可靠性。信息的可靠性来源于准确地收集信息、完整地传递信息等各个环节。

(3)信息的适用性。组织中的不同部门乃至同一部门在不同时期对信息的种类、范围、内容、详细程度、准确性、使用频率的要求都可能是不同的。

3. 通过衡量实际绩效,检验标准的客观性和有效性

衡量工作实际绩效是以预定的标准为依据来进行的,因此,利用预定的标准去检查各部门、各阶段工作的过程,同时也是对标准的客观性和有效性进行检验的过程。在为控制对象确定标准的时候,由于认知的局限性,可能只考虑了一些次要的非本质因素,或只重视了一些表面的因素。因此,利用既定的标准去检查工作,有时候并不能够达到有效控制的目的。衡量过程中的检验就是要辨别并剔除那些不能为有效控制提供必要的信息及容易产生误导作用的不适宜标准,以便根据控制对象的本质特征制订出科学的控制标准。

(三)将实际绩效与标准进行比较

通过比较实际工作成效与控制标准,会出现两种情况:一是没有出现偏差,二是出现了偏差。一般来说,管理工作的实际成效与控制标准不可能完全一致,两者之间总会有一定的偏差,因此,人们往往规定了一个可以浮动的范围,只要实际结果在这个范围之内就可以认为不存在偏差,则该控制过程暂告完成;而一旦实际结果在允许范围之外,就可以认为存在偏差,则控制过程进入下一环节。

(四) 纠正偏差

1. 评估偏差信息并寻找偏差原因

实际上,并非所有的偏差都会影响企业的最终目标,有些偏差可能是由于计划本身和执行过程中的问题造成的,而另一些偏差则可能是由于一些偶然的、暂时的、局部的因素引起的,从而不一定会对组织活动的最终目标产生重要影响。因此,在采取纠正措施前,必须对偏差信息进行评估和分析,判别偏差的严重程度,判断其是否会对组织活动的效率和效果产生影响。因此,一般要确定可以接受的偏差范围,如果偏差超出了范围,就应该予以注意。

纠正偏差措施的确定是以对偏差原因的分析为依据的,而同一偏差却可能是由于不同的原因造成的,这就要求相关人员认真了解偏差信息并对影响因素进行分析,透过表面现象找出造成偏差的深层原因,为"对症下药"地制订纠偏措施提供保证。

2. 选择适当的纠偏措施

在控制中采取的纠偏措施主要有:第一,对于由工作失误而造成的问题,控制工作要通过加强管理、监督,确保工作与目标的接近或吻合;第二,若计划目标不切合实际,控制工作主要是按实际情况修改计划目标;第三,若组织的运行环境发生重大变化,使计划失去客观的依据,控制工作主要是启动备用计划或重新制订新的计划。在纠偏措施的选择和实施过程中,需要注意以下问题。

(1) 保持纠偏方案的双重优化。第一重优化力求使纠偏行动的成本小于偏差可能带来的损失,这种经济性要求是决定该项纠偏行动是否有必要采取的前提条件;第二重优化是在此基础上,通过对各种可行纠偏方案的比较,找出其中相对最优的方案,达到追加投入最少、成本最小、解决偏差效果最好的效果。

(2) 充分考虑原订计划实施的影响。无论是由于对客观环境的认识能力提高,还是由于客观环境本身发生重要变化而引起的纠偏需要,都可能会导致对部分原订计划,甚至全部内容的修改或否定,由此进行的控制就会使企业经营活动的方向和内容发生或大或小的调整。因此,在采取纠偏措施时,要充分考虑到伴随着原订计划的实施已经消耗的资源,以及这种消耗对客观环境造成的种种影响,如人员思想观念的转变等。

(3) 消除组织成员对纠偏措施的疑虑。任何纠偏措施都会在不同程度上引起组织的结构、关系和活动方式的调整,从而会或多或少地涉及某些组织成员的利益,不同的组织成员因此会对纠偏措施持不同的甚至对立的态度。因此,要特别注意消除执行者的疑虑,争取更多的人理解、赞同和支持纠偏措施,以避免在纠偏方案的实施过程中可能会出现的人为障碍。

二、控制有效性的原则

无论采用何种控制方式,为了保证对组织活动进行有效的控制,控制工作必须遵循以下原则。

1. 重点原则与例外原则

重点原则是指任何组织都不可能对每一件事情进行全面控制,因为全面控制的代价太大,所以组织在建立有效控制时必须从实际出发,对影响组织目标成果实现或反映工作绩效的各种要素进行科学的分析研究,从中选择出关键性要素作为控制对象,并进行严格的控制,其他方面则相对地放松控制。这样,管理人员可以省出很多时间和精力,收到事半功倍的效果。一般来讲,关键性因素包括:关于环境特点及其发展趋势假设、资源投入、组织活动过程等。在确立了重点的控制对象后,就必须在相关环节上建立预警系统或关键控制点,组织控制了关键点,也就控制了全局。选择关键点要注意:①能影响整个工作过程的重要操作与事项;②能在重大损失出现前显示出差异的事项;③若干能反映组织主要绩效水平的实践与空间分布平衡的控制点。

因此,在实际运用中,例外原则必须与重点原则相结合。仅仅立足于寻找例外情况是不够的,我们应当把注意力集中在重点的例外情况的控制上。这两条原则有某些共同之处。但是,我们应当注意到它们的区别在于:控制重点原则强调选择控制点,而例外原则则强调观察这些点上所发生的异常偏差。

2. 及时性原则

亨利·法约尔曾指出,为了达到有效的控制目的,控制应在有限的时间内及时进行。有效的控制要求能尽可能早地发现组织活动中产生的偏差,并及时采取措施加以纠正,避免偏差的进一步扩大,或防止偏差对组织产生不利影响的扩散。信息是控制的基础,要做到及时控制,信息的收集和传递必须及时,管理人员必须及时掌握能够反映偏差产生及其严重程度的信息。如果信息处理的时间过长,即使信息是非常客观的和完全正确的,其时间的滞后就可能导致纠偏失去实际意义,且会产生严重的后果。纠正偏差的最理想方法应该是在偏差未产生以前,就注意到偏差产生的可能性,从而预先采取必要的防范措施,防止偏差的产生。

3. 灵活性原则

尽管人们探索未来,也努力预测未来,但不可预测性始终是一个客观的存在。人们努力追求预测的准确性,以及对实际绩效和差异情况了解的准确性,并努力提高所采取的措施的准确性,但不准确总会存在。如果控制不具有弹性,则在执行时难免陷于被动。为了使控制与实际相吻合,应考虑多种方案及可以允许变动的幅度,从而使控制具有一定的灵活性。所以,控制应当从实现目标的目的出发,采用多种灵活形式达到控制的目的。同时,控制应允许意外的变化或情况发生,过于死板反而会破坏控制的有效性。

4. 经济性原则

任何控制都会产生一定费用。衡量工作成绩,分析偏差产生的原因,以及为了纠正偏差而采取的措施,都需支付一定的费用;同时,任何控制,由于纠正了组织活动中存在的偏差,都会带来一定的收益。一项控制,只有当它带来的收益超出其所需成本时,才是值得的。控制费用与收益的比较分析,实际上是从经济角度去分析控制程度与控制范围的问题。

5. 客观性原则

客观性原则就是坚持实事求是、一切从实际出发的原则。在控制工作中难免会有许多主观因素在内,但是,对一个下属工作的评价,不应仅凭主观来决定,不能只凭个人的主观经验或直觉判断来采取行动,而应坚持一切从实际出发来认识问题。有效的控制要求有客观、准确和适当的标准。这个标准可以是定量的,例如每一个预防对象的费用或每日门诊病人数,或工作完成的日期;这个标准也可以是定性的,例如一项专门性的训练计划,或者是旨在提高人员素质的专门培训计划。问题的关键在于,在每一种情况下,标准应是可测定和可考核的。

三、控制方法

(一) 控制论的原理

管理控制的理论基础来源于控制论,它的基本原理如下。

(1) 任何系统都是由因果关系链联结在一起的元素的集合,元素之间的这种关系就叫耦合,控制论就是研究耦合运行系统的控制和调节的。

(2) 为了控制耦合系统的运行,必须确定系统的控制标准 Z。控制标准的值是不断变化的某个参数 S 的函数,即 $Z=f(S)$。例如,为了控制飞机的航行,必须确定航线,飞机在航线上的位置 S 的值是不断变化的,所以控制标准的值也必然是不断变化的。

(3) 可以通过对系统的调节来纠正系统输出与控制标准之间的偏差,从而实现对系统的控制。

(二) 预算控制

1. 预算的含义

所谓预算,就是用财务数字(如收入、费用和资金等)的形式来描述组织未来的活动计划,它预估组织在未来时期的经营收入和现金流量,同时也为各部门及各项活动规定了在资金、劳动、材料、能源等方面的支出额度。编制预算不仅能使企业确定目标和拟订标准的计划工作得到改进,而且对组织的协调和控制有所改进。当为组织的各职能部门都编制了预算时,就为协调组织的活动提供了基础。同时,由于对预期结果的偏离将更容易查明和评定,因此预算也为控制工作中的纠正措施奠定了基础。把各种计划用一些确切的数字来表示,可以使主管人员清楚地看到哪些资金将由谁来使用,并涉及哪些费用开支计划、收入计划和以实物表示的投入量与产出量计划。主管人员明确了解这些情况,就可能放手授权给下属,以便使之在预算的限度内去实施计划。

预算控制就是将实际和计划进行比较,确认预算的完成情况,找出差距并进行弥补,以实现对组织资源的充分、合理利用。预算控制在管理控制中使用得非常广泛。预算清楚地表明了计划与控制之间的紧密联系,它是一种转化为控制标准的计划,预算的编制为组织的控制工作提供了十分完美的基础。

2. 预算的特点

1) 计划性

预算是财务方面的一种特殊计划,其主要构成内容是各种数字,包括数量目标、对目标数字的说明、预算期间。

2) 预测性

预测性即体现在关于收入与支出等方面的预测上,预算控制少不了预测方法的运用。

3) 控制性

预算是对组织涉及收入及支出的活动所拟定的数量化标准,用预算作为控制标准,比起其他控制标准具有更明确、更具体、更可控的特点。

3. 预算的种类

1) 按预算所反映的经营活动划分

按照预算所反映的经营活动的不同,可分为经营预算、投资预算和财务预算三大类。

（1）经营预算。经营预算是指企业日常发生的各项基本活动的预算。它主要包括销售预算、生产预算、直接材料采购预算、直接人工预算、制造费用预算、单位生产成本预算、推销及管理费用预算等。

（2）投资预算。投资预算是指企业针对不同行业投资活动进行的可行性预算。该预算使管理者可以预测未来的资本需求,区分出最重要的投资项目以及保证有适当数量的库存现金可以满足由投资引发的现金支出。它主要包括组织为更新或扩大规模,投资于厂房、机器、设备等其他有关设施,增加固定资产的各项支出预算。无论是长期的、还是短期的投资活动,都将涉及企业最为主要的投资限制因素——资本支出,对这种涉及企业资本的预算计划,必须做到具体和明确。

（3）财务预算。财务预算是指企业计划期内,用特定的财务方法对企业的资金收支、损益情况以及财务状况的预算。由于企业经营预算和投资预算的内容都将最终反映在财务预算中,它能使管理者清楚地掌握企业所拥有的资金能否满足预想的开支,并可从中发现是否有多余的现金库存或不合理的开支。财务预算主要包括现金预算和资产负债预算。现金预算实质上是一种现金收支预算,主要反映计划期间预计的现金收支的详细情况。资产负债预算可用来预测将来某一特定时期的资产、负债和资本等账户的情况,或用来反映企业在计划期末预计的财务状况。

2）按预算的范围划分

按预算的范围划分,可分为总预算和部门预算。

总预算指以企业整体为范畴,由组织的最高管理机构批准的预算。

部门预算指各部门根据各自实际特点安排的预算,能够保证工作的顺利开展,又保证在总预算的前提下不超额。

总预算与部门预算不是简单的总体与部分的关系,而是相互支持、相互补充的关系。有的部门预算是全部包含在总预算之中的,有的并不全部包含在总预算之中。并且,不同的组织对预算的分类也不一样,如企业常常把财务预算称之为总预算。

4．企业核定预算的内容

1）销售预算

销售预算指的是先对市场预测,根据市场变化要求对企业生产经营年度要实现的销售额,及其所决定的各种产品和服务的销售量所做的预算。在市场经济条件下,销售预算是企业预算的基础和前提,因为企业必须以市场为导向,以销定产。

2）生产预算

生产预算指在销售预算的基础上,根据企业的现实生产条件和要实现的利润目标,对生产过程中所消耗的各种生产要素以及产品等进行的预算,又可分为直接材料消耗预算、人工费用预算、制造费用预算。

3）销售与管理费用预算

销售与管理费用预算指的是根据企业的预定销售额和利润目标,配合生产预算,对企业销售过程和企业管理活动中费用支出所做的预算。

4）成本预算

成本预算主要是指以企业生产预算为基础,对各种产品的成本进行的预算,其目的是要控制每一种产品的成本。

5）投资预算

投资预算指企业根据市场需求和企业生产能力，在固定资产投资支出方面的预算。按会计的国际惯例，资本支出与生产支出应当分开，投资预算必须单独列出。

5. 预算的目的

1）为战略计划做进一步安排

企业以收集到的信息为基础，来制订来年的战略计划及目标。此目标是由高层管理者制订的，而且范围比较广。预算是在预算年度开始前一些时候制订的，使用的是最新的信息，而且以各层次管理者的判断为基础。

2）协调

组织中的每个责任中心的管理者参加预算编制。当他们意见汇总时，可能会存在不协调的地方。最可能的情况是，从总量上看，对于某些产品系列而言，产销量不吻合。

3）指定责任

审批后的预算应明确管理者的责任。预算也授权管理者可自由支配一定数量的开支。

4）业绩评估的基础

预算是预算人员对其上级的承诺，因此它是考核业绩的尺度。这一承诺可能因为其基础的改变而改变，但不论怎样，它都是业绩评估的最好起点。

6. 预算的作用及其缺点

由于预算的实质是用统一的货币单位为企业各部门的各项活动编制计划，因此它使得企业在不同时期的活动效果和不同部门的经营绩效具有可比性，可以使管理者了解企业经营状况的变化方向，以及组织中的优势部门与问题部门，从而为调整企业活动指明方向。通过对不同的职能部门和职能活动编制预算，也为协调企业活动提供了依据，更重要的是，预算的编制与执行始终是与控制过程联系在一起的，编制预算是为企业的各项活动确立财务标准，用数量形式的预算标准来对照企业活动的实际效果大大方便了控制过程中的绩效衡量工作，也使之更加客观、可靠。

由于这些积极作用，预算手段在组织管理中得到了广泛运用。但在预算的编制和执行中，也暴露了一些缺点，主要表现在以下几个方面。

（1）它只能帮助企业控制那些有形的、可以用货币来计量的资源，而不能控制无形的资源，例如企业文化、形象、凝聚力等。

（2）编制预算时通常参照往期的预算项目和标准，无法控制实际的需要。

（3）企业的外部环境是不断变化的，这些变化会影响企业获取资源的支出或销售产品实现的收入，因此，缺乏弹性、非常具体，特别是涉及较长时期的预算可能会过度束缚决策者的行动，使企业经营缺乏灵活性和适应性。

（4）预算，特别是项目预算或部门预算，不仅对有关负责人提出了希望他们实现的结果，而且也为他们得到这些成果而能够开支的费用规定了限度，这种规定可能使得管理者在活动中精打细算，小心翼翼地遵守不得超过支出预算的准则，而忽视了部门活动的本来目的。

（5）在编制费用时，企业往往都是参照上年的费用进行预算的，但在实际工作中，预算往往会出现超支，这部分超支的费用在审批过程中往往会被削减，因此他们的费用预算申报数要多于其实际需要数，特别是对于那些难以观察、难以量化的费用项目，更是如此。

只有充分认识了上述局限性,才能使预算这种控制手段发挥最大的效用。

(三) 程序控制

1. 程序的控制作用

程序的控制作用则表现在组织中的全体成员都必须共同遵守组织制订的规范。这个规范为控制提供标准,防止发生偏离轨道的情况,使违反和不遵守程序的行为受到制止。利用这个规范,可以为各方面工作的协调提供保证,防止疏忽和遗漏,以免出现"考虑不周"的差错。利用这个规范,可以使管理人员了解办事应经过的过程,做出合理安排,提高办事效率。如果缺乏明确而合理的程序,将会出现办事混乱、互相扯皮、不讲效率的现象。由此可见,程序对形成必要的控制,促进工作的条理化和高效率有重要作用,对改善控制工作有重要作用。

2. 程序控制失灵的原因

一般来说,管理者总是希望利用程序来实现控制,使控制工作做得更好、更有效。但事实上,缺乏程序、无视程序的情况仍大量存在。其原因主要在以下几个方面。

1) 程序之间的不协调

运用程序的方法来实现控制,简便而有效,因此受到欢迎和广泛应用,同时也产生新的问题:每个部门都有自己制订的程序,因而不可避免会出现重复、矛盾,使程序无法按原订计划进行下去。对一个程序的服从,会造成对另一个程序的违反,这使管理人员无所适从。或者,不同程序都规定提供某方面情况的要求,但在具体要求上又有若干不同,从而造成一些不必要的重复工作,增加工作负担,降低工作效率。

2) 程序制订的高成本

制订一套合理的、统一的能够在各部门之间相互协调的程序不是一朝一夕可以完成的,这需要大量的调查工作、借鉴经验工作、收集信息工作,由此而产生的费用相对就大。这对大企业来说可以执行,相对小的企业可能就不能很好执行。

3) 程序的滥用

程序是控制的有效工具,但未必每件事都得制订详尽的程序,因此对一些细小的环节,因没有可用的程序做参考,有时也会使简单问题复杂化,造成对程序的厌恶和反感。

4) 程序制订的盲目性

程序制订的草率会导致程序制订后不能得到有效的实施。对于不遵守程序的情况不予以改正和批评,再好的程序也会成为一纸空文,形同虚设。甚至一些程序的制订,由于种种原因,可能从一开始就只打算挂在墙上而不打算执行。

3. 程序控制工作的改进

为了使程序在控制工作中充分发挥其应有的作用,可以通过以下要求的落实来加以保证。

1) 程序的简化

首先要控制程序的数量。不必要的程序不要设定,否则就是劳民伤财。其次要控制程序的简单、通俗易懂、易于执行。程序的规定是为了促进工作的开展,难以明了、执行的程序不仅会妨碍工作的开展,而且会使人们因为厌恶程序而无视程序。

2) 程序的合理

程序是否合理以及程序的建立是否有利于工作是另一关键。首先,程序的内容应符合组织目标的要求,程序是为目标的实现服务的,而不是"为程序而程序",无视组织目标的程序会本末倒置。其次,所制订的程序应是可行的。实际上做不到或难以做到的程序,也难以有效地贯彻执行。

3）程序的协调

不但要分析个别程序的合理,而且要分析各程序之间的协调一致,从而尽可能把程序之间的重复和交叉矛盾的情况降低到最低程度。各项程序的分别制订均应由总部做最后核准,以便达到协调的目的。

4）程序的经济

程序的制订需要付出成本,程序的执行也要有大量的投入。

5）程序的监督

再好的程序如不实行就是纸上谈兵,就无法起到控制的作用,因此要监督程序的执行。首先要宣传程序,务必使有关人员清楚程序的内容和设置的必要。其次应为程序的执行提供必要的条件和方便,包括对有关人员的培训和指导。最后应切实了解程序的执行情况,对不执行程序的行为提出严肃的批评,以防止此类错误的再犯和蔓延。

（四）经营审计

经营审计是注册会计师为了评价被审计单位经营活动的效果和效率,而对其经营程序和方法进行的评价。审计对象不限于会计,还包括组织机构、计算机系统、生产方法、市场营销以及注册会计师能够胜任的领域。在某种意义上,经营审计更像是管理咨询。根据审查主体和内容的不同,可将审计划分为三种主要类型:一是由外部审计机构的审计人员进行的外部审计;二是由内部专职人员对企业财务控制系统进行全面评估的内部审计;三是由外部或内部的审计人员对管理政策及其绩效进行评估的管理审计。

1. 外部审计

外部审计是由外部机构（如会计师事务所）选派的审计人员对企业财务报表及其反映的财务状况进行独立的检查,检查企业的实际情况与财务报表或反映资产负债表是否一致。外部审计人员需要抽查企业的基本财务记录,以验证其真实性和准确性,并分析这些记录是否符合公认的会计准则和记账程序。外部审计实际上是对企业内部的虚假、欺骗行为的一个重要而系统的检查,因此,其起着鼓励诚实的作用。由于知道外部审计不可避免地要进行,企业就会努力避免做那些在审计时可能会被发现的不光彩的事。

2. 内部审计

内部审计提供检查现有控制程序和方法能否有效地保证达成既定目标和执行既定政策的手段。内部审计人员在检查物资采购时,不应仅限于分析采购部门的账目是否齐全、准确,还要试图测定材料质量是否达到要求。

根据对现有控制系统有效性的检查,内部审计人员可以提供有关改进公司政策、工作程序和方法的对策与建议,以促使公司政策符合实际,工作程序更加合理,作业方法被正确掌握,从而更有效地实现组织目标。

3. 管理审计

外部审计主要核对企业财务记录的可靠性和真实性,内部审计在此基础上对企业政策、工作程序与计划的遵循情况进行测定,并提出必要的改进企业控制系统的对策、建议。管理审计的对象和范围则更广,它是一种对企业所有管理工作及其绩效进行全面系统的评价和鉴定的方法。管理审计虽然也可组织内部的有关部门进行,但为了保证某些敏感领域得到客观的评价,企业通常聘请外面的专家来进行。

任务 4 理解控制系统

一、人员的控制

　　管理者是通过在企业中拟订计划,督促员工的操作来实现目标的。企业中的所有工作都是靠人来完成的,都是通过员工的工作来实现的。因此,员工按照管理者所期望的方式去工作是非常重要的。为了做到这一点,最直接的方法就是管理者制订相关的政策、原则来评估员工的表现,管理者需要在平时的工作中对现场多加巡视。

　　在日常工作中,管理者的工作是按照目标给员工布置工作,并对其工作给予指导及提出意见,或纠正其行为。比如,员工在操作机器的过程中出现了不当的操作方法,管理者就应该给予指导,使其按照正确的方式操作。管理者对员工的工作进行系统化的评估是一种非常正规的方法,这样,每一位员工的近期绩效都可以得到鉴定。如果绩效良好,员工就应该得到奖励,如发放资金并在例会中给予表扬,从而使之工作得更好;如果绩效没有完成,管理者就应该寻找原因解决,根据偏差的程度给予不同的解决办法。

　　以下的内容是企业中的一些行为控制手段。在实际工作中,管理者几乎用到了以下所有列举的方法来增加使员工按管理者期望的方式去做的可能性。

　　(1)甄选:寻找那些价值观、人生观、文化背景和个性符合管理者期望的人,并与其签订合同。

　　(2)目标:企业制定目标,员工接受后,这些目标就会指导和限制他们的行为。

　　(3)职务设计:职务设计的方式在很大程度上决定着人们可从事的任务,工作的节奏,人们之间的相互作用,以及类似的活动。

　　(4)定向:为员工定向规定了何种行为是可接受的或不可接受的。

　　(5)直接监督:监督人员亲临现场可以发现并限制员工的某些不当行为和迅速发现偏离标准的行为。

　　(6)培训:制订正式培训计划向员工传授企业专业技能等企业所期望的工作方式。

　　(7)传授:老员工向新员工非正式或正式地传递"该知道和不该知道"的规则。

　　(8)正规化:正式的规则、政策、职务说明书和其他规章制度规定了可接受的行为和禁止的行为。

　　(9)绩效评估:员工会以使各项评价指标看上去不错的方式行事。

(10) 组织报酬：报酬是一种强化和鼓励期望行为的方式，也是一种消除不期望行为的方式。

(11) 组织文化：通过故事、仪式和高层管理的表率作用等组织文化向员工传递什么构成员工的行为的信息。

二、财务控制

企业要生存就必须获取一定的利润，这是企业的首要目标。在追求这个目标时，管理者必须控制好费用。比如，企业的财务部根据需要编制盈收报表或收支报告等，来发现是否有不合理的开支，以供管理者查阅。同时，财务部也要进行几个常用财务指标的计算，以保证有足够的资金支付各种费用，保证债务负担不至于太重，保证企业能正常运营并且所有的资产都得以有效的利用，这就是财务控制——尽一切可能减低成本，并使资源得以充分利用。

预算是一种控制工具，财务预算为管理者提供了一个比较与衡量支出的定量标准，据此能够指出标准与实际花费之间的偏差。

表 7-1 中概括出了一些组织中常用的财务比率指标，它们是组织中的各种财务报表（资产负债表和损益表）中的一对对数据比较的意义，以及它们的百分比或比率。

表 7-1 常用财务比率

目的	比率	计算公式	含义
流动性检验	流动比率	$\dfrac{流动资产}{流动负债}$	检验组织偿负短期债务的能力
	速动比率	$\dfrac{流动资产-存货}{流动负债}$	对流动性的一种更精确的检验，尤其当存货周转缓慢和难以售出时
财务杠杆检验	资产负债比	$\dfrac{全部资产}{全部负债}$	比值越高，组织的杠杆作用越明显
	利息收益比	$\dfrac{纳税付息前利润}{全部利息支出}$	度量当组织不能偿负它的利息支出时，利润会下降到什么程度
运营检验	存货周转率	$\dfrac{销售收入}{存货}$	比值越高，存货资产的利用率越高
	总资产周转率	$\dfrac{销售收入}{总资产}$	用于获取一定销售收入水平的资产越少，管理当局利用组织全部资产的效率越高
营利性	销售利润率	$\dfrac{税后利润率}{销售收入}$	说明各种产品产生的利润
	投资收益率	$\dfrac{税后净利润}{总资产}$	度量资产创造利润的效率

单个地去考虑反映经营成果的某个数据，往往不能说明任何问题。企业本年度盈利 100 万元，某部门本期生产了 5 000 个单位产品，或本期人工支出费用为 85 万元，这些数据本身没有任何意义。只有根据它们的内在关系，相互对照分析才能说明某个问题。比率分析就是将企业资产的负债表和收益表上的相关项目进行对比，形成一个比率，从中分析和评价企业的经营成果和财务状况。利用财务

报表提供的数据,可以列出许多比率,常用的比率有两种类型:财务比率和经营比率。

1. 财务比率

财务比率及其分析可以帮助我们了解企业的偿债能力和盈利能力等财务状况。常用的财务比率有四种。

1) 流动比率

流动比率是企业的流动资产与流动负债之比,反映了企业偿还需要付现的流动债务的能力。一般来说,企业资产的流动性越大,偿债能力就越强;反之,偿债能力就越弱,则会影响企业的信誉和短期偿债能力。因此,企业资产应具有足够的流动性。

2) 速动比率

速动比率是流动资产和存货之差与流动负债之比,该比率和流动比率一样是衡量企业资产流动性的一个指标。当企业有大量存货且这些存货周转率较低时,速动比率比流动比率更能精确地反映客观情况。

3) 负债比率

负债比率是企业总负债与总资产之比,反映了企业所有者提供的资金与外部债权人提供的资金的比率关系。只要企业全部资金的利润率高于借入资金的利息,且外部资金不在根本上威胁企业所有权的行使,企业就可以充分地向债权人借入资金以获取额外利润。

4) 盈利比率

盈利比率是企业利润与销售额或全部资金等相关因素的比例关系,反映了企业在一定时期从事某种经营活动的盈利程度及其变化情况。常用的比率有销售利润率和资金利润率。

2. 经营比率

经营比率是与资源利用有关的几种比例关系,它们反映了企业经营效率的高低和各种资源是否得到充分利用。常用的经营比率有三种。

1) 库存周转率

库存周转率是销售总额与库存平均价值的比例关系,它反映了与销售收入相比库存数量是否合理,表明了投入库存的流动资金的使用情况。

2) 固定资产周转率

固定资产周转率是销售总额与固定资产之比,它反映了单位固定资产能够提供的销售收入,表明了企业资产的利用程度。

3) 销售收入与销售费用的比率

这个比率表明单位销售费用能够实现的销售收入,在一定程度上反映了企业营销活动的效率。由于销售费用包括了人员推销过程中的差旅费用、广告投入的宣传费用、销售管理费用等组成部分,因此还可以进行更加具体的分析。比如,预估单位广告费用能够实现的销售收入,或单位推销费用能增加的销售收入,等等。

反映经营状况的这些比率通常也需要进行横向的(不同企业之间)或纵向的(不同时期之间)比较,这样才更有意义。

三、信息控制

目前,大部分的工作都需要收集不同的信息来完成,如果收集的信息不精确、不完整、过多或老旧过时，将会严重阻碍管理者的行动。因此，企业应该具备信息管理系统，使它能在正确的时间，以正确的数量，为正确的人提供正确的数据。

科技的日新月异，使管理信息的方法发生了很大的变化。例如，在十几年前，企业要有一个庞大的组织来收集数据，并对所提供的数据进行比较、分析后供管理者使用，在处理的过程中还不能保证不出差错，并且管理者拿到信息往往要滞后好几天。而今天，通常在管理者的办公桌上就有一台计算机，管理者可以在任何时候输入他们的要求，调出按地区划分的销售结果，过去要花几天才能得到的数据，现在只需要几秒钟。

四、组织绩效控制

企业为衡量一个组织的整体绩效或效果做着不懈的努力。当然，管理者关心他们组织的绩效，但他们并不是唯一的衡量其组织的人。顾客和委托人在他们选择生意对象时也会对此做出判断，证券分析师、潜在的投资者、潜在的贷款者和供应商（尤其是以信用方式交易的供应商）也会做出判断。为了维持或改进一个组织的整体效果，管理者应该关心控制。但是，衡量一个组织的效果并没有一个单一的衡量指标，生产率、效率、利润、员工士气、产量、适应性、稳定性以及员工的旷工率等毫无疑问都是衡量整体绩效的重要指标。

1. 系统方法

一个组织可以描述成这样一个实体，即获得输入、从事转换过程、产生输出。从系统的角度看，一个组织可以通过下述几个方面的能力进行评价：获得输入的能力、处理这些输入的能力、产生输出的能力和维持稳定与平衡的能力。输出产品或服务是目的，而获得输入和处理过程的效率是手段。系统方法所考虑的相关标准包括：市场份额，收入的稳定性，员工旷工率，资金周转率，用于研究和发展方面的费用的增长情况，组织内部各部门的矛盾冲突情况，雇员的满意程度，以及内部交流的通畅程度。值得注意的是，系统方法强调那些影响组织长期生存和兴旺发展的因素的重要性，而这些因素对短期行为可能并不是特别的重要。

系统方法的主要优点在于防止管理层用未来的成功换取眼前的利益；另一个优点是当组织的目标非常模糊或难以度量时，系统方法仍然是可行的。比如，公共部门的管理者将"获得预算的增长能力"作为衡量效果的标准，也就是说，他们用一种输入标准来取代输出标准。

2. 组织目标法

组织目标法就是以组织最终完成其目标的结果来衡量其效果，而不是以实现目标的手段来衡量。也就是说，只考虑终点时冲线的结果。

我们是采用夸夸其谈的目标还是切合实际的目标？谁的目标？短期的还是长期的目标？由于组织具有多重目标，那么这些目标如何按其重要性进行排序？如果管理者敢于面对组织目标的内在复杂性，他们就可以获得评价组织的合理信息。

3. 战略伙伴法

战略伙伴法是假定一个有效的组织能够满足顾客群体的各种要求，并获得他们的支持，从而使组织得以持续地生存下去。

一个有效的组织要能够成功地识别出关键伙伴——顾客、政府部门、金融机构、证券分析家、工会等，并满足他们的要求，值得注意的是使用战略伙伴法的基本前提条件。这里的假定是,一个组织面对的是一个来自有关利益集团的经常性的和有竞争性的要求。由于这些利益集团的重要性各不相同,因此,组织的效果取决于它识别出关键性或战略性伙伴的能力以及满足他们对组织所提要求的能力。更进一步,这种方法假定管理者所追求的一组目标是对某些利益集团要求的一种反映,是从那些控制了组织生存所需资源的利益集团中选择出来的。

虽然战略伙伴法非常有意义,但管理者在付诸行动时却非易事。在实践中,将战略伙伴从广泛的环境中分离出来就是一件非常困难的事。由于环境总是在不断地变化,昨天对一个组织来说还是很关键的,今天可能就已经不是了。采用战略伙伴法,管理者可以大大地减少忽略或严重伤害那些利益集团的可能性,这些利益集团对阻碍组织的运转有着重要的影响。如果管理层知道谁的支持对组织的健康发展是必需的,他们可以修改目标重要程度的顺序,以反映他们与战略伙伴权力关系的变化。

苹果公司的控制

1977年,技术专家史狄夫·渥兹尼克和销售天才史狄夫·雅可布创立了苹果计算机公司(后简称苹果公司),公司很快就取得了非凡的成功。但是,成功没能持续很久,部分原因是IBM个人计算机的问世。20世纪80年代早期,一些观察家们认为,苹果公司需要更加严格的控制和更为专业化的管理方法。因此,百事可乐公司的约翰·斯科利被请到苹果公司来做指导。

为控制公司,约翰·斯科利采用了降低成本的方法来改善盈利状况,并增加了研究和开发费用,以使公司能保持技术上的领先地位。可后来,约翰·斯科利却受到指责,说他研究和开发费用投入不够,广告费用投入过多。为减少重复环节,降低损益平衡点以及部门间的摩擦,苹果公司重组了公司;为提高效益和效率,苹果公司引入了新的汇报程序。此外,苹果公司在控制库存方面也做了大量的工作,而库存问题又往往是个人计算机公司的主要问题。这些措施使苹果公司1986年财政年度的收入增加超过150%。

分析讨论题:

1. 计划和控制二者之间是怎样的关系?
2. 除了上述计划外,还有哪些计划可用于组织的控制?

项目 8 管理创新

 **案例导入**

数码相机压垮传统胶片　富士胶片改卖化妆品

在数码相机的猛烈威压下,传统胶片行业不得不面临日薄西山的窘境,而不少企业转型的方向则让人匪夷所思。富士胶片株式会社(后简称富士公司)于 2010 年 9 月 16 日宣布,将公司研发的女性功能性护肤品"ASTALIFT"系列推向中国网络市场,在淘宝上独家销售。

对于富士公司来说,未来的多元化版图上,"综合健康医疗"将是今后重点发展的事业支柱之一。总裁横田孝二介绍,富士公司已经成立了"医疗健康事业统括本部",业务包括医疗、药品、化妆品、健康食品等跟生命科学相关的各种业务。

"化妆品所需的胶原蛋白,就是富士公司原来生产胶卷的过程中必不可少的成分,将其运用到化妆品里面,其实是把我们的技术进行了延伸。"横田孝二称,胶卷生产中用来防止胶卷褪色的防氧化技术,也是在化妆品生产中所不可缺少的一种抗衰老技术。据悉,该系列化妆品自 2007 年在日本上市销售以来,深受女性消费者青睐,2009 年的日本本土销售额超 100 亿日元(约 7.72 亿元人民币)。

富士公司负责人表示,中国是全球第三大化妆品销售市场,预计今后还将以每年 10%的速度增长。为此,富士胶片株式会社将在日本大受好评的"ASTALIFT"系列引进中国市场进行销售,在其唯一销售渠道淘宝商城上预定首批推出 8 款产品,引入的产品全部由日本进口生产,包括所有的日常护理用品。

蓝哥智洋国际行销顾问机构首席执行官于斐指出,国内目前的化妆品行业的集中度很低,给各个化妆品品牌预留了很多市场份额。富士公司进入亚洲最大的电子商务零售平台——淘宝是一个很好的开始,但其胶片技术的卖点要让中国消费者买单还是需要通过多样化的销售方式来扩张销售渠道。

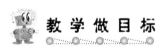 **教学做目标**

通过本项目的教、学、做,需要完成的目标如下:
(1) 理解创新和管理创新的内涵;
(2) 掌握管理创新的过程和方法;

(3) 掌握管理创新的途径；
(4) 理解企业技术创新、管理创新和市场创新的内容。

子项目 8.1 管理创新·工作任务·师生教学做

以下有两项"管理创新"的工作任务，各项任务由教师和学生共同完成。

任务 1

教学拓展训练：相识有创造力的我
★ 形式：集体参与
★ 时间：20 分钟
★ 材料：相识有创造力的我（见附录）
★ 场地：不限
★ 应用：创新能力培养

目的

◇ 采用创造性的方式相互介绍自己，以提升右脑思维能力。

程序

1. 学生认真阅读问卷"相识有创造力的我"。教师先示范性地回答问卷问题，以引导学生轻松、活泼地向大家展示自己富有创造力的一面。教师可以借助下列参考答案，也可以现场自由发挥。

相识有创造力的我

我的姓名是：陆苗苗（化名）
我是一名：旅行者
我利用五种感官来介绍我自己。
我看起来像：一阵旋风
我闻起来像：海边清风
我摸起来像：一个气泡
我听起来像：煮沸的咖啡
我品尝起来像：热奶油巧克力圣代冰淇淋
我最近的冒险经历是：在热浴缸里边吃坚果边读有关罗伯特·里德福德的鬼故事

2. 学生利用五种感官来向大家介绍自己。

讨论

1. 如何评价这种用右脑思维介绍自己的方式？你若采用这种方式介绍自己,会有在众人面前裸露自己而产生不自在的感觉吗？

2. 威廉·詹姆士曾经说过:"人类能通过改变他们思维的态度来改变他们的生活。"你对这句名言有何见解？

可能的回答:①人可以改变;②我们的态度影响我们的行为方式;③如果我们认为自己是什么样的人,就会不自觉地成为什么样的人。

3. 请回答以下问题:你认为这次培训中可能会遇到的最糟糕的事情是什么？

可能的回答:①我被要求做我不会做的事情;②我可能被认为很愚蠢;③我被要求做我不想做的事情;④我没有创造力。

总结与评估

有创造力的人不管从事任何职业都会有创造力。有一家公司有下面的规章:本公司的规章是没有规章。本游戏也没有规章,即你可以随意走动,可以随时观察和参与其他活动,可以在需要休息时休息,也可以坐在地板上。

附录

相识有创造力的我

```
我的姓名是:_____
我是一名:_____
我利用五种感官来介绍我自己。
    我看起来像:_____
    我闻起来像:_____
    我摸起来像:_____
    我听起来像:_____
    我品尝起来像:_____
    我最近的冒险经历是:_____
```

任务 2

教学拓展训练:激励创新精神的拇指印

★ 形式:集体参与

★ 时间:10～20分钟

★ 材料:印台,音乐带(疯狂的、戏剧性的或有趣的音乐带)

★ 场地:不限

★ 应用:创造力培养

目的

◇ 为学生提供使用他们的右脑思考问题的机会;让学生通过游戏在课间积极休息,放松片刻;让学生讨论分析:为什么某些规则有时会阻碍我们从不同寻常的角度思考问题。

程序

1. 在每一张桌子上放一个印台或者每三到四个人用一个印台。请每一位学生把他们的拇指按在印台上,然后把他们的拇指印印在教材的空白处或空白纸头上。
2. 要求学生用他们的拇指印画出一些具体的东西(比如臭虫、轿车、宇宙飞碟等),让他们玩上一会儿。
3. 让学生彼此交换一下作品,分享一下各自的创意。

讨论

1. 当你们被告知要做这个活动时,你们的第一反应是什么?
2. 在活动进行过程中,你们感觉如何?
3. 你们以前有没有用拇指印画过图画?是在什么场合?
4. 为什么有些人不愿意玩拇指印画?
5. 你自己或其他人的哪些陈规旧俗会妨碍你尽情地沉浸在游戏的欢乐之中?
6. 这一游戏的意义在哪?

总结与评估

许多人可能自囿于陈规,妨碍了他们去尽兴地游戏,就好似这个游戏一样。这个游戏的意义在于:它迫使你的右脑思维开动起来,除此以外,它对于我们走出禁锢的思维定势是很有帮助的。

子项目 8.2 管理创新·工作任务·学生独立做

以下有两项"管理创新"的工作任务,各项任务由学生独立完成。

任务 1

教学拓展训练:头脑风暴会议
★ 形式:集体参与

★ 时间:15 分钟
★ 材料:卡片
★ 场地:不限
★ 应用:1. 创新思维培养
　　　　2. 团队意识提升

目的

◇ 鼓励参与者畅所欲言,互相启发和激励,开动开放性思维方式,诱发新设想。

程序

◇ 最初的 5 分钟,参与者在卡片上写下设想;接下来的 5 分钟,轮流发表设想;最后的 5 分钟,参与者相互交流探讨,以诱发新设想。

◇ 此过程中,若有新设想立即写下来。将所有卡片集中分类,并加上标题,然后再进行讨论。

讨论

◇ 头脑风暴法为何能激发新思维?
◇ 运用头脑风暴法产生方案后怎样确定最佳方案?
◇ 我们从这个任务中可以学到哪些可应用于创新的东西?

总结与评估

创新只有开始没有结束,它贯穿于企业的整个生命周期中,"生命不息,创新不止"。一旦创新停滞下来,它就不会再产生绩效。创新不是一个个偶然事件,而是与工作运转同时存在的系统。创新系统需要定期梳理,需要不断地补充新知识、新技能,以保证它的持久动力。

大力表彰创新,是刺激创新的有效手段之一。人们只有在创新中得到实现自我价值的机会和获得成就感,才能在工作中自觉、自发地去创新。

任务 2

请如实回答如下问题:
(1) 什么是创新?它有哪些特征?
(2) 怎样运用创新过程?
(3) 什么是商业创新模式?

子项目 8.3 管理创新·相关知识

任务 1 熟悉创新理论

在全球竞争的动态环境中,在日益完善的社会主义市场经济大潮中,组织要成功地开展竞争工作,就必须不断地创造出新的产品或提供更优质的服务,并且不断地更新已有的技术。21世纪,因循守旧、按部就班是注定要被淘汰的,只有创新才意味着积极进取,意味着持续发展,意味着出奇制胜,意味着拥有未来的希望。

1912年,经济学家约瑟夫·熊彼特首次从经济学角度系统地提出了创新理论,从而为现代社会、现代组织引入了经济发展、生产率增长和改善人民生活水平的真正驱动力。创新是一个民族进步的灵魂,是国家兴旺发达的不竭动力,更是现代企业进步的原动力。

一、创新的含义与作用

1. 创新的含义

创新本意是更新、制造新的东西或改变旧的东西。约瑟夫·熊彼特认为:创新是企业家对生产要素的新的组合,就是建立一种新的生产函数,实现生产要素和生产条件的一种从未有过的新组合。这种意义下的创新概念包含下列五种情况:一是采用一种新的产品,也就是消费者还不熟悉的产品或某种产品的一种新的特性;二是采用一种新的生产方法,也就是在有关的制造部门中尚未通过实践检验的方法,这种新的方法不需要建立在科学上的新发现的基础之上,并且也可以存在于处理一种产品的新的方式之中;三是开辟一个新的市场,也就是有关国家的某一制造部门以前不曾进入的市场,不管这个市场以前是否存在过;四是获得新的供给来源,掠取或控制原材料或半制成品的一种新的供应来源,不论这种来源是已存在的,还是第一次创造出来的;五是实现一种新的组织形式,比如营造一种垄断地位或打破一种垄断地位。

彼得·德鲁克认为,创新是企业家精神的特殊手段,是企业家的具体工具,也是他们借以利用变化作为开创一种新的实业和一项新的服务机会的手段。彼得·德鲁克进一步认为,创新是管理的一部分,是创造出新的财富和行动的潜力,而不是新的知识。创新性地赋予资源一种新的能力,使它能够创造财富,因此,凡是能够改变已有资源创造财富的潜力的行为就是创新行为。

由此可见,创新不仅是一个技术的概念,更是一个具有广泛意义的经济概念。创新就是采用新的、更好的产品,以及新的生产工艺、组织和管理方法,以产生更大的经济效益。它涉及一系列多层次的活动,包含了从一个新概念开始直至形成生产力并成功地进入市场的过程。基于以上认识,创新就是指把一种发明或新构想引入经济之中,从而给经济带来较大影响或使经济发生较大变革的行为及过程。

2. 创新的作用

创新的作用主要体现在以下三个方面。

(1) 创新可增强组织适应环境变化的能力。组织作为一个开放的系统,与外部环境发生着物质、能量和信息的交换,外部环境的变化客观上要求组织做适应性的调整,否则组织便难以生存。创新可增强组织适应环境变化的能力,以应对来自环境的各种挑战。

(2) 创新是为组织更高层次的维持提供依托和框架。管理活动的创新使组织呈现出螺旋式上升的态势,而创新的结果有赖于管理的维持工作,或者说更高层次的维持工作。没有管理的维持工作,创新工作便失去了载体。

(3) 创新可以延缓组织的退化和消亡。任何组织都要经历产生、发展、衰退和消亡的发展过程,或者说组织的退化和消亡是不可避免的。从这一意义上说,组织是在同自身的退化和消亡做斗争。创新可以使组织和环境之间的矛盾暂时得到缓解,增强组织的生命力,延缓组织的退化和消亡。

二、创新的源泉

成功的企业家,不管他们的个人动机是什么,他们总是试图创造价值和做出贡献,试图创造出新的、不同的价值,力图把物质转化为资源,或把现有的资源组合成新的更具生产力的形态。而能为创新提供机会的是变化,所以,有系统的创新就在于对变化进行有目的、有组织的寻找,在于对这类变化进行系统分析,从而抓住一切创新的机会。

通过检查如下七个方面的变化有可能找到创新的机会,这七个方面是创新的源泉。

1. 意外事件

意外事件包括意外的成功、意外的失败和外部意外事件。

意外的成功对组织的创新提供的机会最多,而所冒的风险则相对较少。但是,意外的成功常常会被组织的最高层领导所忽视,因为在多数机构中,最高领导人往往都是从一个职能或某一特定领域起家的,而唯有这个领域是他们感到惬意的领域。当在新的领域中出现了意料之外的成功,他们所做的反应是惊诧不已,甚至认为是鸠占鹊巢,而拒绝把意外的成功看作是发展的机会。开发、利用意外的成功所提供的创新机会,需要进行分析。意外成功事件作为一个先兆,它究竟代表了什么事情?发生了什么基本变化?是技术还是市场?唯有这样才能把目前还处于隐蔽状态的创新机会揭示出来。

意外的失败一旦发生是无法抗拒的,但能否把失败看成成功机会的先兆却需要眼光,需要深入调查意外的失败究竟是怎么回事。当了解了事实真相,成功的创新机会就会很容易地出现。面对意外的失败,它要求组织领导走出单位,去多看看、多听听,而不是关起门来做研究分析。组织领导应当严肃认真地对待意外的失败,并把它看成是一个创新机会的先兆。

外部意外事件是发生在一个企业或行业所关注的本行业之外的事情,利用这些看来好像与己无关的事情,常常可以拓展、延伸本行业的业务范围,取得意想不到的成功。利用外部意外事件特别适合具有相当规模的公司,它也许是提供给大公司最大机遇和最低风险的创新领域,也许是提供给创业较久的大型企业从事创新的领域,也许是提供给具备最重要的专门知识以及调动大量资源的能力且会快速产生最大差异的公司从事创新的领域。

2. 不一致性

不一致性是指人们对事物想象的情况或以为应该是什么与现实的事物之间产生的不符与不协调。不一致性也是创新的一个先兆,但它常常为知情者所忽视或熟视无睹。利用不一致性作为创新的机会是相对易行而有效的。不一致性可以表现为多个方面:需求的增长与经济效益的不一致性;假设与现实的不一致性;对顾客价值观以及期望的认识与实际结果的不一致性;流程中存在的节奏与逻辑上的不一致性。

当某一产业、某个市场及某一过程内部发生了变化,往往就潜伏了不一致性。这种不一致性只有在行业中的人或行业附近的人能看清,知情者只有在认准和了解的基础上,才能开发并利用它。

3. 流程的需要

需要是发明之母。流程的需要作为一种特殊需要也为创新提供了巨大的机会。任何一个产业、一项业务、一项服务中都存在着流程需要。流程需要并不以单个事件为起点,而以所做的工作为开始,完善早已存在的流程。它可以针对流程中的某一薄弱环节加以更换,也可以用新的知识对现行的旧流程重新加以设计。流程需要的创新要取得成功,应注意以下五个基本指标:需有一个独立完整的流程;需有一个薄弱或缺损的环节;需有一个清晰的目标定义;需有明白地解决办法的具体要求;需有一个更佳方式的共识,即要有高度的可接受性。

流程需要的创新还应按三项条件做检验:是否真正理解需要的是什么;是否已具备了所需的知识,或在目前的技术水平中能否解决这个问题;解决方法是否适宜。

4. 产业结构和市场结构的变化

产业结构和市场结构一旦形成往往较为稳定,但有时又是十分脆弱的,解体起来十分迅速。这时,业内的企业如果继续因循守旧,就肯定会遇到困难,甚至被市场所淘汰。然而,产业结构或市场结构的变化也为创新提供了很大的机会。如何知道产业结构将发生根本性的变化?一般可从四种明显的迹象中找到答案:产业部门的增长显著快于经济或人口增长的时候;产量翻番;原先互不相关的几种技术出现了相互结合的时候;经营方式迅速改变的时候。当有这几种现象发生时,往往预示了产业结构将发生突变。采取简明而有针对性的创新战略,就能大大地增加成功的可能性。

5. 人口的变化

在各种外界的变化中,人口的变化是一个最易预测的因素。人口的变化包括人口的数量、年龄的分布变化,以及人口教育程度、劳动工种、收入水平等方面的变化。这些统计数据不仅是可知的,而且对某些情况的发生有确定的超前期。通过人口统计了解人口结构状况,其重要性不仅在于人口结构对购买力和购买习惯有影响,而且对劳动力规模和劳动力结构也有影响。

由于人口结构具有内在的不稳定性,极易发生突发的剧变,因此,人口结构的变化是决策制订者必须予以分析和全面考虑的首要环境因素。人口变动是唯一能对未来进行有把握的预测的因素。通过对人口动态和人口结构中所发生的变化进行分析,可以较准确地预测出市场和用户的购买力、购买习惯、顾客的需要以及就业中的主要趋势。通过现场调查,包括研究人们购买东西的方式,喜欢怎样的环境,如何看待所购商品的价值,可以发现变动中的结构能成为高度有利可图和极为可靠的创新机会。

6. 观念的变化

人们的观念变化往往孕育着重大的创新机会。当人们的观念发生变化时,事实本身并没有改变,改变的只是它们的意义。这种变化绝不是奇异的或难以捉摸的,它很具体,即它可以被定义、被检测,更重要的是它还可以被利用。利用人们的观念变化的创新有四个要素,即创新性,当机立断的迅速手段,准确判断变化的现象是否具有创新潜力,以及基于认知变化创新要始于小而专的领域。

7. 新知识

以科学和技术研究的新知识为基础的创新毋庸置疑是非常重要的,但也是最为困难的。在所有创新中,以新知识为源泉的创新的孕育期最长,而且风险也最大。它是以多种知识的汇聚与结合为基础的。以新知识为基础的创新有其自身的特殊要求:需要对创新所必需的因素进行仔细的分析,包括还缺少哪些因素,所缺的因素能否自行备齐;要有明确集中的目标,它可以集中于一个完整的系统,或集中于新的市场,或集中于一个有利的战略地位;需要学习并实施企业家型的管理,以减少其风险。

以新知识为基础的创新不仅包括科技方面的创新,还包括社会科学方面的创新。由于其要求高、风险大,因而潜在的报偿也就更大。

三、创新的类别与特征

1. 创新的类别

组织的创新可以从不同角度进行考察,根据不同的角度,可以将创新划分为不同的类型。

1) 按创新的规模以及创新对组织的影响程度分类

按创新的规模以及创新对组织的影响程度划分,可以将创新分为局部创新和整体创新。

局部创新是指在组织性质和目标不变的前提下,组织活动的某些内容、某些要素的性质或其相互组合的方式,以及组织的社会贡献的形式或方式等发生变动。

整体创新是指改变组织的目标和使命,涉及组织的目标和运行方式,影响组织的社会贡献性质。

2) 按创新与环境的关系分类

按创新与环境的关系划分,可以将创新分为消极防御型创新和积极攻击型创新。

消极防御型创新是指由于外部环境的变化对组织的存在和运行造成了某种程度的威胁,为了避免威胁或避免由此造成的组织损失扩大,组织在内部展开的局部或全局性调整。

积极攻击型创新是指在观察外部世界运动的过程中,敏锐地预测到未来环境可能提供的某种有利机会,从而主动调整组织的战略和技术,以积极开发和利用这种机会,谋求组织的发展。

3) 按创新发生的时期分类

按创新发生的时期划分,可以将创新分为初建期的创新和运行中的创新。

初建期的创新是指组织的创建者在一张白纸上绘制组织的目标、结构、运行规划等蓝图,这本身就要求人们有创新的思想和意识,创造一个全然不同于现有社会的新组织,寻找最满意的方案,取得最优秀的要素,并以最合理方式组合,使组织进行活动。

项目8
管理创新

运行中的创新是指组织的管理者要不断地在组织运行的过程中寻找、发现和利用新的创新机会,更新组织的活动内容,调整组织的结构,扩展组织的规模。

4) 按创新的组织程度

按创新的组织程度,可将创新分为自发创新和有组织的创新。

自发创新是指组织内部各部分的自发调整行为,创新的组织程度低。组织内部各部分的自发调整可能产生两种结果:一种是各部分调整都是正确的,而且从整体上看是相互协调的,创新给组织带来积极的效果;另一种是各部分调整有的是正确的、有的是错误的,调整后各部分的关系出现了不协调,创新给组织带来的总效应有可能是正的,也有可能是负的,即创新的结果是难以预料的。

有组织的创新是指组织管理人员根据内外环境的变化,积极地引导和组织创新活动,使组织创新活动有计划、有组织地开展,创新的组织程度高。一般来说,较之自发创新,有组织的创新更有可能给组织带来正的创新效果。

2. 创新的特征

为了更有效地进行创新,我们必须认识创新的特点。一般而言,创新具有以下特点。

1) 创造性

创造性是指创新所进行的活动与其他活动相比,具有突破性的质的提高。也可以说,创新是一种创造性构思付诸实践的结果。

创新的创造性首先表现在新产品、新工艺上,或是体现在产品、工艺的显著变化上;其次表现在组织结构、制度安排、管理方式等方面的创新上。这种创造性的特点就是敢于打破常规,在把握规律的同时能紧紧地抓住时代前进的趋势,勇于探索新路子。

2) 风险性

由于创新的过程涉及许多相关环节和影响因素,从而使得其创新结果存在一定程度的不确定性,也就是说,创新带有较大的风险性,一个创新的背后往往有着数以百计的失败的设想。据统计,美国的企业产品开发的成功率只有 20%~30%,如果计算从设想到进行开发再到成功的比率,那就更是凤毛麟角了。

创新具有风险性,首先是因为创新的全过程需要大量的投入,这种投入能否顺利地实现价值补偿,受到来自技术、市场、制度、社会、政治等不确定因素的影响;其次是因为竞争过程的信息不对称,竞争者也在进行各种各样的创新,但其内容我们未必清楚,因而我们花费大量的时间、金钱、人力等资源研究出来的成果,很可能对手已经抢先一步获得或早已超越这一阶段,从而使我们的成果失去意义;再次就是创新作为一个决策过程,无法预见许多未来的环境变化情况,故不可避免地带有风险性。

3) 高收益性

企业创新的目的是要增加企业的经济效益和社会效益,以促进企业发展。在经济活动中,高收益往往与高风险并存,创新活动也是如此,因而尽管创新的成功率较低,但成功之后可获得的利润却很丰厚,这就促使企业不断地加大创新力度。微软公司创办初期,仅有 1 种产品、3 个员工和 1.6 万美元的年收入,但它经过持续的创新活动获得了巨大的经济利益,从而一跃成为大型跨国高科技公司,董事长比尔·盖茨也成为世界首富。正是因为创新在高风险的前提下具有高回报的特点,许多国家都成立了风险投资公司,资助创新者前仆后继地进行各种各样的创新,以便在部分项目成功后获得高额的回报。

4）系统性和综合性

企业创新是涉及战略、市场调查、预测、决策、研究开发、设计、安装、调试、生产、管理等一系列过程的系统活动。这一系列活动是一个完整的链条，其中任何一个环节出现失误都会影响到整个企业的创新效果，所以，创新具有系统性和综合性。创新的系统性和综合性还表现在创新是许多人共同努力的结果，它通常是远见与技术的结合，需要众多参与人员的相互协调和相互作用，才能产生出系统的协同效应，使创新达到预期的目的。

5）时机性

时机是时间和机会的统一体，也就是说，任何机会都是在一定的时间范围内存在的。如果我们正确地认识客观存在的时机并能充分地利用时机，就有可能获得较大的发展；反之，如果我们错过了时机，我们的种种努力就会事倍功半，甚至会前功尽弃、出现危机。

创新也具有这样的时机性。消费者的偏好处于不断的变化之中，同时社会的整体技术水平也在不断提高，因而使创新在不同方向具有不同的时机，甚至在同一方向也随着阶段性的不同具有不同的时机。这就要求创新者在进行创新决策时，必须根据市场的发展趋势和社会的技术水平进行方向选择，并识别该方向的创新所处的阶段，选准切入点。

任务 2　了解创新内容

系统在运行中的创新要涉及许多方面，本节主要以社会、经济生活中大量存在的企业系统来介绍创新的内容。

一、目标创新

知识经济时代的到来导致了企业经营目标的重新定位，主要表现在三个方面。一是企业管理观念的革命，要求企业经营目标重新定位；二是企业内部结构的变化，促使企业必须重视非股东主体的利益；三是企业与社会的联系日益密切、深入，社会的网络化程度大大提高，企业正成为这个网络中重要的连接点。因此，企业经营的社会性越来越突出，从而要求企业高度重视自己的社会责任，全面修正自己的经营目标。

众所周知，美国曾经最为推崇利润最大化，盈利能力曾经是评价美国企业好坏、成败的唯一标准。可是同样在美国，今天评价企业的标准已经发生了巨大的变化，适应知识经济时代的多元目标相互协调的企业经营目标观念被广为接受。例如，在全世界享有盛誉的美国《财富》杂志评选最优秀企业时，采用了创新精神、总体管理质量、财务的合理性程度、巧妙地使用公司财产的效率以及公司做全球业务的效率等九项指标。我们从这些带有导向性的指标中看到，企业对员工、对社会、对用户的责任等指标在整个指标体系中占了相当分量。所以，在新的经济背景下，我国企业要生存，目标就必须调整为通过满足社会需要来获得利润。

目标创新就是企业通过创新活动，在一定时期内预期所要达到的结果。它是在企业创新思

项目8
管理创新

想指导下,为解决企业创新问题,由市场调研确认的创新机会推论出对企业创新活动应达到的理想状态。企业创新活动,就是根据理想状态与现实状态的差距,付诸创新行动、实现由现实状态到理想状态的转化。

确立的创新目标正确与否,决定着企业创新活动的成败。在确立创新目标过程中,只有遵循正确的确立原则并以其为指导,其目标才会具有时效性。这些原则主要有以下几种。

(1) 与企业长远发展战略目标相一致。在确立企业创新目标时,必须有助于企业长期发展战略目标的实现,因为长期发展战略是企业创新的来源。创新目标是从属于发展战略目标的一个子系统,它虽然有其自身的特点,但它是实现企业长期发展战略目标的保证,不会偏离或背离战略目标而自行其是。

(2) 创新目标要尽可能具体化。在确立企业创新目标时,应使抽象的创新目标分层和细化。基本含义必须用词准确、概念明确,保证时间和范围清楚,有具体的评价指标。抽象的创新目标执行起来无所适从。具体性的创新目标的一般要求是:创新目标要单义并且可以测量;创新目标要分层并且能确定责任;创新目标要明确其约束条件。

(3) 要考虑实现目标的轻重缓急和力所能及。在确立企业创新目标时,对于具体目标,一定要优先排列那些企业创新具有重要性、紧迫性、非解决不可的目标,而且是企业力所能及和可能性很大的目标,这就是按层次目标的轻重缓急而排列顺序和量力而行的原则。

企业管理目标的创新,在企业管理创新中很重要,因为这是直接涉及企业的整个管理制度到底如何建立、如何创新的问题。

关于利润最大化,应该说是几乎所有企业都一直在追求的目标,对此,不能责怪企业。但是从现在来看,利润最大化目标并不是企业的理性化目标。理性化目标有时也叫合理性目标。现在的企业理性化目标应该包括三个方面的内容:生存目标、双赢目标、可持续发展目标。对于这种理性化目标,我们现在必须要考虑的是它和企业利润最大化目标之间是一种什么样的关系,我们到底怎么样才能协调好它们之间的关系。

每个企业在发展中都必然要设计自身的目标,这是企业在发展中的自觉性表现,任何企业都应该是这样的。道理很简单,既然国家都要设计自己的五年发展规划,那么企业当然也应该要设计自己的发展目标。不过,企业在目标设计中必须要考虑到一个问题,就是自己的这种设计目标必须是市场最终认可的目标,因为市场不认可的目标,最终都会难以实现。所谓市场认可的目标,就是指企业的产品质量以及企业的成本和利润,市场都必须能够接受,因为市场一旦不接受,那么企业最后可能就不能实现自己的发展目标。所以,企业在设计自身目标时,一定要考虑市场对自己的设计目标的认可度问题。也就是说,企业的产品价格是多少,以及成本和利润是多少,市场要认可才行。

这种市场认可目标在我国的一个典型实践案例,就是邯钢采取的所谓倒推机制,即市场确定邯钢的某种钢材应该一吨卖多少钱,也就是市场接受价是多少。如果市场认可的价格是一吨应该卖1 000元,那邯钢就按1 000元的市场接受价格向厂内层层推,要求各个生产环节要以1 000元的价格为目标而分摊自己的成本及利润;如果市场确定一吨钢材就是500元,那么邯钢也就要以500元为目标而一个车间一个车间地往回推,以此价格作为在每个生产环节上分摊成本与利润的成本利润目标,最终要达到500元的价格目标,即市场认可价。邯钢利用市场认可目标,形成了自己的一整套管理制度。

可见,企业目标创新最核心的就是要考虑市场认可问题,市场认可目标很关键。在处理企业设计目标与市场认可目标这两种目标的相互关系中,邯钢创造了自己的所谓倒推机制,即如果市场认定企业生产的钢材只能卖500元一吨,卖600元是不行的,那企业就得按500元的价格来设计成本及利润,成本和利润都必须要压,压不下来也要强压,因为不是市场适应企业,而是企业必须适应市场。邯钢正是在企业的市场认可目标上下了很大功夫,因而将企业目标创新与市场认可目标这两种目标的关系协调好了,企业才实现了可持续发展并充满了活力。

企业的目标创新还要搞清楚规模性目标和流动性目标的关系,这两个目标在现实生活中往往是矛盾的,因而要把这两个目标的相互关系处理好,实际上是很难的。

企业的规模性目标应该存在,因为有一个规模经济的概念。但是,现在谈的规模经济并不是指企业的固定资产规模,而往往强调的是企业的市场占有份额,也就是说,有市场占有份额才是我们这里讲的规模经济。过去我们经常讲企业的固定资产有多少,似乎企业的固定资产越大就越符合规模经济的要求,信用度就越高,实际上这是不对的,国际上所谈的规模经济指的是企业应占有较大市场份额。

企业的另外一个目标就是流动性目标。现在评价企业的一个很重要的指标,就是看企业的流动性怎么样,企业资产中可流动性的资产有多少,流动性资产的比例越大,说明这个企业越充满活力。

在企业的规模性目标上和企业的流动性目标上,最后应该有一个统一点。应该统一在哪里?应该统一在企业的市场占有份额与企业流动性资产比例的相互对应上。一般来说,企业市场占有份额大的话,那么生产规模也就要大,同时加大了企业的不流动性。反过来说,企业的全部资产都是流动性现金,那也是不可能的,如果真的是那样的话,企业的规模性目标就又达不到了。因此,最好的标准是:流动性目标不能低于世界上所要求的流动资产在企业资产中所占比例的要求,同时,规模目标也不能不符合规模经济的要求。

二、技术创新

1. 技术创新的含义

技术创新是指从技术的新构想开始,经过研究开发和技术组合,到获得实际应用,并产生经济和社会效益的商业化的全过程。通俗地讲,就是指科技成果转化为商品,并在市场上出售,实现其经济价值,进而获得经济效益的过程和行为。技术创新始于新构想,完成于市场化。

技术创新不同于发明创造,前者是经济行为,后者是技术行为。发明创造只是涉及新概念、新构想或试验品,技术创新则是把发明创造和其他科技成果引入生产之中,利用其原理制造出市场所需的商品。推动发明创造的是发明家和革新者,而推动技术创新的是企业家。发明创造是技术创新中的一个重要环节。

技术创新一旦出现,其能带来超常规利润的前景使得许多其他企业纷纷希望拷贝该技术创新,由此就会引起模仿与引进的高潮,技术创新由此即向社会扩散。不断地创新和扩散是经济得以持续发展的动力所在。企业需要在技术引进和创新两种方案中科学决策,以维持和提高企业的竞争力。即使是引进也不能只是单纯地引进,而是应该在对引进的技术消化吸收的基础上,提高自己的技术创新能力,这样才能带来真正持久的竞争优势。

2. 技术创新的分类

(1) 按技术创新中技术变化的程度,可以将技术创新分为重大创新和渐进性创新。

重大创新是指在技术上有重大突破的根本性创新。例如,计算机、光纤通信、激光照排、光学存储介质、福特流水线、炼钢用的纯氧顶吹转炉等产品或工艺的出现属于重大技术创新。

渐进性创新是指对现有技术进行局部性改进的创新。例如,手机增加拍照功能、电熨斗增加恒温功能、笔记本电脑增加上网功能等都属于渐进性创新。

(2) 按创新对象的不同,可以将技术创新分为产品创新和工艺创新。

产品创新是指对产品的原理、结构、用途、性能、原材料等方面进行的创新。例如,前面提到的计算机、光纤通信、激光照排、光学存储介质产品的出现就属于产品创新。

工艺创新也可称为过程创新,是指在生产或服务过程技术变革基础上实现的创新。例如,福特流水线、炼钢用的纯氧顶吹转炉等属于工艺创新。

(3) 按技术创新成果进入市场的先后顺序,可以把技术创新分为独创创新和模仿创新。

独创创新是指企业通过研发过程,将以自创为主的科研成果用于创造经济价值的创新活动。独创创新需要大量的投入并具有大量的风险,但一旦成功就能在相当长时期内获得超额垄断利润。

模仿创新是指企业学习市场上其他企业的创新成果,为市场提供适销对路的产品,创造收益的过程和活动。模仿创新投入较少,风险较小,尤其是在模仿基础上的大幅度优化与创新也可能使企业后来居上。例如,日本理光公司就是通过模仿美国施乐公司的复印机产品,一度在市场占有率上超过了施乐公司。

3. 技术创新管理

技术创新具有高风险和高回报率的特点。根据统计,产品开发项目大部分都会以失败告终,但一旦成功,通常都会给组织带来先发优势和超常规利润。因此,企业进行技术创新时必须对其进行有效的管理,否则非常有可能造成资源的浪费或以失败告终。事实上,彼得·德鲁克就曾经指出,日本在20世纪经济起飞的原因并不是因为日本在技术上成为先锋,而是因为其对技术的管理处于领先地位。

所谓技术创新管理是指通过计划、组织、领导和控制,使人力、财力、物力、技术、信息等各类资源能被有效地使用,以实现技术创新的过程。企业对技术创新进行管理的重点首先是确定正确的技术创新战略。技术创新战略要解决的主要问题是:企业应采取什么技术创新态势,是进攻型还是防卫型;确定技术创新的内容和目标;确定技术创新的方式。例如,英特尔公司采用的就是进攻型技术创新战略,不过由于在他们经营的领域已没有比他们更强的竞争对手,因此他们进攻的对象不是别人,而是自己。他们采用的战略思路是超越自己、向自己成功的过去进攻,因此他们维持了自己的竞争优势,保证了自己在行业中的领先地位。

除了要先确定适当的技术创新战略以外,技术创新的成功还依赖于如下条件:充足的资金投入、数量和素质都符合要求的创新人才、充分有效的激励措施、适当的技术储备以及畅通的信息渠道等。在对技术创新进行计划、组织、领导和控制时,这些条件都是必须加以考虑的。此外,持续不断的技术创新还需要有一种鼓励创新的企业文化,在这样的文化氛围中,人们会积极投身于技术创新中,敢于冒一定的风险而不惧怕创新的失败。

三、制度创新

制度是指一系列被制订出来的规则和程序,它旨在约束追求主体效用最大化的团体行为和个人行为。因此,制度的基本功能就是为人类提供相互影响的框架。这种框架约束着人们的行为选择,从而构成一种秩序。同样,企业制度无非就是企业这一特定范围内的各种正式和非正式的规则的集合,它旨在约束其成员追求效用最大化的行为。广义的企业制度包括从产权制度到企业的内部管理制度的各个方面。对企业来说,制度创新是指引入新的企业制度来代替原来的企业制度,以适应企业面临的新情况或新特点。

企业制度主要包括产权制度、经营制度、管理制度和组织制度,它涉及保证企业正常运行、低耗高效以及为调动员工积极性而设计的一整套制度。只有先进的企业制度安排,才能调动各类人员的积极性,推动技术创新和管理创新的发展。

1. 产权制度创新

产权制度是决定企业其他制度的根本性制度,它规定着企业生产要素的所有者对企业的权利、利益和责任。传统的观点认为生产资料是首要的生产要素,谁掌握了生产资料,谁就掌握了企业的支配权,从而产生了两大对立的生产资料所有制:公有制和私有制。股份制是两者的混合,是当今市场经济的主导产权制度。产权制度的创新要根据企业的性质、规模、社会地位等因素而决定。在知识经济时代,有形的生产资料已经不再是企业的主导资源,知识和掌握知识的人才是企业的主导资源。因此,在产权制度创新中,知识、技术、才能也应该获得应有的产权,并且在产权结构中所占的比重应越来越大。

2. 经营制度创新

经营制度是有关经营权的归属及行使条件、范围、限制等方面的基本规范。它表明企业的经营方式,确定谁是经营者,谁来掌握企业生产资料的占有权、使用权、处置权,谁来确定经营方向、经营内容和经营形式,谁来保证生产资料的完整性和保值增值,谁来对生产资料所有者负责、如何负责等。经营制度创新就是要促使企业的各种资源能够被最有效地利用的方法。

3. 管理制度创新

管理制度是行使经营权,以及组织企业日常经营活动的各种具体规则。管理制度的内容有分配制度、奖惩制度、招聘制度、作息制度、考核制度、劳动保护制度等。就分配制度来说,分配制度涉及如何正确地衡量成员对组织的贡献,并在此基础上如何提供足以维持和鼓励这种贡献的报酬。分配制度兼具激励和约束两种功能。如何在按劳分配的同时兼顾按要素投入分配,以及如何通过分配制度对经营管理者进行激励和约束,是一个重要的问题。目前,管理制度创新趋向于更人性化的管理。

4. 组织制度创新

组织制度创新呈现出以下趋势。一是"扁平化"。随着信息技术在企业中的运用、企业管理信息系统的普遍开发,信息可以在企业管理的高层和基层之间直接沟通,这将大大扩展管理者的管理幅度,减少中间层次,提高管理效率,使传统的金字塔式的结构趋于扁平化。二是"专业化"。为了提高企业的优势和自主创新的能力,原来"大而全""小而全"的臃肿结构被逐步专业化,一些服务性、辅助性部门、甚至生产部门逐渐被剥离出去,而使资源主要集中于优势产品或只是新产品的研制开发上,同时增强与其他企业之间的协作力度,使企业因而变得越来越专业化。三是"柔性化"。由于消费者的"个性化"需求使得市场需求呈现出小批量、多样化的特点,这就要求企业组织能够随时根据任务需要组合生产单位。在这种新形势下,许多新型组织形式应运而生,如战略联盟、虚拟组织、学习型组织等。

四、组织机构和结构创新

组织机构的创新是组织中不同的管理部门的创新,主要涉及管理劳动的横向分工问题。组织结构的创新是各管理部门之间,尤其是不同层次的管理部门之间的相互独立、相互制衡关系的重新调整。不同的企业有不同的组织形式,同一企业的不同时期,也要求组织的机构和结构进行不断地调整。一个有效的组织应随着环境的变化而不断地调整自己的结构,使之适应新的环境的组织。组织机构和结构的创新目的在于使组织适应变化了的组织内外环境,更有效地发挥组织管理人员的作用,提高管理劳动的效率,从而保证组织目标的实现。

五、环境创新

环境创新概念最早是由欧洲创新环境研究小组为代表的区域经济研究学派提出的,强调的是产业区内的创新主体和集体效率以及创新行为所产生的协同作用。创新环境是指在创新过程中,影响创新主体进行创新的各种外部因素的总和。它主要包括国家对创新的发展战略与规划,国家对创新行为的经费投入力度以及社会对创新行为的态度,等等。

20世纪70年代初,"企业孵化器"的概念在美国被提出以后,一些工业化先进国家先后对这一概念采取了各种不同的实施方案。例如,美国发展了旧金山的硅谷、波士顿的128号公路和北卡罗来纳的研究三角园区;英国则基于剑桥和爱丁堡的大学在1972年建立了第一个科学园区;1982年,德国在柏林建了第一个企业家和创新中心;1984年,日本公布了科学城方案,并着手实施;20世纪80年代后期,意大利在其南部的巴里实施把创新和科学园区嵌入城市结构的方案。在科学园或科学城的理论和实践的发展过程中,人们需要进一步弄清楚,为什么有些创新的社区是成功的,而有些则不然,这些成功显然和环境有关。1985年,西欧国家成立的名为欧洲区域创新环境研究组(GREMI)的研究小组,它的任务是开发一种共同的方法论,以及为研究创新行为和进行比较实践调查理论的逼近方法。1989年,GREMI在巴塞罗那会议上定义了一个新的空间发展理论模型,即环境创新。

环境创新是企业经营的土壤,同时也制约着企业的经营。环境创新不是指企业为适应外界变化而调整内部结构或活动,而是指通过企业积极的创新活动去改造环境,去引导环境朝着有利于企业经营的方向变化。例如,通过企业的公关活动,影响社区政府政策的制订;通过企业的技术创新,影响社会技术进步的方向。就企业而言,市场创新是环境创新的主要内容。市场创新是指通过企业的活动去引导消费,创造需求。人们一般认为新产品的开发是企业创造市场需求的主要途径。其实,市场创新的更多内容是通过企业的营销活动来进行的,即在产品的材料、结构、性能不变的前提下,或通过市场的地理转移,或通过揭示产品新的物理使用价值,来寻找新用户,再通过广告宣传等促销工作,来赋予产品以一定的心理使用价值,影响人们的某种消费行为,诱导、强化消费者的购买动机,增加产品的销售量。

根据GREMI的观点,可以把企业看成是环境的产物,把创新环境视为培育创新和创新性企业的场所。环境是创新所必需的,因为在环境中能否得到技术诀窍,地方性联系和地方性投入是否接近市场,能否得到高素质劳动力,都是决定区域创新性的因素。企业要与其他企业一道,与培训中心、技术转移中心和地方权力机构一道,利用环境中的各种资源,联合产生新形式的本土化生产组织,创造有利于创新的环境。GREMI 从以下五个方面来识别环境创新。

(1) 环境创新的外部形象通过一定区域内的行为主体、社会感知、企业以及机构反映出来。

(2) 环境创新具有它的内部表现逻辑,即人力资源的自我组织过程;中心城市作为创新空间扩散的动力;国土组织按照一体化的专门化和功能化被结构化;微观、中观和宏观相协调。

(3) 环境创新的协同过程,重要的是在市场经济的条件下去扩展非市场的领域,并指出区域战略优势很大程度取决于超越市场关系的强度。同时,环境的协同还表现在创新的扩散。

(4) 环境创新提供共同学习的环境。在共同学习的过程中,形成不同的创新运行方案的自我发展逻辑。

(5) 创新网络要求一体化有弹性的专门化,组成战略联盟与中小企业相互依赖的地方网络以及创新等级网络。

GREMI 把创新的环境从一个相对较小的社区扩大到一个地区;创新环境不仅和科技本身有关,而且和社会文化理念有关;信息和知识交流传播不仅通过物质手段(通讯和计算机网络),还通过人与人接触等非正式的和"不可见"的链接;创新环境不仅和市场空间、生产空间有关,而且和支持空间有关。这些都为营造创新环境提供了新的思路。

任务 3 运用创新过程

管理创新,即企业根据现有的经营规模、发展规律、内外部资源及环境进行客观分析,对企业的生产要素和各项职能在内容和形式上做出适当的调整和新的组合,以实现管理效益的最大化。管理之所以要创新,是因为外部环境的变化、消费者需求的个性化和多样化,以及环境的变化对企业既定的制度、技术、文化的要求,只有管理创新才能使企业得到发展。

管理创新是指企业把新的管理要素(如新的管理方法、新的管理手段、新的管理模式等)或管理组合要素引入企业管理系统以更有效地实现组织目标的创新活动。管理创新具有如下特征。

(1) 具有首创性。创新是解决前人没有解决的问题,它不是模仿、再造,而是包含着过去所没有的新的因素或成分。

(2) 具有未来性。创新是面向未来、研究未来、追求未来和创造未来的活动。

(3) 具有变革性。创新是一种变革旧事物的活动,因此,创新的成果也就表现为变革旧事物的产物。

(4) 具有时间性。对创新成果的确认,与时间有着密切的关系。相同或相似的成果是否被确认,以时间的先后为界。因此,创新的关键在于一个"新"字,是以新思想、新观念和新成果为组织输入活力的活动。

一、创新的过程

创新的过程是指管理者把想法变为现实的过程,还包括创新成果投放市场后改进、创新的

项目8 管理创新

一系列活动及其逻辑关系。要有效地组织系统的创新活动,就必须研究和了解创新有哪些过程,并揭示它的规律。创新其实是一次改革,是对原有制度、原有秩序的破坏以及对新事物的探索。创新者只能在不断的尝试中去寻找新的程序、新的方法,在最终的成果取得之前,可能要经历无数次反复、无数次失败。因此,创新看上去是无规律可循的,但这种无规律性是相对于旧制度、旧秩序而言的,是相对于个别创新而言的。就创新的总体来说,它们必然依照一定的步骤、程序和规律。总结众多组织的经验,成功的创新要经历以下几个阶段。

1. 寻找机会

创新是对原有的旧制度、旧秩序的改革。原有秩序之所以要打破,是因为外部环境迫使或者内部存在着某种不协调的现象,这些不协调现象对系统的发展提供了有利的机会或造成了某种不利的威胁。创新活动正是从发现和利用旧秩序内部的这些不协调现象开始的,不协调为创新提供了契机。

就组织外部环境来说,外部环境很有可能成为创新契机的变化因素,主要表现在以下几个方面。

(1) 旧技术、生产设备和产品的技术水平的变化,新技术的引进,技术的发明都能使企业获取资源。

(2) 人口的变化,可能影响劳动市场的供给和产品销售市场的需求。

(3) 宏观经济环境的变化。形势良好的经济背景可能给企业带来不断扩大的市场,而整个国民经济的萧条则可能降低企业产品需求者的购买能力。

(4) 文化与价值观念的转变,工作人员对企业的认可度及对薪酬要求的态度的变化,改变了消费者的消费习惯。

就组织内部环境来说,引发创新的不协调现象主要有,主要表现在以下几个方面。

(1) 市场销售过程中产品销售的大幅度下滑,劳动生产率的提高,员工无任何工作积极性等都始终困扰着企业的管理人员。

(2) 企业意外的成功和失败往往可以改变企业原有的思维模式,从而可以成为企业创新的一个重要源泉。

企业的创新,往往是从管理层密切地注视、系统地分析社会经济组织在运行过程中出现的不协调现象开始的。

2. 提出构想

管理层在发现不协调现象以后,要冷静分析,透过现象看本质,组织人员进行调查、预测、分析市场的变化及组织的发展趋势。同时,管理层还要估计它们可能给组织带来的积极或消极后果,并在此基础上,努力利用机会或将威胁转换为机会,采用头脑风暴法、德尔菲法、发散思维法、畅谈会等方法,提出多种解决问题、解决不协调的方案,使系统在更高层次实现平衡的创新构想。

3. 迅速行动

创新要实现,必须付诸行动。迅速行动涉及的活动很多,主要有开发、技术管理、组织、工程、创造、营销、用户参与及管理和商业活动等。创新并不是等这些活动全部准备就绪后再进行,创新往往是从小处起步,开始只需要少量的资金、少数几个人手,而且只需要有限的小市场。在创新的初始阶段,企业规模小,对人员、资金和市场要求不高时,才能进行必要地改变。创新

企业管理基础

的构想只有在不断的尝试过程中才能逐渐完善,企业只有迅速地行动才能有效地利用"不协调"提供的机会。

4. 坚持不懈

构想经过尝试才能成熟,而尝试是有风险的,并非是一击即中的,是可能失败的。创新的过程是不断尝试、不断失败、不断提高的过程。因此,创新者在开始行动以后,为取得最终的成功,必须坚定不移地继续下去,决不能半途而废,否则便会前功尽弃。创新者要在创新中坚持下去,必须有足够的自信心、较强的忍耐力,能正确对待尝试过程中出现的失败,既可以减少失误或消除失误后的影响采取必要的预防或纠正措施,又不会把一次尝试的失利看成整体的失败,就会知道创新的成功只能在屡屡失败后才姗姗来迟。创新的成功在很大程度上要归因于"最后五分钟"的坚持。

二、创新活动的组织

组织的管理者对组织的创新活动负有直接的领导责任。他们不仅对自己的工作进行创新,更主要的是启迪下属的创新思维,为下属的创新活动提供条件、创造环境,对组织系统内部的创新活动进行有效的组织。

1. 正确理解和扮演"管理者"的角色

管理人员是保守的,他们往往以为组织雇佣自己的目的是维持组织的运行,认为自己的职责首先是保证预先制订的规则的执行和计划的实现,认为系统的活动不偏离计划的要求便是优秀管理的象征,因此,他们往往自觉或不自觉地扮演现有规章制度的守护神的角色。为了减少系统运行中的风险,防止大祸临头,他们往往对创新尝试中的失败吹毛求疵,随意惩罚在创新尝试中失败的人,或轻易地奖励那些从不创新、从不冒险的人,这样显然是不行的。彼得·德鲁克认为,所有的经济行为都是高风险的,但吃老本就是不创新,比创造明天的风险更大。因此,管理人员必须自觉地带头创新,并努力为组织成员提供和创造一个有利于创新的环境,积极地鼓励、支持、引导组织成员进行创新。

2. 创造并促进创新的组织氛围

促进创新的最好方法是大张旗鼓地宣传创新、激励创新,树立"无功便是有过"的新观念,使每一位组织成员都奋发向上、努力进取、跃跃欲试、大胆尝试;要造成一种人人谈创新、时时想创新、无处不创新的组织氛围,使那些无创新欲望或有创新欲望却无创造行动从而无所作为者,感觉到在组织中无立身之处,使每一位组织成员都认识到:组织聘用自己的目的不是要自己简单地用既定的方式重复那些也许重复了许多次的工作,而是希望自己去探索新的方法、找出新的程序,只有不断地去探索、去尝试,才有继续留在组织中的资格。

3. 制订有弹性的计划

创新意味着打破旧的规则,意味着时间和资源的计划外占用,这就要求组织的计划必须具有弹性。因此,创新需要思考,而思考需要时间。把每个人的每个工作日都安排得非常紧凑,对每一位组织成员在每时每刻都实行"满负荷工作制",则创新的许多机遇便不可能发现,创新的构想也无条件产生。例如,美国的成功企业往往让员工自由地利用部分工作时间去探索新的设想。同时,创新需要尝试,而尝试需要物质条件和试验场所。如果要求每个部门在任何时间都严格地制订和执行严密的计划,就会使创新失去基地,而永无尝试机会的新构想就只能留在人们的脑子里或图纸上,不可能给组织带来任何实际的效果。因此,为了使人们有时间去思考、有条件去尝试,组织制度的计划必须具有一定的弹性。

4. 正确对待失败

创新的过程是一个充满着失败的过程。创新者应该认识到这一点,创新的组织者更应该认识到这一点。只有认识到失败是正常的、甚至是必需的,管理人员才可能允许失败、支持失败、甚至鼓励失败。当然,支持尝试、允许失败并不意味着鼓励组织成员去马马虎虎地工作,而是希望组织成员在创新的失败过程中获得有用的教训、学到一点东西、变得更加明白,从而使下次创新失败到创新成功的路程缩短。

5. 建立合理的奖酬制度

要激发每个人的创新热情,还必须建立合理的评价和奖惩制度。创新的原始动机也许是个人的成就感、自我价值实现的需要,但是,如果创新的努力不能得到组织或社会的承认,不能得到公正的评价和合理的奖酬,继续创新的动力将会渐渐失去。促进创新的奖酬制度至少要符合下述条件。

(1) 注意物质奖励与精神奖励的结合。奖励不一定是金钱上的,而且往往不需要是金钱方面的,精神上的奖励也许比物质奖励更能满足和驱动人们的创新心理。而且,从经济的角度来考虑,物质奖励的效益要低于精神奖励,金钱的边际效用是递减的,为了激发或保持同等程度的创新积极性,组织不得不支付越来越多的奖金。对创新者个人来说,物质上的奖励只在一种情况下才是有用的:奖金的多少首先被视作衡量个人工作成果和努力程度的标准。

(2) 奖励不能视作"不犯错误的报酬"。奖励应是对特殊贡献,甚至是对希望做出特殊贡献的努力的报酬。奖励的对象不仅包括成功以后的创新者,而且应包括那些成功以前、甚至是没有获得成功的努力者。就组织的发展而言,也许重要的不是创新的结果,而是创新的过程。如果奖酬制度能促进每一位组织成员都积极地去探索和创新,那么对组织发展有利的结果是必然会产生的。

(3) 奖励制度既能促进内部竞争,又能保证成员间的合作。内部的竞争与合作对创新都是重要的。竞争能激发每个人的创新欲望,从而有利于创新机会的发现、创新构想的产生,而过度的竞争则会导致内部的各自为政、互相封锁。协作能综合各种不同的知识和能力,从而使每个创新构想都更加完善,但没有竞争的合作难以区别个人的贡献,会削弱个人的创新欲望。要保证竞争与协作的结合,在奖励项目的设置上,可考虑多设集体奖,少设个人奖,多设单项奖,少设综合奖;在奖金的数额上,可考虑多设小奖,少设甚至不设大奖,以给每一个人都有成功的希望,避免只有少数人才能成功的"超级明星综合征"的产生,从而防止相互封锁和保密、破坏合作的现象产生。

三、创新活动的效果

1. 提高企业经济效益

管理创新的目标是提高企业的效益,完成制定的目标。通过管理创新来提高效率虽然可以在众多指标上得到反映,例如资金周转速度加快、资源消耗系数减小、劳动生产率提高等,但最终还要在经济效益指标上有所体现,即提高企业的经济效益。提高企业经济效益分为两个方面:一是提高目前的效益,二是提高未来的效益(即促进企业的长远发展)。彼得·德鲁克说过:"不创新就死亡。"企业只有不断地进行创新才能够有实力面对竞争,跟上时代发展的步伐。如果企业不进行创新,就很可能遭到淘汰,企业生存周期的长短取决于企业是否能够适应市场的脚步。因此,管理诸多方面的创新,有的是提高前者(如生产组织优化创新),有的是提高后者(如战略创新与安排)。无论是提高当前的效益还是未来的效益,都是在增强企业的实力和竞争力,这有助于企业下一阶段的发展,能使企业走得更稳、更远。

2. 降低交易成本

管理层级制的创新,使得现代企业可以将与原本在企业之外的一些营业单位之间的活动内部化,从而节约企业的交易费用。交易费用的节约表现在由于生产单位与采购及分配单位的管理联结在一起,获得市场和供应来源信息的成本降低。最重要的是,多单位的内部化使商品自一单位至他单位的流量得以在管理上进行协调。对商品流量的有效安排,可使生产和分配过程中使用的设备和人员得到更好的利用,从而提高生产率并降低成本。此外,管理上的协调可使现金的流动更为可靠、稳定,付款更为迅速。这种协调所造成的节约,要比降低信息和交易的成本所造成的节约大得多。

3. 稳定企业,推动企业发展

管理创新的结果是为企业提供更有效的管理方式、方法和手段。这些措施可以从许多方面表现出来,例如管理层级制一旦形成并有效地实现它的协调功能后,层级制本身也就变成了持久性的权力和持续成长的源泉。当一名管理人员退休、升职或离职时,另一个人已做好准备,即已受过接管该职位的培训,这样能保证人员的进出不影响其组织结构和职能。管理层级制的这一创新,不但使层级制本身稳定下来,也使企业发展的支撑架构稳定下来,而这将有效地帮助企业长远地发展下去。管理创新为企业不断注入新的活力,使企业不断焕发勃勃的生机,总之,管理创新是企业发展的动力。

4. 拓展市场,帮助竞争

管理创新也势必要在市场营销方面进行,市场营销部门可以帮助企业有力地拓展市场、展开竞争。企业在进行市场竞争和市场拓展时,竞争是无处不存在的,面对的竞争对手有跟企业是一个级别的、有高于企业级别的,一个企业如果能在这一过程中最先获取商机,便能战胜对手,获得胜利。这无非是在能预见对手们的相应对策条件下寻找出最佳的、最新的市场策略和运行方式而已,这就是一种管理的创新。许多跨国公司在瞄准中国市场后,所采取的一系列市场行为,均有其战略意图,这一意图本身就是一种创新。

5. 有助于企业家队伍的形成

职业经理人(即企业家阶层)的形成对组织发展至关重要,因为这一阶层的产生一方面使企业的管理集中于专家的手中,保证资源的配置效率的提高,另一方面使企业的所有权与经营管理权发生分离,有利于推动企业的健康发展。同时,由于职业经理人知道管理创新的功效,因此他们往往成为管理创新的重要主体。

任务 4 理解创新模式

要理解什么是创新模式,首先需要知道什么是商业模式。虽然人们最初对创新模式的含义的理解有争议,但人们在 2000 年前后逐步形成共识,认为创新模式概念的核心是价值创造。

一、创新模式概念及特征

创新模式是指企业价值创造的基本逻辑,即企业在一定的价值链或价值网络中如何向客户提供产品和服务并获取利润,通俗地说就是企业如何赚钱。创新模式是一个系统,由不同组成部分、各部分间连接关系及其系统的"动力机制"三方面所组成。创新模式的各组成部分,即其构成要素大体有九个,可归为五类。有些要素间密切关系,如核心能力和成本是企业内部价值链的结果或体现,客户关系依赖于所提供产品或服务的性质及提供渠道。每个要素还以更为具体的若干维度表现出来(如市场类的目标客户要素),从覆盖地理范围看,可以是当地、区域、全国或者国际;从主体类型看,可以是政府、企业组织或者一般个体消费者;或者是根据年龄、性别、收入、甚至生活方式划分的一般大众市场或细分市场,等等。

商业模式创新是指为企业价值创造提供基本逻辑的变化,即把新的商业模式引入社会的生产体系,并为客户和自身创造价值。通俗地说,商业模式创新就是指企业以新的有效方式赚钱。新引入的商业模式,既可能在构成要素方面不同于已有商业模式,也可能在要素间关系或者动力机制方面不同于已有商业模式。

商业模式最初是被人们用来描述数字经济时代新商业现象的一个关键词,它的应用已不仅仅局限于互联网产业领域,还被扩展到了其他产业领域。不仅企业家、技术人员、律师和风险投资家们等商业界人士经常使用它,学术界研究人员等非商业界人士也开始研究并应用它。随着互联网泡沫的破裂,许多基于互联网的企业虽然可能有很好的技术,但由于缺乏良好的商业模式而破产倒闭;而另一些企业,尽管他们的技术最初可能不是最好的,但由于其商业模式较好,依然保持很好的发展。在此基础上,商业模式的重要性得到了更充分的认识。人们认识到,在全球化浪潮冲击、技术变革加快及商业环境变得更加不确定的时代,决定企业成败最重要的因素不是技术,而是它商业模式。2003 年前后,创新并设计出好的商业模式,成为商业界关注新的焦点,商业模式创新开始引起人们的普遍重视,其被认为能带来战略性的竞争优势,是新时期的企业应该具备的关键能力。至此,商业模式创新在全球商业界受到前所未有的重视。2006 年就创新问题对 IBM 在全球 765 个公司和部门经理的调查表明,他们中已有近 1/3 把商业模式创新放在最优先的地位,而且相对于那些更看重传统的创新,相对于产品或工艺创新者来说,他们在过去 5 年的利润增长率情况比竞争对手更好。

商业模式创新企业的几个共同特征,或者说构成商业模式创新的必要条件是:第一,提供全新的产品或服务,开创新的产业领域,或以前所未有的方式提供已有的产品或服务;第二,有许多要素明显不同于其他企业,而非少量的差异;第三,有良好的业绩表现,体现在成本、赢利能力、独特的竞争优势等方面。

二、商业模式创新

商业模式创新概念最早由约瑟夫·熊彼特提出,他指出商业模式创新是指把一种新的生产要素和生产条件的"新结合"引入生产体系。它具体有五种形态,即开发出新产品、推出新的生产方法、开辟新市场、获得新原料来源、采用新的产业组织形态。相对于这些传统的创新类型,商业模式创新有以下几个明显的特点。

第一,商业模式创新更注重从客户的角度、从根本上思考设计企业的行为,视角更为外向和开放,更注重企业经济方面的因素。商业模式创新的出发点,是如何从根本上为客户创造增加的价值,因此,它的逻辑思考起点是客户的需求,根据客户需求考虑如何有效满足它,这点明显不同于许多技术创新。一种技术可能有多种用途,技术创新的视角常常是从技术特性与功能出发,看它能用来干什么,去找它潜在的市场用途。商业模式创新即使涉及技术,也多是与技术的经济方面因素、与技术所蕴含的经济价值及经济可行性有关,而不是纯粹的技术特性。

第二,商业模式创新表现得更为系统和根本,它不是单一因素的变化。它常常涉及商业模式的多个因素同时的、大的变化,需要企业组织较大的战略调整,是一种集成创新。商业模式创新往往伴随产品、工艺或者组织的创新,反之则未必足以构成商业模式创新。如开发出新产品或者新的生产工艺,就是通常认为的技术创新。技术创新,通常是对有形实物产品的生产来说的。但如今是服务为主导的时代,如美国2006年的服务业比重高达68.1%,对传统制造企业来说,服务也远比以前重要。因此,商业模式创新也常体现为服务创新,表现为服务内容和方式以及组织形态等多方面的创新变化。

第三,从绩效表现看,商业模式创新如果提供全新的产品或服务,那么它可能开创了一个全新的、可赢利的产业领域,即便提供已有的产品或服务,也能给企业带来更持久的赢利能力与更大的竞争优势。传统的创新形态能为企业局部带来内部效率的提高、成本降低,而且它容易被其他企业用较短期时间模仿。商业模式创新虽然也表现为企业效率提高、成本降低,由于它更为系统和根本,涉及多个要素的同时变化,因此,它也更难以被竞争者模仿,常给企业带来战略性的竞争优势,而且优势常可以持续数年。

商业模式创新实践的领先国家是美国,美国政府甚至通过对商业模式创新授予专利等措施给予积极的鼓励与保护。传统上,商业模式创新在各国是不能得到专利法保护的,而自1998年美国道富银行及信托公司对"Signature Financial Group"一案判决后,商业模式创新专利被广泛地认为在美国是可以申请专利的。

商业模式专利在美国被归入商业方法专利类,以软件工程为基础、和一定的技术有关是这类专利的一个重要特点。1999年,美国国会在发明者保护法案中增加条款,以保护那些最初不相信其商业方法可以获取专利,而后来这些方法被其他公司申请专利的公司。如今,虽然还有争议,不仅是美国公司(如Amazon、Priceline、IBM等),越来越多的外国公司(如日本、法国、德国、英国、加拿大、瑞典等国的公司),也已经在美国为他们的商业方法创新申请了专利。

我国一些地方政府也已经行动起来,完善政府服务,积极推动当地的商业模式创新。如在杭州，商业模式创新企业可评为高科技企业或软件企业，享受相应优惠政策。商业模式创新企业还发挥市创投服务中心平台作用，推动风投机构与项目对接。已入驻风投、银行、担保和中介服务机构50家，举办18场（次）创业投资项目发布会，涉及项目36个，融资总需求达3.5亿元。它初步整理出商业模式创新案例112例，进行宣传推广，以典型引路推动商业模式创新。它对众多中小企业起到引导、示范作用，并使全社会关心、支持商业模式创新，营造创新创业的浓厚氛围。

近些年，商业模式创新在我国也引起前所未有的重视，不仅商业界重视，学术机构及一些政府部门也重视。如2007年2月，在国家发展改革委和中国科学院支持下，中国科学院创新发展研究中心（以下简称中心）成立，将商业模式创新研究纳入中心重点工作内容。中心博士后乔为国承担商业模式创新理论与实践的研究工作，并在1年多时间里系统地梳理了国内外商业模式创新的理论研究成果和重要商业模式创新实践。

创新创业是我国未来数十年经济、社会发展的主旋律之一，商业模式创新是其高端形态，也是改变产业竞争格局的重要力量。商业模式创新实践已经超越以营利为主要目的传统企业经营模式，已经拓展到社会企业、非政府组织和政府部门。商业模式创新不仅是传统以赢利为主要目的企业所需，也是社会企业、非政府组织和政府部门所需要的。总之，商业模式创新在我国地位将更加重要。

三、商业模式创新的运用

亚历山大·奥斯特瓦德指出，在商业模式这一价值体系中，企业可以通过改变价值主张、目标客户、分销渠道、顾客关系、关键活动、关键资源、伙伴承诺、收入流和成本结构等因素来激发商业模式创新。也就是说，企业经营的每一个环节的创新都有可能成为一个成功的商业模式。笔者研究发现，商业模式创新一般可以从战略定位创新、资源能力创新、商业生态环境创新以及这三种创新方式结合产生的混合商业模式创新这四个维度进行。

（一）战略定位创新

战略定位创新主要是围绕企业的价值主张、目标客户及顾客关系方面的创新，具体指企业选择什么样的顾客、为顾客提供什么样的产品或服务、希望与顾客建立什么样的关系，其产品和服务能向顾客提供什么样的价值等方面的创新。在激烈的市场竞争中，没有哪一种产品或服务能够满足所有的消费者，战略定位创新可以帮助我们发现有效的市场机会，提高企业的竞争力。

在战略定位创新中，企业首先要明白自己的目标客户是谁；其次是如何让企业提供的产品或服务在更大程度上满足目标客户的需求；在前两者都确定的基础上，再分析选择何种客户关系。合适的客户关系也可以使企业的价值主张更好地满足目标客户。

美国西南航空公司抓住了那些大航空公司热衷于远程航运而对短程航运不屑一顾的市场空隙，只在美国的中等城市和各大城市的次要机场之间提供短程、廉价的点对点空运服务，最终发展成为美国四大航空公司之一。日本Laforet原宿个性百货商店打破传统百货商店的经营模式——每层经营不同年龄段不同风格服饰，专注打造以少男少女为对象的时装商城，最终成为最受时尚年轻人和海外游客欢迎的百货公司。王老吉创新性地将自己的产品定位于"饮料＋药饮"这一市场空隙,为广大顾客提供可以"防上火"的饮料,正是这种不同于以往饮料行业只在产品口味上不断创新的竞争模式,最终使王老吉成为"中国饮料第一罐"。

(二) 资源能力创新

资源能力创新是指企业对其所拥有的资源进行整合和运用能力的创新,主要是围绕企业的关键活动,建立和运转商业模式所需要的关键资源的开发和配置、成本及收入源方面的创新。所谓关键活动是指影响其核心竞争力的企业行为;关键资源指能够让企业创造价值并为企业提供价值的资源,主要指那些其他企业不能够代替的物质资产、无形资产、人力资本等。

在确定了企业的目标客户、价值主张及顾客关系之后,企业可以进一步进行资源能力的创新。战略定位是企业进行资源能力创新的基础,而且资源能力创新的四个方面也是相互影响的。一方面,企业要分析在价值链条上自己拥有或希望拥有哪些别人不能代替的关键能力,根据这些能力进行资源的开发与配置;另一方面,如果企业拥有某项关键资源如专利权,也可以针对其关键资源制订相关的活动方案;同时,对关键能力和关键资源的创新也必将引起收入源及成本的变化。

丰田以最终用户需求为起点的精益生产模式,改变了 20 世纪 70 年代以制造商为起点的商业模式,通过有效的成本管理模式创新,大大提高了企业的经营管理效率。20 世纪 90 年代,当通用发现传统制造行业的利润越来越小时,他们改变行业中以提供产品为其关键活动的商业模式,创新性地提出以利润和客户为中心的"出售解决方案"模式。在传统的经营模式中,企业的关键活动是为客户提供能够满足其需求的机械设备,但在"出售解决方案"模式中企业的关键活动是为客户提供一套完整的解决方案,而那些器械设备则成为这一方案的附属品。有资料显示,通用的这一模式令通用在一些区域的销售利润率超过 30%。另一方面,通用还积极扩展它的利润源,建立了通用电气资本公司。20 世纪 80 年代中后期,通用电气资本年净收入达到 18%,远远超出通用其他部门 4% 的平均值。

(三) 商业生态环境创新

商业生态环境创新是指企业将其周围的环境看作一个整体,打造出一个可持续发展的、共赢的商业环境。商业生态环境创新主要围绕企业的合作伙伴进行创新,包括供应商、经销商及其他市场中介,在必要的情况下,还包括其竞争对手。市场是千变万化的,顾客的需求也在不断变化,单个企业无法完全完成这一任务,这就需要企业联盟,需要合作来达到共赢。

企业战略定位及内部资源能力都是企业建立商业生态环境的基础。没有良好的战略定位及内部资源能力,企业将失去挑选优秀外部合作者的机会以及与他们议价的筹码。一个可持续发展的、共赢的商业环境也将为企业未来发展及运营能力提供保证。

20 世纪 80 年代,美国最大的连锁零售企业沃尔玛和全球最大的日化用品制造商宝洁争执不断,他们相互威胁与抨击,各种口水战及笔墨官司从未间断。当他们发现争执给双发都带来损失时,他们开始反思,并且建立了一种全新的供应商-零售商关系,把产销间的敌对关系转变成了双方均能获利的合作关系。宝洁开发并为沃尔玛安装了一套"持续补货系统",该系统使宝洁可以实时监控其产品在沃尔玛的销售及存货情况,然后协同沃尔玛共同完成相关销售预测、订单预测以及持续补货的计划。这种全新的协同商务模式为双方带来了丰厚的回报。根据贝恩公司调查显示:2004 年,宝洁 514 亿美元的销售额中有 8% 来自于沃尔玛,而沃尔玛 2 560 亿美元的销售额中有 3.5% 归功于宝洁。另一个建立共赢的商业生态环境的公司是戴尔。戴尔公司既没有品牌又没有技术,它凭什么在短短的二十几年时间里,从一个大学没毕业的学生创建的企业一跃成为电脑行业的佼佼者?就是因为它独特的销售模式。在其独特的销售模式背后是戴尔建立的共赢的商业生态模式,它在全球建立了一个以自己的网络直销平台为中心、众多供应商环绕其周围的商业生态经营模式。

(四)混合商业模式创新

混合商业模式创新是一种战略定位创新、资源能力创新和商业生态环境创新相互结合的方式。根据笔者的研究,企业的商业模式创新一般都是混合式的,因为企业商业模式的构成要素——战略定位、内部资源、外部资源环境之间是相互依赖、相互作用的,每一部分的创新都会引起另一部分相应的变化。而且,这种由战略定位创新、资源能力创新和商业能力创新两两相结合甚至同时进行的创新方式,都会为企业经营业绩带来巨大的改善。

苹果公司的巨大成功,不单单在其独特的产品设计,还源于其精准的战略创新。他们看中了终端内容服务这一市场的巨大潜力,因此,它将其战略从纯粹的出售电子产品转变为以终端为基础的综合性内容服务提供商。从其"iPod+iTunes"到后来的"iphone+App"都充分体现了这一战略创新。在资源能力创新方面,突出表现在苹果公司能够为客户提供充分满足其需求的产品这一关键活动上。苹果公司每一次推出新产品,都超出了人们对常规产品的想象,其独特的设计以及对新技术的采用都超出消费者的预期。例如,消费者所熟知的重力感应系统、多点触摸技术以及视网膜屏幕的现实技术都是率先在苹果产品上使用的。另一方面,苹果的成功也得益于其共赢的商业生态模式。2008年3月,苹果公司发布开发包 SDK 下载,以便第三方服务开发商针对 iphone 开发出更多优秀的软件,这为第三方开发商提供了一个又方便又高效的平台,也为自己创造了良好的商业生态环境。

总之,商业模式创新既可以是三个维度中某一维度的创新,也可以是其中的两点甚至三点相结合的创新。正如 Morris 等提出的,有效的商业模式这一新鲜事物能够导致卓越的超值价值。商业模式创新将成为企业家追求超值价值的有效工具。

电子商务企业如何进行商业模式创新

管理大师彼得·德鲁克曾说过:"当今企业之间的竞争不是产品的竞争,而是商业模式的竞争。"电子商务企业更是如此,在某种意义上来说,商业模式的创新将决定电子商务的未来。当前,电子商务进入一个新的变革时代,在瞬息万变的市场环境中,依靠简单的模范已难以立足,唯有创新商业模式才能立于不败之地。

一、商业模式创新的一般路径

何谓商业模式?理论界和实践界对此有不同的理解。通常而言,商业模式是指企业创造价值的基本逻辑,即企业为了实现客户价值最大化和持续盈利的目标,整合内外各要素,形成独特的核心竞争力及可自我复制的价值链体系和生态系统。一个好的商业模式,必须围绕客户、产品(服务)、关键资源和核心能力四个要素进行。对互联网企业来讲,其商业模式创新一般有如下几种路径。

产品定位：产品是否具有竞争力，能否帮助客户快速实现价值增值。互联网企业作为内容创造的主体，个性化的产品和服务是企业价值和客户价值得以实现的前提条件。

用户挖掘：是否符合网络用户的消费特点，并能引导和培育消费理念。年轻人是用户的中坚，且收入水平相对较低。随着互联网的发展和消费观念的转变，用户需求从单一走向多元，且娱乐化倾向明显。

技术创新：互联网是技术密集型行业，新技术的运用将是企业获取竞争力的重要手段。现在很多的商业模式，都是建立在技术创新的基础之上的，如SNS和微博就是基于WEB 2.0的。

交易手段：交易手段和支付方式是否便捷和安全。交易手段直接涉及用户体验和企业价值能否顺利实现，快捷的物流配送体系和安全的网上交易系统将成为互联网企业追求的目标。

成本控制：能否以最低的耗费创造出最大的价值。互联网是"烧钱"的行业，企业能否降低运营成本，缩短亏损到盈利的周期，将是考验企业创新力的重要方面。

二、电子商务企业商业模式创新六式

根据创新的程度，电子商务企业商业模式的创新有两大类型：一类是宏观创新，另一类是微观创新。前者是对原有商业模式颠覆性的变革，创造一种新的商业模式，主要有无中生有、模式衍伸等；后者是在已有商业模式的基础上进行局部调整，提高商业运作的效率，包括精准用户定位、创新用户体验、完善物流体系、改变交易方式等。我们将这些方法统称为"电子商务企业商业模式创新六式"。

(一) 宏观创新

1. 无中生有

这种商业模式不是孤立地创造新的产品服务类型，也不是孤立地改变销售渠道和销售模式，而是改变整个价值链的运行方式，创造一种全新的商业模式。这种模式最典型的代表是B2S(体验式电子商务)，其代表企业为享客中国。

享客中国隶属于漂文化传媒有限公司，是目前中国唯一一家提供分享式购物(或体验式购物)的B2S平台。该平台于2010年10月上线，仅一个月的时间，其会员人数已达到6 000多人。该模式的特点是集结一群有共同兴趣爱好的人，通过B2S平台，选择自己喜欢的商品，共同支付该商品的价格(每个人只需支付很少的费用)，再从中挑选一个幸运者，由幸运者拥有并体验这款最新商品。

享客中国兼具有团购和秒杀的某些特质，但又区别于这两种网购模式。它虽采取了"团购"的形式，但并不是每个人最终都能获得想要的商品，而且单个消费者支付的成本要远远低于普通团购的费用。它又不同于当前网购流行的"秒杀"，因为享客中国采取投币而不是抢购的形式，只要消费者投币的交易编号与目标商品的幸运编号吻合就可以获得该商品，更好地体现了交易的客观性和公平性。

享客中国的独特之处在于对消费者心理的把握。它将目标用户群体定位在在校生和初入职场的上班族，而这部分消费者是网购的主力人群；它推出的商品都是新潮、时尚的优质产品，而这对年轻人来说具有巨大的吸引力；它采取分享式购物的交易模式，满足了消费者花"小钱"办"大事"的消费需求；它集新颖性、实用性和娱乐性于一体，赋予电子商务以新的生命力。

当然，这种商业模式也存在一定的局限性。首先，其提供的体验商品局限于特殊商品，如受关注度高的最新数码类产品、明星签名类产品等;其次,该模式还没有形成比较稳定的盈利模式,能否实现持续的盈利增长,还有待时间的检验。

2. 模式衍伸

模式衍伸是指已有商业模式之间相互融合、渗透,从而形成一种新的商业模式。这主要体现在电子商务与其他平台、介质或技术之间的结合,比如电子商务与SNS的融合,电子商务与移动互联网的融合,电子商务与云计算的融合,等等。随着新技术的应用和互联网的交互式发展,电子商务与其他应用平台的融合已是大势所趋,由此也将诞生出新的商业模式。下面重点介绍一下电子商务与SNS的融合。

SNS(social networking services)即社会化网络服务,由于其在积聚人气等方面的优势,近几年发展迅猛,网络关注和注册人数突飞猛进。国外如Facebook,国内如人人网、开心网等都是SNS的杰出代表。SNS最大的特点是拥有庞大的真实、可靠的黏性用户群体,但与此同时,其劣势也十分突出,就是自身难以盈利,很多SNS网站都面临不同程度的生存压力。因此,寻求稳定的盈利模式,成为SNS网站追求的目标。而电子商务作为一种主流的互联网盈利领域,应用广泛,渗透力强。在这种情况下,二者之间的融合不可避免。电子商务与SNS的融合有两种模式。

一种是以SNS网站为基础,增加电子商务模块,或者开放平台与第三方电子商务网站合作,利润分成。前者如Facebook,于2010年底开始邀请大型的零售商在自己的网站上开店,帮他们搭建页面商店,开发销售工具,并允许客户在购买商品时进行互动。尽管目前Facebook的电子商务销售额很有限,但毕竟在SNS与电子商务的结合上迈出了实质性的一步。后者如国内的人人网推出的"人人爱购"电子商务导购平台,与凡客诚品、京东商城、麦考林、银泰网等多家电子商务网站完成对接,提供产品导购服务,涉及产品包括服装鞋帽、美容护肤、珠宝饰品、运动户外、3C数码、食品保健及图书音像等。

另一种是以传统电子商务平台为基础,发展SNS增加黏性,最典型的例子就是电子商务的社区化。目前,不少电子商务网站设立了社区或论坛,消费者在完成购物后可以交流购物体验,其他人可以在社区里进行反馈,这种交流和反馈在很大程度上影响着网民的购物行为,使口碑的力量转变成销售的力量。比如,国内最大的C2C平台淘宝网开辟了"淘宝网论坛",设置分享、茶馆、经验等多个栏目供淘宝客们交流。今年年初,垂直B2C的领军企业凡客诚品也推出了自己的社区频道——凡客达人,任何人只需注册并上传照片参加海选,就有机会成为凡客诚品帮助策划拍摄的达人,可以秀搭配、写微博、晒衣单以供其他用户借鉴。

(二) 微观创新

1. 精准用户定位

随着网民数量的急剧增长和网络消费习惯的形成,电子商务市场竞争日趋白热化,成为众多商家厮杀的"红海"。大至家电、数码,小至生活日用品,都有网商在介入,你很难再找到一片真正的"蓝海"。这是否意味着在电子商务市场没有机会了?当然不是。这取决于我们对细分市场的把握,是否实行了差异化的发展战略,而差异化战略的首要切入点,便是用户群体的差异化和精准化。

在大多数人的眼中,网络服装店一定不是一个好的商业模式,至少不是一个创新的商业模式,因为这种模式已经司空见惯,C2C有淘宝网、e-bay,B2C有麦考林、梦芭莎,你干得过他们吗?但凡客诚品却在服装电子商务领域开辟出了一片实实在在的"蓝海"。

凡客诚品的独到之处在于,它将目标消费群体瞄准了一个很特别的人群——懒男人。因为很多男性顾客懒于去商场购物,且衣服款式往往变化不大,凡客诚品通过建立互联网目录让"懒男人"足不出户地方便购买服装,极大地满足了男性的购物需求。同时,凡客诚品将服装定位为"快速消费品",以低价品牌服装为卖点,实现了商业模式中极为关注的"重复购买"。正是因为瞄准了一个好的切入点,并倡导了一种良性的消费观念,凡客诚品在短时间内实现了爆发式的增长,营业额年增长率超过了100%,甚至达到200%。

凡客诚品后来将业务领域从男装拓展到了女装、童装、鞋、配饰、家居等,走上了多元化的发展之路,但如果在创立之初没有对顾客进行精准定位的话,很难想象会有今天的成绩。

2. 创新用户体验

互联网经济是体验经济,用户体验也因此被称作创新2.0模式的精髓。而电子商务网站则具有更加鲜明的用户体验特性,这体现在:产品和服务的实用性、可靠性,即网站提供的"内容"必须是能满足消费者的实用需求,同时通过一系列的视觉呈现让消费者觉得可靠;平台系统的便捷性、安全性,导航系统、支付系统和物流系统要尽可能体现人性化的特征,满足消费者方便、快捷、安全的心理需求。因此,关心用户需求、增强用户体验成为电子商务企业制胜的关键因素,也是商业模式微创新的一个重要手段。

用户体验是"以人为本"的社会交易模式,它贯穿在电子商务运行的全过程,从网站的设计到产品和服务的提供,从支付平台的搭建到物流配送系统的建立,从线上体验再到线下体验,无一不是用户体验创新的领地。如果电子商务企业能抓住其中的某一个或某几个环节加以改进,创造与众不同的用户体验,就有可能获得更多消费者的青睐,从而提升企业的业绩。

还是以凡客诚品为例,来看看电子商务企业如何进行用户体验创新。凡客诚品的用户体验设计体现在多个方面。首先,凡客诚品履行"当面验货,无条件试穿"的服务准则,用户收到VANCL的衣服时,可以当面拆开试穿,如不满意,30天内可以免费退换货,这种做法颠覆了传统服装网购企业不能试穿和有条件退换货的规则,设置了巨大的竞争门槛。其次,凡客诚品支持货到付款,并从2010年6月起在全国范围内推出POS机刷卡服务,成为首家全国范围内支持POS机刷卡消费的零售电子商务企业。再次,在产品包装方面,凡客诚品也是屡次升级,最终将包装定型为3层牛皮纸外盒附加环保无纺布内包装,确保商品在快递过程中不会被压坏。同时,根据顾客不同的购买量配以不同型号的外包装盒,具体的尺寸都是经过细致的手工测量确定的。这种细致入微的体验设计给用户以极大的关怀,提高了客户忠诚度和重复购买率,缔造了零售电子商务领域的一个神话。

3. 完善物流体系

物流配送是电子商务的重要组成部分,也是制约电子商务企业特别是B2C企业发展的瓶颈。在电子商务环境下,消费者对物流配送体系提出了更高的要求,比如配送的速度更快,配送的质量更高,配送的范围更广。因此,建立完善、高效的物流配送体系,将成为未来B2C电子商务企业赢得竞争优势的关键要素,也是电子商务企业商业模式创新的重要切入点。

电子商务企业的物流配送一般有三种模式:自建物流配送模式、第三方物流配送模式、自建和外包相结合的物流配送模式。第一种模式一般适用于综合类网络商城或大型的垂直网购企业,商品品种较多,数量较大;第二种模式适用于中小型电子商务企业,商品品种不多,企业无须建立自己的物流系统,或者出于专业性方面的考虑,将物流外包给第三方物流公司;第三种模式适用于拥有一定物流资源的企业,但现有的物流资源无法满足商务扩张的需要。这三种模式各有其优劣,但是随着业务量的增大,自建物流体系对电子商务企业的必要性越来越大。

以京东商城为例。京东商城是中国B2C市场最大的3C网购专业平台,2003年以来平均每年以300%的速度保持增长,2010年销售额达102亿元。京东商城的快速扩张得益于对物流体系的重视和投入,打造了富有特色的"极速供应链"。京东商城在北京、上海、广州、成都、武汉这5个城市完成了一级物流中心的布局,在全国60个城市建立了物流配送体系;同时还投资2 000万元创立了自己的快递公司。近期,京东商城又在上海嘉定购置了260亩土地,用于打造亚洲最大的现代化B2C物流中心,其中包括单体15万~20万平方米的库房。在强大的物流体系的支持下,京东商城推出了"211限时达"配送服务,即每天11点前下订单,下午送达;23点前下订单,次日上午送达,这创下了电子商务企业的配送速度之最。同时,其存货周转时间缩短至12天左右,略高于亚马逊的7~10天的水平。

4. 改变交易方式

交易方式是电子商务企业价值得以体现的最重要的环节,也是吸引用户关注、增加网站人气的重要路径。传统电子商务网站的交易以一对一或一对多的平价交易为主,近几年诞生了像拍卖、秒杀和团购这样创新的交易方式。特别是团购的出现,在很大程度上改变了电子商务竞争的格局,吸引不少企业纷纷试水"团购"业务。

严格意义上来讲,团购并不是一种新型的商业模式,它实际上是B2C模式的个性化发展。它使认识或者不认识的消费者联合起来,加大与商家的谈判能力,以求得最优价格的一种购物方式,简言之,就是集合多个用户的需求赢取最划算的交易。

团购网站起源于美国的Groupon,该网站成立于2008年11月,仅一年多的时间里,其用户访问量就增长了10倍以上,2010年销售额达到4亿元左右,成为有史以来"发展速度最快的公司"(福布斯杂志评选)。由于其商业模式的低技术门槛和高成长性,纷纷为国内众多网站所效仿,据统计,2010年国内出现了1 800多家团购网站。

Groupon的独特之处在于:一是宁缺毋滥,对促销产品的选择严格把关,只选择最合适的产品向顾客推荐,且每天只推荐一款产品;二是区域化经营,因地制宜,不同的地区提供不同类别的产品或服务;三是产品的低折扣,每款产品或服务的折扣在40%~90%不等,让用户获得最大的实惠;四是产品和服务由商家提供,不涉及物流和库存,因此大大降低了成本。这也是团购模式具有如此大的魔力的原因所在。

三、创新永无止境

电子商务经历了初创阶段的草莽,熬过了痛苦的寒冬,在经历一段时间的快速成长之后,又迎来了新的发展的春天。在这一领域,激情将继续演绎,神话将继续书写,商业模式的创新将永无止境。在不远的未来,我们将有幸目睹电子商务商业模式的重新整合和裂变:随着交易平台和风险控制机制的完善,移动电子商务将成为互联网的下一个增长点;SNS平台与电子商务的融合将有更多亮点呈现,社区化电子商务模式将更加成熟;云计算技术的应用,将为电子商务提供强大的网络后台支持,极大地节省电子商务的成本,提高企业的效益;以增强用户体验为代表的微创新,将成为电子商务商业模式创新的常态……在这一变革过程中,电子商务企业将成为创新的主体,而资本和技术则是强大的驱动力量,推动商业模式不断向前发展。

参 考 文 献

[1] 邵一明,马嫣.现代企业管理[M].上海:立信会计出版社,2001.
[2] 杨善林.企业管理学[M].北京:高等教育出版社,2004.
[3] 斯蒂芬·P.罗宾斯,等.管理学[M].7版.孙健敏,等译.北京:中国人民大学出版社,2004.
[4] 张中华.管理学通论[M].北京:北京大学出版社,2005.
[5] 周三多.管理学[M].2版.北京:高等教育出版社,2008.
[6] 孙焱林,陈雨良,李彤.实用现代管理学[M].2版.北京:北京大学出版社,2009.
[7] 黄雁芳,宋克勤.管理学教程案例集[M].上海:上海财经大学出版社,2001.
[8] 刘涛,等.管理学原理[M].北京:清华大学出版社,2009.
[9] 吴照云,等.管理学[M].6版.北京:中国社会科学出版社,2011.
[10] 王宏宝,张美清.管理学原理与实务[M].北京:清华大学出版社,2009.
[11] 周三多.管理学[M].3版.北京:高等教育出版社,2010.
[12] 邵强.与官员谈沟通与协调的艺术[M].北京:国家行政学院出版社,2010.
[13] 程正方.现代管理心理学[M].北京:北京师范大学出版社,2010.
[14] 宁凌,唐楚生.现代企业管理[M].北京:机械工业出版社,2011.
[15] 斯蒂芬·P.罗宾斯,等.管理学[M].11版.李原,等译.北京:中国人民大学出版社,2012.
[16] 蒋永忠,张颖.管理学基础[M].2版.大连:东北财经大学出版社,2011.
[17] 陈文汉.管理学基础[M].北京:中国人民大学出版社,2012.
[18] 单凤儒.管理学基础[M].4版.北京:高等教育出版社,2012.
[19] 张议元.管理学[M].北京:清华大学出版社,2012.
[20] 张金成.管理学基础[M].北京:人民邮电出版社,2011.
[21] 朱天高,等.企业管理基础理实一体教程[M].北京:清华大学出版社,2012.
[22] 席波,时应峰.管理学基础[M].北京:高等教育出版社,2014.
[23] 彭庆武.现代企业管理[M].重庆:重庆大学出版社,2012.